四川大学哲学社会科学出版基金资助

感谢四川大学"中国语言文学与中华文化全球传播"双一流学科群
与教育部人文社科重点基地四川大学中国俗文化研究所支持

中国符号学丛书 ◎ 丛书主编 陆正兰 胡易容

日常生活是人类意义生活的栖息之地。在作为文化中项的日常生活中,人们高度重复地展开日常交往活动,其间"日常性"的固化与异动对建构人类意义生活世界意义重大。

日常生活意义世界:
一个符号学路径

Everyday Life as a Meaningful World: an Approach of Semiotics

薛晨 著

四川大学出版社

项目策划：徐　燕
责任编辑：吴近宇
责任校对：陈　蓉
封面设计：米迦设计工作室
责任印制：王　炜

图书在版编目（CIP）数据

日常生活意义世界：一个符号学路径 / 薛晨著. —成都：四川大学出版社，2019.12
（中国符号学丛书）
ISBN 978-7-5690-3266-6

Ⅰ.①日… Ⅱ.①薛… Ⅲ.①符号学－研究 Ⅳ.①H0

中国版本图书馆 CIP 数据核字（2019）第 280494 号

书　名	日常生活意义世界：一个符号学路径
	Richangshenghuo yiyishijie yige fuhaoxue lujing
著　者	薛　晨
出　版	四川大学出版社
地　址	成都市一环路南一段 24 号（610065）
发　行	四川大学出版社
书　号	ISBN 978-7-5690-3266-6
印前制作	四川胜翔数码印务设计有限公司
印　刷	郫县犀浦印刷厂
成品尺寸	170mm×240mm
印　张	12.25
字　数	218 千字
版　次	2020 年 3 月第 1 版
印　次	2020 年 3 月第 1 次印刷
定　价	50.00 元

◆ 版权所有　◆ 侵权必究

扫码加入读者圈

◆ 读者邮购本书，请与本社发行科联系。
　电话：(028)85408408/(028)85401670/
　(028)86408023　邮政编码：610065
◆ 本社图书如有印装质量问题，请寄回出版社调换。
◆ 网址：http://press.scu.edu.cn

四川大学出版社
微信公众号

目　录

绪　论 …………………………………………………………（ 1 ）
第一章　复合性：意义世界的本质结构 ………………………（ 13 ）
　第一节　关于意义世界的哲学讨论 …………………………（ 13 ）
　第二节　关于意义世界的符号学讨论 ………………………（ 19 ）
　第三节　世界的复合性构成 …………………………………（ 26 ）
第二章　日常生活与非日常生活的意义地位 …………………（ 30 ）
　第一节　一种新的世界观：从日常生活视域出发 …………（ 30 ）
　第二节　日常生活世界 ………………………………………（ 35 ）
　第三节　非日常生活世界 ……………………………………（ 41 ）
　第四节　日常生活世界、非日常生活世界与自在物世界的关系………（ 43 ）
第三章　日常生活的再定义 ……………………………………（ 48 ）
　第一节　现有日常生活定义的梳理 …………………………（ 48 ）
　第二节　对日常生活的再定义 ………………………………（ 56 ）
第四章　传统日常生活：日常性及其表意机制 ………………（ 60 ）
　第一节　作为符号系统的日常服饰——日常性的生成 ……（ 60 ）
　第二节　日常服饰符码规则及其特征 ………………………（ 63 ）
　第三节　日常服饰中的符号规则与权力分配 ………………（ 67 ）
第五章　从传统走向新语境：新日常生活世界的形成 ………（ 73 ）
　第一节　新媒介语境下的转型：从传统日常生活到新日常生活………（ 74 ）
　第二节　新日常生活世界的意义地位、结构及特征 ………（ 77 ）
第六章　新日常生活：表意的重塑、突破与回归 ……………（ 81 ）
　第一节　视觉表意：新日常生活的主导表达方式 …………（ 81 ）

第二节　视频弹幕：新日常生活中视觉表意的伴随文本执着……（97）
　　第三节　社交通信：新日常生活的自我、身份与社群……（111）
　　第四节　虚拟现实技术：新日常生活回归"以身为媒"……（123）

第七章　作为中项的日常生活：形成、特征及表意机制……（134）
　　第一节　非日常生活文化的存在方式……（134）
　　第二节　作为中项：日常生活文化的存在方式及特征……（140）
　　第三节　中项偏边：日常生活的意义生成机制……（147）

第八章　超越日常：日常生活的中项异向化……（151）
　　第一节　中项异项化下文化三域的存在状态……（152）
　　第二节　日常生活中项异项化的文本策略……（157）

第九章　朝向日常：异项中项化下的日常生活泛艺术化……（165）
　　第一节　异项的两种运动方向……（166）
　　第二节　异项中项化特征：日常生活的泛艺术化……（170）

第十章　文化三域符号系统间对话、变异及动力性翻转……（175）
　　第一节　日常生活的中项异项化神话机制……（175）
　　第二节　异项文化中项化的神话解构机制……（182）
　　第三节　文化三域动力性翻转机制：双神话化螺旋机制……（184）

参考文献……（187）

绪 论

一、走进日常生活：一个符号学路径

（一）重审日常生活

日常生活与每个人的生存息息相关，是人类意义生活中最基础的一个领域。正因如此，我们常常忽视了它的存在。人们在日常生活中总是机械性地重复各种例行活动，仿佛这些活动的意义仅在于形式上的重复，以至于变得平庸而乏味，很少能引发人们思考，尤其是不容易直接引发理性思考，这也正是日常生活给人制造的一种错觉。这种错觉导致人们忽视或者无视日常生活对社会意义的积极建构作用。

日常生活自身所具有的这种看似矛盾的双重特性，即它既重要却又容易被忽视，使其成了哲学研究领域的一个重要命题。所以，自胡塞尔提出"生活世界"（life-world）概念起，20世纪以来，许多重要学者，如维特根斯坦（Ludwig Wittgenstein）、舒茨（Alfred Schutz）、海德格尔（Martin Heidegger）、列斐伏尔（Henri Lefebrre）、哈贝马斯（Jürgen Habermas）、卢卡契（Georg Lukás）、赫勒（Aghes Heller）、科西克（Karel Kosik）等人都对这一概念进行过细致且深入的论述。譬如舒茨认为"日常生活的外部世界是最高实在"[①]，他在生活世界中将日常生活世界放到了一个根本性的地位。在生活世界的多重结构中，日常生活是生活世界的中心，是人们意义活动的出发点和归宿，也是人们都要经历的、共有的、普遍的意义上的活动。日常生活作

---

① Alfred Schutz, *Collected papers* I: *The Problem of Social Reality*, Martiinus Nijhoff/The Hague, 1973, p.342.

为人类的意义活动之一，其重要性不言而喻。

然而，在新媒介语境下，符号消费急剧增加，日常生活的内涵与具体形式正在发生巨大改变。因此，如何超越传统哲学研究范式，对当代日常生活及其本质进行重新审视与探究，就是本书的出发点。本书认为，要在新语境下重新审视日常生活诸问题，应当而且必须进入传播符号学领域，为日常生活领域中日益突出的符号交流与传播诸问题提供深入且全面的解读。

具体来说，从传播符号学的角度来研究日常生活与以下两个现实语境密切相关。如前文所说，日常生活是人类意义生活的栖息之地，其核心正是符号发挥其最主要作用的场合。如赵毅衡所说："人的精神、人的社会、整个人类都浸泡在一种很少人感觉到其存在却没有一刻能摆脱的东西之中，那就是符号。"[1] 现如今，各种各样的符号体系正在日常生活领域展现出强大的，有时甚至是决定性的影响力。特别是最近二三十年以来，人类社会已经进入一个高度符号化的时代。符号生产与消费，已经远远超过物质消费；相应的，符号生产也远远超过物质生产。中国成了"奢侈品消费大国"，以符号生产为主导的"创意产业"已逐渐成为新兴经济的主导力量，以"欲望之欲望"为对象的广告早已在各种媒介遍地开花……

面对上述局面，我们似乎并未思考过：高度符号化的时代究竟会给日常生活带来何种影响？符号消费时代，日常生活面临着被消解的危机，日常与非日常的边界更加模糊；这样的日常生活与非日常生活的特征和生成机制又是什么，它所带来的新的生活方式，又会产生什么样的社会和文化变革？其实，只要随便列举，我们就会发现意义问题是日常生活中最核心的问题。人们在日常生活中所进行的日常活动实则都是作为一种意义活动而存在的。以日常服饰为例，日常生活中如何穿衣是每个人每一天都要面对的问题。然而符号消费时代中时尚潮流日新月异，人们还没有弄明白阔腿裤怎么穿，喇叭裤就已经大行其道。人们时刻处于不懈追逐潮流的狂欢和永远无法追上的挫败中，或可感知，在日常生活之中，穿衣打扮似乎未曾远离时尚潮流，而是强烈地受其影响，日常服饰理念呈现出愈加活跃的变化趋势。

上文所列举的这些符号消费，在当今社会不断裹挟着日常生活，导致日常

---

[1] 赵毅衡，《符号学原理与推演》，南京：南京大学出版社，2016年，第33页。

生活的日常性不断地被挑战、被打破，日常生活的稳定性大大缺失，随之而来的一个重要问题，是重新定义日常生活。因此，关注日常生活，考察日常生活文化的形成和演变机制以及它所带来的社会和文化上的影响，特别是人们在其中的主体作用，具有非常重要的理论和现实意义。

当下，媒介技术飞速发展，人类快速进入新媒体社会。在这种语境下，日常生活中的符号与意义问题变得更加突出。与20世纪20年代以广播电视为代表的技术革命不同，21世纪的网络新技术革命，因为媒介技术的发展使得双向的互动模式再次成为传播研究的焦点。换言之，传播主体因为媒介形态的发展，再次被赋予强大的能动性。

从本质上说，"交流"最根本的特性就是互动，这是与网络社会发展出来的一种全新传播模式相契合的。社会符号学者简·梵·迪克（J. Van Dijk）在其著作《网络社会——新媒体的社会层面》中，对网络社会的这一传播特性进行了描述。他指出，新媒体时代传播之"互动"，最根本的特性是交互双方的"控制程度"。这意味着"受众不仅能够参与传播过程，还能在其中发出自己的声音"。他认为，这是因为数字媒体比传统媒体更易于互动，"它使得平衡向受众和需求面有所倾斜"。他最后指出，除非互动使得受众能够使"传播的另一面有所不同"，否则我们不能够说传播是互动的。[①]

梵·迪克所谓的新媒体时代传播之互动特性，实际上就是强调作为传播主体的人在使用网络的过程中再次被赋予传播能动力。这种传播方式说明：人在媒介化生存的状态下，面对所谓的传播效果不再被动，更无所谓恐惧。在某种程度上，人自身就成了媒介甚至传播效果本身，他们掌握着更加强大甚至完全主动的传播能动性。正如延森所述：新媒介融合的不断发展并不可能代替面对面的交往，实际上情况恰好相反："旧有的媒介鲜有消亡；与此同时，人类不仅占据着以技术为中介的关键位置，而且还是后者的原型。"[②] 这给当代传播学理论，特别是以媒介效果为中心的大众传播学理论带来了颠覆性的挑战。

更重要的是，如果说人类社会浸润在媒介技术所营造的全新社会空间里，

[①] 简·梵·迪克，《网络社会——新媒体的社会层面》，蔡静译，北京：清华大学出版社，2014年，第7~8页。

[②] 克劳德·布鲁恩·延森，《媒介融合：网络传播、大众传播和人际传播的三重维度》，刘君译，上海：复旦大学出版社，2012年，第4页。

那么这一空间的主要构成成分并非物质，而是符号。任何人在任何时代的传播行为都离不开符号；而这一媒介只会在当代社会变得更加重要，甚至成为影响社会的一股重要力量。

如果说"人的精神、人的社会、整个人类都浸泡在一种很少人感觉到其存在却没有一刻能摆脱的"[①]符号世界之中，那么在新媒体时代，我们虽然无法深刻地感觉到符号的存在，却无时无刻不在利用符号，甚至创造新的符号来建立一种全新的交往关系。譬如，我们所使用的App（手机应用软件），用来沟通的社交媒体，甚至已进入日常生活的网络购物，哪一样东西能够离开符号？并且，这些符号或符号文本，实际上已经浸润了日常生活。可以说，当代社会，人们已经越来越依赖符号，这导致符号可以反过来主导我们的生活。

因此，在新媒体时代，人通过媒介技术，将自身变成了符号。所以，所谓的"无所不在"，是指人们在新媒体社会中可以分裂出不同类型的符号身份，而这些身份往往比自己在现实社会中的身份更加重要，更加能够体现自己的"符号自我"。这些符号身份可以借助媒介传播到世界的任何一个地方。在此意义上，要深入探究全新的社会形态以及日常生活意义交往模式，就不得不借助符号学与传播学相关的理论。

（二）转向传播符号学：从传播符号学研究日常生活的必要性

前文第一节以"符号增值"与新媒体社会这两个方面作为社会语境，来说明为何在当代需要重新回到日常、审视日常。概言之，就是新媒体语境下的符号消费与符号增值，导致日常生活的内涵与外延发生了改变，进而导致日常生活的意义表达与交流机制也发生重大改变。这意味着从传播符号学的视角去重新审视当代日常生活领域的意义诸问题，将成为解决这些问题的关键。

本节拟从学科的角度，说明为何日常生活是传播符号学研究的重要对象。换言之，在当代重新审视日常生活诸问题，为何必须要采取传播符号学范式？相对其他学科而言，其理论优势又在何处？

传播符号学是一门用符号学方法研究传播现象、解答传播问题的学科。"传播符号学"概念在国内的兴起，与约翰·费斯克的《传播符号学理论》一书在国内出版有关。在这本书中，费斯克把传播学研究划分为过程学派和符号学派

[①] 赵毅衡，《符号学》，南京：南京大学出版社，2012年，第1页。

两大派别。过程学派视传播为信息的传递，关注的焦点是传播效果和其正确性。符号学派则视传播为意义的生产与交换，关注的是信息以及文本如何与人们互动并产生意义。这一描述给出了传播符号学相对独立于经典传播学的学理依据。符号的基本功能就是传播意义，许多学者曾先后提出传播学与符号学本体论思想的融合发展需求，从发表在《南美传播研究》刊物上的《西比奥克关于符号学与传播学对话》一文可见一斑。此外，约翰·D. 彼德斯（John D. Peters）《交流的无奈：传播思想史》曾获得 2000 年的美国传播学会奖，它既是一部影响深远的传播学著作，又被视为重要的符号学著作，《美国符号学刊》还发表了从符号学角度对这本书进行研究的文章，成为两大学科对话的学术案例。

同时，后现代理论家们提出：传播学理论中事实上也包含了符号学本体论思想。如鲍德里亚（Jean Baudrillard）认为，大众传媒的飞速发展为我们构筑了一个超真实的社会、一个仿真的世界。"超真实"和"仿真"都是没有现实指涉物的符号，都是"漂浮的能指"。这些"漂浮的能指"都没有固定的所指，在后现代，大众传媒充当了为"漂浮的能指"配对所指的角色。鲍德里亚将这样一个由大众传媒操控的社会称为消费社会。在以符号为中介的消费社会中，人们对物质的占有和消费，主要不是为了获得它的使用价值，而是为了获得它的符号价值。

因此，传播符号学（semiotics of communication）是当今符号学研究的一个重要发展方向。当代媒介技术飞速发展，符号活动渗透到人类文化生产与交流的各个环节，"符号传播"成为符号学、传播学、文学与哲学研究等学科共同的研究领域。由此，传播符号学作为一种跨学科的理论范式应运而生。总体来说，传播符号学把符号意义的解释与传播作为研究重点，着重讨论人类文化中各类符号的使用者如何在具体传播过程中运用符号交流意义、分享意义，建立并维持意义社群。

从学术史的角度回溯，可以发现，日常生活是传播符号学研究的出发点与主要领域。

首先，大众传播一直以来似乎都是传播学界毫无争议的、最主要的研究范式。传播学界对日常生活的讨论实际上成果颇丰，并且早在 19 世纪与 20 世纪之交的美国，日常生活与日常交际就已经成为理论家们的研究对象。巴克斯特（Baxter）与布雷斯韦特（Braithwaite）在《人际传播：多元视角之下》一书中曾讲道:"到了 20 世纪,大学还没有传播系,但是演讲、文学作品表演、辩论和说服等方面的课程已经以'言语'的名义经常地在英语系或戏剧系中得到讲授。20 世纪上半叶,两种主要的言语研究方法出现了。康奈尔学院有着这样一批学者,他们从人文的角度来涉足言语研究。中西部学院的学者们则认为,研究言语的最好方法是从科学基础出发。这些学派构成了修辞和言语的两条主要路径,也正是这些学者后来组建了与英语系及戏剧系相分离的言语系。"① 事实上,早在传播学诞生前,以修辞和语言为代表的日常交流研究就已经逐渐兴起了。因此,胡翼青认为:"很显然,大众传播的研究范式是在 1939 年之后才渐渐取日常交流研究而代之的。而耐人寻味的是,几乎没有一部专门的传播学术史著作提及这个问题。"② 尽管人际传播研究在后来成了传播学研究中的主要范式之一,但是日常生活事实上一直以来都是传播学的研究出发点和主要探索领域。

当代传播学对日常生活的讨论,发轫于美国芝加哥学派(Chicago School)。关注日常生活中个人、传播与社群的相互关系是该学派自开创就有的研究传统。这就注定为传播学研究取向和路径打下了深刻的日常生活烙印。早期传播学者如詹姆斯(William James)、杜威(John Dewey)、库利(Charles Cooley)、米德(George Mead)等,都不同程度地论述过日常生活中这三者之间的关系,并在某些根本观点上具有共识性与联系性。究其原因,早期传播学者把传播、个体、社群视为解决现代社会危机、重建新型社群关系的突破口。如哈特(Hanno Hardt)所述,"包括皮尔斯、詹姆斯、杜威和米德等人在内的一代哲学家都提出了有关传播的构想",而在他们心中,传播是与下列观念紧密相连的:"个人在社会中的作用,社群作为共享经验的重要性以及民主方式的可能性。"③ 在此意义上,传播、个体与社群实际上是有机联系在一起的。它们之间相互影响、彼此联系。

值得一提的是该学派后期的一位重要人物戈夫曼(Erving Goffman)。他

---

① 莱斯莉·A. 巴克斯特,唐·O. 布雷思韦特,《人际传播:多元视角之下》,殷晓蓉等译,上海:上海译文出版社,2010 年,第 2~3 页。

② 胡翼青,《大众传播的批判性解读:以日常交流为参照》,《中国地质大学学报》(社会科学版),2012 年第 4 期,第 104~109 页。

③ 汉诺·哈特,《传播学批判研究——美国的传播、历史和理论》,何道宽译,北京:北京大学出版社,2008 年,第 31 页。

的《日常生活中的自我呈现》算是传播学界第一本以"日常生活"为主题的专著。他把社会比作舞台,并将自我的活动划分为"前台"与"后台"两个区域。他认为"前台"是个体向他人选择性展示自我形象的那一部分,这是自我的社会呈现;"后台"是练习影像管理技能,对观众关闭和隐藏的地方,是自我的本来面目;而前台则为后台在自我的形象管理方面提供诸种帮助。由此,戈夫曼通过剧场的隐喻强调了自我互动的日常生活环境因素。

其次,从学科理论史的角度来说,日常生活一直以来都是传播符号学的研究起点和研究场域。符号学奠基人索绪尔(Ferdinand de Saussure)在其《普通语言学教程》中,认为符号学(他所采用的术语为"semiology")应该被定义为"研究符号作为社会生活一部分的科学"。这实际上从理论源头就把日常生活诸领域框定在了符号学的适用范围内。

不过,遗憾的是,索绪尔虽然把符号学定义为研究符号作为社会生活一部分的学科,但他的相关研究实际上仅停留在语言符号学层面,这等于自动缩小了符号学的范围。不过,索绪尔式符号学的后继者们,如罗兰·巴尔特①(Roland Barthes)、列维-斯特劳斯(Levi-strauss)以及后来的克雷斯(Gunther Kress)等,把这条符号学研究路径全面地扩展到日常生活诸领域。有关这一点,笔者将在后文详述。

符号学的另一位重要奠基者,美国哲学家皮尔斯(Charles Sanders Peirce),则以一种更加彻底的姿态,把符号学导向日常生活研究的方方面面。他所开启的三元符号学研究模式,为探索当代日常生活中的诸种意义互动提供了研究框架。皮尔斯曾在其笔记中直接明了地说道:"……除了符号学,我从来没有能力去研究过其他任何东西——包括数学、形而上学、万有引力、热力学、光学、化学、比较解剖学、天文学、心理学、语音学、经济学、科学史、

---

① 本书对 Roland Barthes 的名字采用"罗兰·巴尔特"的译法,但如果引用的著作原文采用"罗兰·巴特"译法,则脚注中仍引用"罗兰·巴特"。

扑克牌游戏、男人和女人、葡萄酒、度量衡学。"（LW85－86）① 正如赵毅衡所述，"符号学是人类历史上有关意义与理解的所有思索的综合提升"②。这就意味着符号学的基本任务是对日常生活中所有的表意活动进行梳理，总结其背后携带的一整套意义规则。

沿着符号学学术史的这一条路径，人们可以发现许多传播符号学学者都在日常生活这一领域进行过探索。但遗憾的是，截至目前，并没有一本致力于系统总结并提出日常生活表意活动在传播符号学视域下的总规律的专著，现有研究都局限在日常生活的某个具体领域。最早开始探索这些领域的，当属前文提及的罗兰·巴尔特。

巴尔特的专著《神话学》第一次从符号学的角度论及日常生活，他讨论的是如何将人们惯常忽视的日常生活变得值得一谈，并探讨其中的转换机制。此外他认为大众传播所报道的并非日常生活本身，而是其变异变形后的样子，这也使得"我们第一次真切地发现人类确实是生活在一个卡西尔说的'符号世界'"③。他精确地将符号学理论引入到诸如服装、饮食、汽车、家具等日常生活中最常见的非语言领域，展示出了符号学的巨大研究潜能。他认为我们所置身的这个世界，也就是日常生活世界，并不是一个由纯粹的事实所组成的经验世界，而是一个由各种符号所构建的意义世界。我们在一个符号系统和另一个符号系统之间不停地编码、译码，几乎全人类的事务，诸如衣食住行都透露着符码编译的活动。20 世纪 70 年代，继承巴尔特衣钵的是法国学者鲍德里亚，他的传媒符号学理论主要关注媒介形象的制造及其"拟像效果"。

这一分支在当代被英国学者，韩礼德（M. A. K. Halliday）的弟子克雷斯（Gunther Kress）等人进一步推动，使得社会符号学研究从符号向符号资源，从语言符号向其他非语言符号系统，从言语交际语篇向多模态语篇方向发展。

---

① 注：本书采用国际皮尔斯研究的引用与缩写惯例，在引用皮尔斯相关手稿与论文时，以缩写代码的方式直接标注在正文所引内容之后。以下是本书常用的皮尔斯手稿来源以及缩写规则说明：1. CP volume, paragraph, 即 Collected Papers of Charles Sandes Peirce, volume x, paragraphy；例如 "CP 1.259"，即为哈佛八卷本《皮尔斯文献》第 1 卷，第 259 段。2. LW page-page, 即 Charles S. Peirce's Letters to Lody Welly, page x-page y；例如 "LW 85－86"，即为《查尔斯·S. 皮尔斯写给维尔比夫人的信》第 85~86 页。
② 赵毅衡，《符号学：原理与推演》，南京：南京大学出版社，2016 年，第 9 页。
③ 李彬，《传播符号论》，北京：清华大学出版社，2012 年，第 106 页。

荷兰社会符号学家范·李文（Theo van Leeuwen），则将社会符号学引入日常生活，指出不同的符号资源，通过节奏、构成、信息链接、对话这四种途径，整合形成了多模态语篇与交际行为。由此，多模态理论成了这一学派在当代的主要发展趋势。

而后，更多的传播符号学家在研究中或多或少地对日常生活有所涉猎。北美多伦多符号学派是当下文化与传媒符号学的主要学派之一，也是对日常生活展开系统传播符号学分析研究的重镇。其代表人物加拿大学者马塞尔·达内西（Marcel Danesi）在日常生活的符号学与传播学研究方面拿出了重要的理论开创性举措。他从以香烟、高跟鞋等为代表的日常生活系统中最常见的物品出发，对其背后的多层意义体系进行了符号学式的建构和解读。①

因此，从学术史的角度来看，无论是传播学还是传播符号学，"日常生活"都是这两个学科自开创以来就已经拥有的传统，更是这两个学科的主要研究对象。因此，从传播符号学角度探究日常生活，应当说是回归了这两门学科的核心。遗憾的是，这两个学科至今都未有相关专著从整体的视域来探索日常生活作为意义生活的传播问题，而这就是本书的理论出发点。

由于目前国内外关于日常生活的研究基本上是以哲学与社会学为主，无论是传播学还是传播符号学领域内的日常生活研究都仍然处于新兴阶段。因此本书从传播符号学对日常生活的意义传播诸问题展开研究，可以算是在这一领域的国内领先尝试，在丰富了日常生活研究范式的同时，也进一步扩大了传播符号学的应用领域。

二、研究对象

第一，本书的研究对象是当代社会语境下的日常生活意义活动。严格来讲，从断代的角度来看，目前对当代并没有明确的时间范围界定。但是通过与现代的一些对比，还是可以发现当代的某些特性。这些特性深刻地影响着人们对生活和事物的认识，进而影响到日常生活的结构和文化。

在西方语境下，社会通过城市化、工业化与现代化以及其他各种变革进入

---

① 马塞尔·达内西，《香烟、高跟鞋及其他有趣的东西：符号学导论》，肖惠荣、邹文华译，成都：四川教育出版社，2012年。

现代。中国的现代化进程并不是一个根植于社会自身内部发展的过程,而是一次直接借鉴西方的仓促的行动。因此,在中国整个现代化的进程中,现代性始终处于缺失的状态,这一点,也直接影响了当代社会。自 20 世纪六七十年代开始,后现代主义的哲学思考开始对现代主义理性认识论等方面展开了修正和批判,开始尝试重新构建人类的知识系统,因此,20 世纪 60 年代被视为当代社会的发端。如果说现代社会建构的是一种自上而下的社会秩序的话,那么当代社会则产生了一种自下而上的秩序,人们开始对非制度化的权力加深认识,开始关注与个体发展更加密切的日常生活和日常生活经验。而此时哲学研究也开始转向日常生活,转向研究普通人的平凡琐事,转向研究个体在世界中的存在意义,开启了对日常生活中的"日常性"等诸多问题的探讨。

进入当代,日常成为一面透视镜,使人们重新关注人与人之间的生存状态上,回到人与人的关系网络中探寻文化的意义。当代社会,城市快速发展,使得日常生活发生了巨大的改变,不仅表现在物质层面的丰富,更体现在日常生活中人与人之间的复杂关系中。城市社区的出现和形成,导致公共领域与私人领域被不断重新界定,新型邻里关系塑造了各种不同的城市社区空间。家庭成员居住方式的改变,塑造了不同的居住模式和家庭空间。密集的城市公共交通网络和多种多样的公共交通工具不断挑战传统日常空间的封闭性,不断拓宽日常生活空间的范畴,也造成了非日常生活大量地侵入日常领域,最明显的表现就是审美的泛化及日常生活的审美化。这些具体而实在的改变和冲击都是当代日常生活中人的生存状态和人与人、人与社会之间的关系变得异常复杂的表现,这驱使我们不得不重新回到日常的起点,将视线重新投回平凡之人与平凡之事上。

第二,本书主要讨论的日常生活意义活动是社会上绝大多数人都会高度重复、持续地开展的意义活动,是芸芸众生的日常生活,非奇人也非圣人的日常生活。因此以日常生活所指向的社群来划分的话,一些非常特殊的群体并不在本书讨论之列,如乞丐、士兵、僧侣或者王公贵胄等群体。因此,本书要讨论的日常生活指向社会大众中最主要的阶层,是最能代表当今大众日常生活文化的阶层,即当前城市生活中的市民阶层。

传统日常生活中,在传统农业文明条件下,非日常生活世界相对不发达,只有少数人有机会走出日常生活世界,踏入非日常领域,因此,在农业文明的

绪 论

基础之上，日常生活依旧是在人们生存环境中占领主导地位的领域，非日常领域则相对狭小而简单。从传统日常生活阶段向当代日常生活阶段转型的过程中，工业文明开启的社会化大生产和商品经济大大改变了人们的生活方式，日常生活成为与轰轰烈烈发展的非日常生活领域相对应的、狭小的、边缘化的领域，过分发达的非日常生活将日常生活切割得支离破碎，这是当下社会文化生活最显著的特征。

选择以城市市民阶层为代表的城市日常生活为主要研究对象，正是因为他们是当代社会语境下日常生活的最典型形态。当代非日常生活领域声势浩大的发展，也正是伴随城市化进程的加快和现代城市建设的步伐而进行的。因此，尽管现代农村已经走出农业文明时期，非日常生活世界也得到了整体性的发展，但是较之城市社会生活结构，农村生活结构仍然主要是由强有力的日常生活和相对处于弱势的非日常生活来共同支撑的。因此，本书将主要讨论当下社会生活主流结构中的日常生活问题，即主要以城市社会为依托的城市日常生活。

此外，城市日常生活的主体成分较复杂，本书将研究重点放在城市市民阶层，是因为大众文化中所包含的社会阶层非常多元化。在传统社会中，文化作为一种"资本"，只能被少数居于社会上层地位的人拥有，大多数处于社会下层的人既不能享受社会提供的文化资源，也无法表达自己的文化需求。到了现代社会，愈加庞大的"社会中间阶层"在拥有一定经济资本和社会资本之后，也对文化资本产生了一定程度的需求，而社会中间阶层在现代社会中的地位和功能则使他们成了社会的主体；作为社会消费的主要群体，其生活方式也给整个社会带来庞大而稳定的消费市场，保证了社会的稳定。因此，我们可以发现，社会中间阶层在社会阶层中占大多数，他们作为社会阶层中的中项所携带的阶层意义与日常生活文化作为社会文化的中项所携带的意义合一。因此，本书所讨论的日常生活主体主要是这一类中间阶层。所谓中间阶层，是指"以从事脑力劳动为主，靠工资及薪金谋生，具有谋取一份较高收入，较好工作环境及条件的职业就业能力及相应的家庭消费能力，有一定的闲暇生活质量，对其劳动、工作对象拥有一定的支配权，具有公民、公德意识及相应修养的社会地位分层群体"[①]。

---

① 陆学艺编，《当代中国社会阶层研究报告》，北京：社会科学文献出版社，2002年，第252页。

第三，本书所讨论的日常生活意义世界将传统日常生活世界与新媒介时代下的日常生活世界都包括在内，后两者共同构成了本书的研究对象：由日常生活意义活动所建构的意义世界。当然，由于这个范畴过于宽泛，这样的日常意义生活几乎无所不包，因而本书在讨论传统日常生活时将主要围绕传统日常生活中的衣食住行以及日常之"物"这五个方面来讨论。这主要是因为：衣食住行构成了每个人最基本、最传统的日常生活活动。"人们为了能够创造自己的历史，必须能够生活，而人们为了生活，首先需要衣、食、住、行以及其他东西。"[①]

提及传统日常生活，除了衣食住行，人们总会立刻联想到生老病死、婚丧嫁娶等活动。然而无论是出生还是死亡都只能是一生一次，尽管婚姻原则上可以多次重复，但其重复次数与本书所讨论的日常生活的高度重复性仍旧相去甚远。因此，本书要讨论的传统日常生活是那种芸芸众生会在每一个平凡日子里持续的、再三重复的传统日常意义活动，而非一次性的符号活动。所以，出生死亡、婚丧嫁娶等活动，实际上并非本书的讨论范围。正因如此，本书只能列举以上五类传统日常生活中最典型、最具代表性的日常活动来做具体讨论。

与此同时，"衣食住行都是物质生活的主要内容，同时也是民族文化的物质外化。因此不同时期的饮食、服饰、居住、交通、建筑、器用等，不但反映了当时物质生活的状况，在精神生活中也占有十分重要的地位"[②]。实际上传统日常生活所包含的"物"的种类与形式远远超越"衣食住行"，可以说几乎是包罗万象。各种"物"作为日常生活表意不可或缺的符号媒介，对日常生活，特别是对日常交际来说起到了非常重要的作用。因此，衣、食、住、行、物是研究传统日常生活文化最基本的五个研究方向。

在新媒介时代语境下，人们的日常生活发生了翻天覆地的变化，本书也将对新语境下的日常生活展开详细考证。具体来看，本书将提取日常生活中最具代表性的两类意义活动即日常影像与娱乐活动，日常通信与社交活动作为具体研究对象，来探讨新语境下在日常生活中人们如何进行意义表达等社会交流机制诸问题。

---

① 马克思恩格斯，《马克思恩格斯选集》（第1卷），北京：人民出版社，1972年，第32页。
② 雒有仓，《关于中国社会生活史的体系问题》，《淮北煤炭师范学院学报》（哲学社会科学版），2003年第3期，第6页。

第一章 复合性：意义世界的本质结构

日常生活世界是基于人们的符号表意活动而建构的一种意义世界。本章作为本书的理论章节之一，首先要明确的问题是对世界构造的认知，特别是对意义世界构造的认知。这是接下来对日常生活在广阔世界中明确定位的基础，也为本研究设定了研究基调。

第一节 关于意义世界的哲学讨论

人在不懈追求意义的过程中建构着意义世界。论及意义世界，首先需要讨论的是意义世界与整体世界之间存在什么样的关系。然而人们对人类所生存的世界的认识程度并不深刻，甚至可以说，人类面对这个世界时仍然会感到茫然，但从没有停止探寻。因此，本书将首先从历时性的角度追溯关于意义世界的思想精粹，基于对意义世界理论的梳理，开展对日常生活世界的深入分析。

西方哲学往往以追问本质为己任，始终关注意义世界的建构问题。在古希腊，人的主体性在意义世界的建构中被边缘化、被搁置。也就是说，人并不是作为主体参与人类对世界的认知过程，而是作为一个外在的观察者，从而使得客观的人和客观的世界被驱逐出意义世界的范畴，一个纯粹先天的、理念的意义世界得以建构。

就像柏拉图（Plato）认为的，感性的万物是理念的"影像"或"摹本"，这为他的意义世界提供了理论基础。他把世界视为"可见世界"和"不可见世界"，把知识视为"回忆"。他认为，人的感性能力只能获得关于事物的"意见"（doxa），无法认识事物的本质。而人的灵魂具有超感性的能力，在进入肉体前就已经先在地具备了认识本质的能力，只要后天经验刺激，就会回忆起关于理性的知识。也就是说，柏拉图认为真理性知识是先天的，"灵魂用辩证的力量……从理念出发，通过理念，最后归结到理念"，完成意义世界的建构。① 肉体感官被视为获取知识的障碍，肉体阻挡人获得真理。作为客体的世界和作为客体的人都被柏拉图驱逐出了"理念的王国"，最终，他所拥有的是一个"理念"的意义世界。

而亚里士多德（Aristotle）把质料和形式视作建构意义世界的根本。质料是可感知的客观物质，其形式类似于柏拉图的"理念"。在亚里士多德眼里，灵魂具有两种属性：感觉的和理性的。他认为人的认识起源于感觉，但这种感觉的心灵是被动的，而理性的心灵"奴斯"，可以主动地使可能的形式变为现实的"形式"，也就是说"奴斯"可以创造现实。"心灵所思维的东西，必须在心灵之中。"② 亚里士多德徘徊于感性心灵和理性心灵之中，最终选择了后者，因此，他所拥有的也是一个"理念"的意义世界，一个由"奴斯"创造的意义世界。可见，作为客体的世界和作为客体的人徘徊于"理念王国"的门口。

进入认识论阶段，经验论和唯理论在拒斥中世纪经验哲学神学观之后，分别拾起亚里士多德的"质料"和"形式"建构自己的意义世界。大体而言，从意义世界建构的角度看，这两个对立的认识论争论的焦点在于建构的基础及感性和理性在建构过程中的地位和作用。经验论者挑战中世纪经院哲学，以"质料"为基础，以感性经验和感性观察为手段，通过实验法、观察法、经验归纳法和分析法等方法，建构其意义世界。感性认识被视为唯一可靠的东西，理性认识的作用被贬低或否认。而唯理论者继承并发展了经院哲学思想家的普遍主义思想，以"形式"为基础，以理性直观和理性演绎为手段，通过数学的理性演绎法，建构其意义世界。理性知识被视为是绝对可靠的，感性知识则会欺骗我们。在经验论的引导下，我们看到的是缺乏人的主体建构意识的意义世界。而在唯理论的大旗下，我们看到的则是缺乏作为客体的世界和作为客体的人的意义世界。人感觉着的"世界"和人理性推演的"世界"是离散的，这种思想在康德（Immanuel Kant）那里被推向了极致。

---

① 北京大学哲学系外国哲学史教研室编译，《西方哲学原著选读》（上卷），北京：商务印书馆，1981年，第93页。
② 北京大学哲学系外国哲学史教研室编译，《西方哲学原著选读》（上卷），北京：商务印书馆，1981年，第152页。

第一章 复合性：意义世界的本质结构

康德对意义世界的建构思想既是对经验论和唯理论的折中与调和，也是对古希腊传统哲学意义世界的"哥白尼式"翻转。康德把被古希腊哲学边缘化的作为主体的人带回了意义世界的建构过程中，并试图让经验和理性找到自己适合的位置。康德将其意义世界分为"对象（现象）世界"和"物自体（自在之物）世界"。前者为经验世界，后者为超验世界。"对象世界"被看作"感性的表象"，即"物由之而向我们表现的样式的表象"。① 这在康德的眼里是一个无根的世界，它不能独立存在，康德必须为这个无根的"对象世界"寻找一个根本或基础。② 因此，设置一个"物自体"的世界就很有必要。有了"物自体"世界这个根基，由先天的形式（时间、空间、范畴）和后天的质料（感觉经验）结合而成的康德的意义世界就成为可能。"物自体"世界给予我们的刺激形成了感觉材料，这些感觉材料必须经由先天的感性直观形式（空间和时间）和知性范畴对其进行加工整理而形成意义世界。但是在康德看来，意义世界建立在一个超验的"物自体世界"之上，人们只可能获得关于这个世界的"空洞的观念"，而不能对其形成任何客观知识。康德的意义世界是以一个不可知的"超验的""理念"的"物自体"世界为根本和基础的，我们看到的似乎是一个抽象的"客观世界"，纯粹主观化的意义世界的方法。同时，康德哲学传统采取的是从认知者的角度出发的"我观"的认知方式来构筑意义世界，意义世界在康德这里完全主观化了，作为客体的现实和具有主观能动性的人却被忽略了，人对现实的体验被完全排除在意义世界的建构之外。

进入 20 世纪，科学与技术造成了知识的大爆炸，科学理论成了当代思想发展的一大特色，科技对哲学的冲击是多方面的。其中与此密切相关的现象是 20 世纪哲学的"语言学转向"：人们开始直面语言，把它当作研究对象。当人们发现"意义的首要载体是语言"③ 时，人们对意义世界的构筑视角也就转向了语言。日常语言哲学跟随晚期维特根斯坦的脚步发展而成，他提出了"语言与世界同构"的命题，这样，20 世纪以来的哲学无可避免地烙上了"语言"的印记。在语言哲学的主题即"现实""人""语言"三者的关系中，语言成了意义世界建构的基点和出发点。20 世纪分析哲学把语言视为人类建构意义世

---

① 杨祖陶、邓晓芒，《康德三大批判精粹》，北京：人民出版社，2001 年，第 68 页。
② 杨祖陶、邓晓芒，《康德三大批判精粹》，北京：人民出版社，2001 年，第 59 页。
③ 陈嘉映，《语言哲学》，北京：北京大学出版社，2003 年，第 14 页。

界的唯一材料，要么通过语言符号句法结构和语义结构的逻辑演算而建构意义世界，要么通过表征思维的符号对外在现实的心理表征而建构意义世界。这是一个"镜像化反映"的意义世界，语言和世界具有共同的逻辑结构。由于其出发点和基础是抽象的语言符号，这样建构的意义世界就像空中楼阁、水中之月，因为在意义世界的建构过程中，认知这个中间层次被忽略了，即人的主观性、想象力和创造力在理解客观世界中所起到的关键作用被悬置了，因此，语言与现实之间的桥梁被切断了。

随着认知科学的兴起，哲学发生了认知转向，人类的认知行为对意义世界的建构作用开始受到重视。较之第一代认知科学的"无身性"，以拉考夫（G. Lakeoff）与约翰逊（M. Johnson）两位认知语言学家的名著《肉身的哲学：具身心智及其对西方思想的挑战》(Philosophy in the Flesh：The Embodied Mind and Its Challenge to Western Thought)[①]的出版为标志的第二代认知科学崇尚的认知是体验性的（embodiment），即人们通过身体的经验来获得意义，通过身体结构与想象力结构获得意义。同时，体验认知还强调环境在认知发展过程中的形成作用，意义是有机体在与世界的交互中产生的，这与第一代认知科学的无身认知和对意义的获得方式形成鲜明对比。第二代认知科学与语言学的结合所产生的认知语言学被王寅称为后语言哲学时期，这个时期的思想认为"人的意义世界建构离不开语言这个'构成思想的器官'"[②]，人的"意义世界"是在"现实—认知—语言"的拟构中形成的，也就是以现实世界为基础的人的"体验"（以身体之、以心验之）为起点、以"认知"为中间环节以及用语言锁定人的"意义世界"，并反作用于人对现实世界的体验和认知，从而建构更为丰富的"意义世界"的过程。[③]

现象学是20世纪最具影响力的哲学流派之一，现象学家对于意义世界有着独特的理解。胡塞尔（Husserl）提出的"回到事情本身"，成为引领现象学运动的共同奋斗目标。胡塞尔借此也提出回到生活世界的理念，但是，其对生

---

① Lakeoff, G. & Johnson, M. *Philosophy in the Flesh：The Embodied Mind and Its Challenge to Western Thought*, New York：Basic Books, 1999.
② Von Humboldt, A., Otte, E. C. *Cosmos*："A Sketch of The Physical Description of the Universe". *Harper and brothers*, 1997, Vol. 1. p. 62.
③ 刘玉梅，《后语哲视域下"意义世界"的建构》，《外国语文》，2013年第2期，第60~64页。

活世界论述不明。多数学者认为他所指的生活世界类似自然态度的世界，类似周围世界和生活周围世界[①]，但他所讨论的生活世界本身就是对其意义世界理论的阐述。倪梁康把胡塞尔生活世界的特点概括为：非客体性、奠基性、主观性和直观性。[②] 非客体性是指人"融身"于世界中，对世界的意识还处于"混沌"的自然状态，一旦对世界采取科学的或哲学的态度，这个世界就变成客体性的世界。奠基性是指生活世界是现在的科学世界、哲学世界等专门化世界的基础。主观性是指这个世界是由无数个人的主体能动作用所构成的，这个世界是一个意义世界，它随个人主体性的变化与主体间性的作用而变化，没有绝对的恒定性；直观性是指在此生活世界中，一切都是感性的、具体的、生动的、触手可及的。从胡塞尔的哲学体系看，由本质直观得到的生活世界并非胡塞尔的最终世界，即他的"事情本身"，他对生活世界进行阐释的主要目的不是实践，而是出于一种理论意图。胡塞尔的生活世界处于这样一个位置：先验意识（先验主体间性）—生活世界—科学世界、哲学世界，等等。

在此基础上，梅洛-庞蒂（Morris Merleau-Ponty）综合了胡塞尔的生活世界理论并进一步发展。然而胡塞尔与梅洛-庞蒂二者生活世界理论的显著差异在于，前者认为生活世界是先验意识构造的，而后者认为生活世界是基于人与事物，在与他人的知觉打交道的过程中产生的，后者的看法更符合当下哲学的发展走向。梅洛-庞蒂在《知觉现象学》的前言中这样写道："重返事物本身，就是重返认识始终在谈论的在认识之前的这个世界，关于世界的一切科学规定都是抽象的、符号的、相互依存的，就像地理学关于我们已经先知道什么是树林、草原或小河的景象的规定。"[③] 也就是说，世界在"我"所认识、所思维之前就已经存在，并且这样的意义世界与人的关系是相互依存、不可分割的，意义是在"我"与他者知觉之间相互证实、经验和交融之中产生的，因此，梅洛-庞蒂认为的意义世界是一个主体性与主体间性并存的、生动具体的、直接感性的生活世界。舒茨受到胡塞尔、马克斯·韦伯（Max Weber）等人的哲学与社会学理论的

---

① 张永清，《生活世界与审美对象意义世界的本源》，《学习与探索》，2001 年第 5 期，第 20~24 页。
② 倪梁康：《现象学及其效应——胡塞尔与当代德国哲学》，北京：生活·读书·新知三联书店，1994 年，第 127、130、132 页。
③ 莫里斯·梅洛-庞蒂，《知觉现象学》，姜志辉译，北京：商务印书馆，2012 年，第 3 页。

影响，后进入美国受到美国实用主义与芝加哥学派，诸如杜威、詹姆斯、米德等人的影响。他作为现象学社会学创始人，生活世界理论是他一生都在探讨的中心问题，其目的在于通过将现象学引入社会学中考察社会现象与日常生活世界的关系，以理解日常生活世界中行动的主观意义以及行动者之间的主体间性。舒茨所理解的生活世界是"……作为共同世界，作为历史文明，作为同时代的私人顾问这种特殊群体，作为主体间性共同体，作为共同的奠基，作为集体活动的产物，作为精神上的探索（最后落实为反思），所有这一切杂然相混"[①]。

舒茨关于生活世界的看法受到了詹姆斯思想的影响。詹姆斯主要围绕世俗现象学，探讨世俗意识的现象学心理学，同时讨论知觉的边缘现象。其中对舒茨影响最大的就是詹姆斯的"多重世界"理论，或称"次级宇宙"理论。詹姆斯在其《心理学原理》中，分析了人们对实在的感觉（Sense of Reality）。他指出，实在仅仅意味着与人们的情感生活和主动生活的关系。全部实在的起源都是主观的，无论激发出人们兴趣的东西是什么，都是真实的。说一个事物是真实的，意味着这个事物处在与人们自己的某种关系之中。"……但是，这里存在几种、也许是数量无限多的各种实在秩序，其中每一种实在秩序都有它自己的特殊而且独立的存在风格。"[②] 詹姆斯称这些实在为"次级宇宙"，它们包括感觉世界、科学世界、各种理想关系世界、各种超自然的世界、个体观点的不同世界以及十足疯狂和异想天开的世界等。而后，舒茨将詹姆斯的"次级宇宙"概念发展为"有限意义域"，这种术语变化的目的在于说明意义世界的各种实在秩序并不是通过对象的本体论结构，而是通过主体经验的意义被构造出来的。一个有限意义域可以是工作世界、幻想世界、儿童游戏世界、精神病患世界等，这些世界都具有特殊的认知风格，都可以接受一种特定的实在特征，也是舒茨所谓的"多重实在"，正是它们构成了舒茨现象学社会学中的广义的社会世界。

同时，哈贝马斯将舒茨的现象学社会学理论作为其建构交往行动理论的基础，进一步推进了社会学关于生活世界的讨论。20世纪80年代以后，哈贝马

[①] 布赖思·特纳，《Blackwell社会理论指南》，李康译，上海：上海人民出版社，2003年，第341页。

[②] 阿尔弗雷德·许茨，《社会实在问题》，霍桂桓译，北京：华夏出版社，2001年，第283页。注：本文采用"舒茨"译法，但在引用其他著作时，尊重原译。

斯在其《交往行动理论》以及《现代主义的哲学讨论》这两部重要著作中用了相当长的篇幅来讨论生活世界问题。哈贝马斯力图通过对现代资本主义社会中生活世界内涵的分析以及对"系统—生活世界"双层架构的理解,来探讨现代社会的结构和社会的合理化进程。在他看来,生活世界是交往行动者"始终已"(always already)置身其中的境域。他认为要把社会看作一种实在,在这种实在的演变过程中,不仅区分为系统,而且区分为生活世界。① 在他看来,系统的层次是指人类在物质上及生理上的满足,是一种人类存在在生物层次上的复制过程;生活世界是指在文化传递上、社会秩序构成上,以及人类互相交往的过程中要开展这些活动所需要的"资源",它提供价值观、约定俗成的符号,以及其他人类互动所需要的要素。哈贝马斯的交往行动理论就是以生活世界为主导,将主体间的语言交往和符号互动置于生活世界的中心,将生活世界视为对话和交流的背景,因此认为只有语言交往的背景所构成的世界才是生活世界。

第二节 关于意义世界的符号学讨论

赵毅衡认为符号学是一门"关于意义活动的学说",同时符号"被认为携带着意义感知,意义只有通过符号来表达,而符号的用途就是表达意义"②。符号学实则就是意义之学,总体目标就在于对人类,甚至对包括动物、植物在内的有机体的意义世界进行探索。人类赖以生存的世界无限辽阔,人们能感知与理解到的部分极少,大部分都是潜在的意义世界。尽管从理论上来讲符号学的研究对象是整个世界,但从实际上来看,符号学可以讨论和研究的世界则是那部分被"人化"了的世界,即被意识把握的对象化世界,它基于意识存在,由意识创造,被意识感知和理解。因此,由意识所产生的意义世界,正是符号学讨论的对象,也就是符号意义世界。在符号学不断发展的过程中,有多位符号学家对意义世界及其相关话题进行了研究。

作为符号学奠基人之一的皮尔斯,他所建构的符号学为后世提供了一个统

---

① 哈贝马斯,《交往行动理论》(第二卷),洪佩郁、蔺青译,重庆:重庆出版社,1996年,第165页。

② 赵毅衡,《符号学:原理与推演》,南京:南京大学出版社,2011年,第2页。

一的研究视角。皮尔斯认为"整个宇宙，哪怕不完全由符号构成，也是充满了符号"①。他的这个观点得到了很多符号学家的认同，例如霍夫梅耶（Hoffmeyer）把从大爆炸开始的整个宇宙史，描写成了充满符号意义的历史。② 他指的是大爆炸的遗迹（例如"红移"和"辐射背景"），成为宇宙历史的符号。皮尔斯认为人类生存在至少是双性（内在与外在）的世界中，是一个感知的世界。内在世界来源于外在世界——由外在世界内化而来的符号组成。每个人都有一个内在的世界，是一个由私人符号系统、想象和默思（musement）组成的世界（CP 5.487），还有一个外在的行动与习惯的世界。正如科拉彼得罗（Vincent Colapietro）解释皮尔斯符号学时所说的（参见 CP 5.493）："内外世界的互动主要存在于经验（外在世界对内在世界的直接作用）和审思（内在世界通过习惯操作对外在世界的间接作用）中。"③ 而且在这种内涵包含了私人符号、秘密符号、想象和默思世界的可能性中，皮尔斯找到了人类特有的一个符号维度。

意识通过符号活动而发展，这个过程的导向从外面到里面，从外在到内在，从公众到私人，反过来却不是如此。因此，意识是内在化过程的结果。这也就是说，为了了解意识，人们必须将眼光放到外在化的过程中，朝向社会世界和人际关系，而不是朝内。内在世界和外在世界以及内向性和外向性不停互动。内在的私人世界和外在的公众世界这两者是一个连续统一体，具有连续性（synechism）。在皮尔斯的世界观中，连续性是一个非常重要的概念，正如他所说的，"心灵之间的所有交流都是通过存在的连续性"（CP 7.572），因此，在他的意义世界中，内在世界与外在世界之间并非是断裂的，二者是一个充满对话性的连续统一体。

在符号学研究历程中，除皮尔斯与索绪尔理论，莫斯科-塔尔图学派已成

---

① Peirce, Charles S. *The Essential Peirce: Selected Philosophical Writings*, Vol. 1 (1867–1893) edited by Nathan Houser and Christian J. W. Klosel, Vol. 2 (1893–1913) edited by Peirce Edition Project, Bloomington and Indianapolis: Indiana University Press, 1992, 1998. Vol. 2, p. 394.

② Hoffmeyer, J. *Signs of Meaning in the Universe*, Bloomington: Indiana Vninersity Press, 1997, p. 195.

③ Colapietro, Vincent. *Peirce's Approach to Self*, Albany: University of New York Press, 1989, p. 117.

为对当代符号学影响巨大的理论流派。其中乌克斯库尔（Jacobvon Uexkull）在诸多符号学先驱者中，可谓是最详尽也最系统地阐述了有关于"意义世界"的符号学理论的学者。作为生物符号学的奠基者，乌克斯库尔最重要的符号学理论，就是他提出的"周围世界"（umwelt）理论。该理论影响深远，海德格尔、舍勒（Max Scheler）、卡西尔（Emst Cassirer）、梅洛-庞蒂、福柯（Michel Foucault）、德勒兹（Gilles Deleuze）等哲学家都引用此概念。所谓"周围世界"，就是生命体"以自己特有的方式拥有的"[①] 主体性的意义世界，它是生命体的感知所覆盖、自身所创造的世界，是基于符号关系而建立的。由于物种之间的感知器官、方式和范畴不尽相同，在同一个实际世界中，不同的生命体创造了不同的周围世界；也就是说，它们拥有彼此各异的意义世界。从这里可以看出，乌克斯库尔在建立自己的理论体系初期，就已经考虑到了意义问题，而意义问题正好是符号学的核心问题之一。与周围世界不同的是一个有机体居住于其中的客观世界，乌克斯库尔称其为"现世界"（umgebung）。

周围世界是以一个有机体的自我为中心构成的世界——有机体生活在这个世界，并认可塑造了这个世界。这个概念在20世纪70年代后期开始，在符号学、人类学和其他学科中，得到了广泛应用和进一步深化。周围世界是生命体所创造的世界，生命体居住在以符号关系为基础的意义世界里。也就是说，周围世界是生命体以个体自我为中心形成的意义世界，是一个已知的、模塑的意义世界。在这一点上，乌克斯库尔与詹姆斯持相似的观点，认为意义世界具有个体性。周围世界是经由生命体的功能圈（functional cycle）机制实现的，它可以分为感知世界（perceptual world）和行为世界（operational world）。生命体要辨认出外部环境中的对象，首先要经过信号感受器的符码转换，也就是说，将对象转化为生命体的内部世界（innerwelt）可以辨认的信息符号。这个符号进入生命体的感知世界，由它的感知器官（merkorgan）所感知，并且传达给行为器官（wirkorgan），进入行为世界。在行为世界中，这一对象的符号由行为效应器进行第二次符码转换，从而对对象实施行动。当生命体完成这一意义的解释和行动之后，同时也完成了对象意义的第一次累积，这个完整的功能圈循环才得以建立。从此之后，这种意义传递可以在它的功能圈中不断重

---

① 米哈依·洛特曼，《主体世界与符号域》，汤黎译，《符号与传媒》，2013年第1期，第152页。

复和加深,而生命体这一对象变得可以辨认,生成了它周围的世界,也就是意义世界的一部分。

乌克斯库尔将生物体的符号世界视为意义世界,在很大程度上是受到了康德的影响。在《理论生物学》一书中,他写道:"所有的现实都是主体性的表象。……当我们承认,对象是由于主体的建构而出现的,我们就脚踏着坚实而古老的基础,这一基础是康德建立的,其上可以建立整个自然科学的大厦。康德将主体和对象相对立,发现了心灵如何构建出对象的基本原则。"① 就像人类需要框架才能感知世界、获得外界经验一样,其他生命体也必须通过自身的功能圈对相关的符号对象进行感知才能建立自身的周围世界。在当时的生物学界,人们普遍认为,其他生命体和外界的关系只是简单的刺激-反应关系;而乌克斯库尔的这种理论范式成功地"延伸了康德对生物学的概念"②。

作为当代符号学发展史上的关键人物,西比奥克(Thomas A Sebeok)所创立的"生物符号学"与乌克斯库尔创立的"生态符号学"目前逐渐呈现出合流的趋势,并深刻地影响了当代符号学的走向。西比奥克的建模系统理论使符号学研究超越结构主义传统,呈现多元对话的局面,进而为实现自然与人文的跨越做出了卓越的贡献。西比奥克符号学理论的世界观是相当具有突破性和开拓性的。他提出的"符号宇宙"(semiotic universe)是对皮尔斯符号学理论的开拓和继承。皮尔斯提出宇宙的泛符号论,而西比奥克进一步将符号存在的普遍性推广开来,他认为在符号宇宙中,至少包含了生命符号活动,人类语言及非语言符号,人类有意符号、无意符号及无意识符号,最高程度复调下的符号及独调符号,指示符、像似符和规约符以及"符号大师的符号"多个类别。这些都远远超出了索绪尔符号传统构想的符号科学。③

同时,在西比奥克总体符号学中占据核心地位的一个概念就是模型。这个词是从莫斯科-塔尔图学派发展而来的,后者以此区分了表示自然语言的"第一建模系统"和表示人类其他文化系统的"第二建模系统"。西比奥克融合了进化论、语言史、认知理论和生物学,尤其是乌克斯库尔的"周围世界"理

---

① Vexkull, J. *Theoretical Biology*, London: Kegan Paul, 1926, p. xv.
② Deely, J. *Basics of Semiotics*, Tartu: Tartu University Press, 2009, p. 157.
③ 参见苏珊·彼得里利、奥古斯托·蓬奇奥,《打开边界的符号学:穿越符号开放网络的解释路径》,王永祥、彭佳、余红兵译,南京:译林出版社,2015年,第158~159页。

论，认为模型建构是人和动物以物种特有的方式对其所感知的世界进行动态认知、创造和改造的符号活动。在这些千差万别的周围世界中，由于只有人类具有二度和三度模塑体系，也就是说，由于只有人类具有符形能力（syntactical capabilities），因此，人是唯一可以构想出无数周围世界的动物，并且可以对自己建构的周围世界进行反思。由此有学者认为，这是人类对其他物种负有伦理符号责任的根本原因。

相对乌克斯库尔提出的"周围世界"（主体世界）理论，西比奥克的模型概念可以被理解为"外在世界模型"（outside world model），从此，模型的概念超越了人类符号学的领域，建模能力是一切生命体所共有且固有的能力，西比奥克所开启的超越人类中心的符号学研究视角，引领和推动了当代符号学，特别是生物符号学、植物符号学等分支学科的兴盛，从微观到宏观，全面拓宽了当代符号学的研究视野。

此外，受到乌克斯库尔符号学理论影响的还有恩斯特·卡西尔，他指出，人是使用符号的动物，人类文化的本质是符号的形式。人与动物的区别在于：动物仅能对"信号"（signs）做出条件反射，动物与自然间的关系是直接的，而人则懂得制造"符号"（symbols），运用符号创造文化。人类文化的各个层面，无论语言、艺术还是科学，都是介于人类与自然之间的符号形式，即便它们在认识手段上各有不同，但有一条共同的纽带将它们归入环抱人类的"符号世界"中。正是符号思维和符号活动使人之所以为人，它们也是人类全部知识的来源。"人不再生活在一个单纯的物质宇宙中，人生活在一个符号宇宙之内。语言、神话、艺术和宗教是这符号宇宙的各个部分。它们如不同的丝线，编织了一张符号之网、人类经验的纠结之网。人类在思想和经验方面的一切进步，改良和加强了这一个网。"[①] 当人类意识到这层网的存在，就开始陷入一个自己打造的符号系统，一个人为的围墙之中。

卡西尔在《人论》中对"符号—意义"理论关联的确立与阐释，不仅意味着卡西尔本人对符号学理论有了进一步的理论突破，同时也意味着他对意义理论提出了一个全新的思考维度，因此，苏珊·朗格等人充分肯定了卡西尔对意

---

① 恩斯特·卡西尔，《论人——人类文化哲学导论》，刘述先译，桂林：广西师范大学出版社，2006年，第36页。

义哲学的推动作用，公开尊称他为意义哲学的先驱。

在"符号—意义"的关联下，卡西尔对意义世界的理解是：人类的符号活动是一种具有创造性和建构性的文化活动，因此这种符号活动可以超越自然或物质世界，具有创造可能世界或者理想世界的潜力和活动能力，现实的世界与可能、理想的意义世界成了动物与人之间的本质区别，从而使人类超越自然，追求可能、理想的意义世界。这样，人与实在的关系从被动变为主动，文化的主动生成状态正是体现了人类在意义世界建构方面的主动性和主体作用。可能性和理想性也成了卡西尔意义世界与人性的鲜明标志。

与乌克斯库尔从生态符号学的研究入手相似，霍夫梅耶也加入了对生物学与符号学的交叉研究。他认为："生物学家通常尝试着让人们接近自然。我将要用相反的策略，使自然接近人类。"[①] 为了描述生物符号学的范畴，霍夫梅耶建立了一个包含文化、外部自然和内部自然的三角模式（见图1-1）。其中，文化与内部自然的关系是心身医学领域，内部自然与外部自然属于生物符号学领域，文化与外部自然属于环境域，也就是生态符号学的领域。[②] 这个三角模式明确地为生物符号学以及生态符号学在文化、生命体间划分了清楚的范畴，明确了二者的学科定位，也进一步阐明了霍夫梅耶的意义世界是包括人类、动物及植物等在内的一切生命体的意义世界。这个意义世界具体涵盖的范畴就是除了文化与内部自然交叉的心身医学领域之外的全部意义范畴，它不仅包括生物符号学与生态符号学研究领域，同时也横跨了文化符号学及自然符号学两大门类。同时，霍夫梅耶曾提出生物感观宇宙（sensory universe of creature）[③] 的概念，实则就是乌克斯库尔所提出的周围世界，术语的转换更多是为了突出生命体所具有的意义感知和作为认知主体的能动性。

---

① Hoffmeyor, J. *Signs of Meaning in the Universe*, Bloomington: Indianan University Press, 1996, p. 24.

② Hoffmeyer, J. *Signs of Meaning in the Universe*, Bloomington: Indianan University Press, 1996, p. 96.

③ Hoffmeyer, J. On the sensory universe of creatures: The liberation of semiosphere, *Signs of Meaning in the Universe*, Bloomington: Indianan University Press Press.

第一章 复合性：意义世界的本质结构

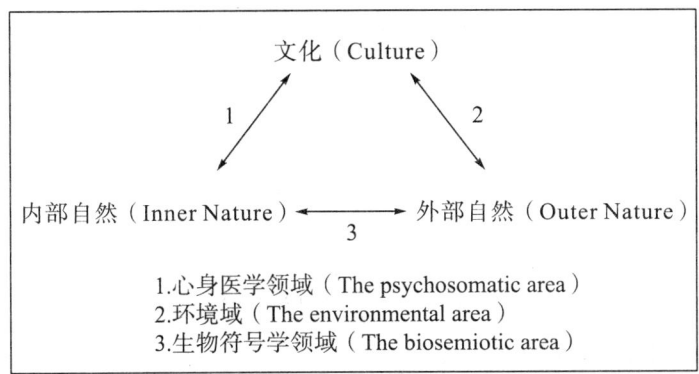

图 1-1 霍夫梅耶提出的三角模式①

关于意义世界，赵毅衡则提出，由于世界具有复数性，所以他将世界分为物世界与意义世界。但不同于詹姆斯所说的个人化的复数世界，也不同于乌克斯库尔提出的以物种来划分意义世界，如果将人类的意义世界以个人或者以人种的方式划分，都是不恰当的。赵毅衡提出的意义世界是一种"我们"的世界，一种"文化社群的意义世界"。个人化的意义世界由于文化社群共同的解释元语言，而变成了社群共享的意义世界。世界上有多少种文化，就有多少种意义世界。同时，意义世界的构成又是复合的，其中一部分是实践世界，是意识与物世界的重叠部分；另一部分的意义世界是意识构成的思维世界，它的构成部分按照规划、范畴、艺术、游戏、幻想、梦境的顺序远离实践世界。② 物世界与意义世界相互独立，而物世界与意义世界以不同方式相互关联，可以构成三重的复合世界：二者重叠的部分为实践意义世界；没有受到意识覆盖的物世界为自在物世界；与实践意义保持距离的意义世界则是思维世界（见图1-2）。文化社群意义世界的提出以及意义世界的三重复合理论不仅填补了国内对符号意义世界系统研究和讨论的空白，更是符号学界对意义世界理论的重要推动；不仅是对乌克斯库尔周围世界理论的延伸，也是对意义哲学的一次发展和探索。

---

① Hoffmeyer, J. *Signs of Meaning in the Universe*, Bloomington: Indianan University Press, 1996, p.96.
② 赵毅衡，《艺术与游戏在意义世界中的地位》，《中国比较文学》，2016年第4期，第1~12页。

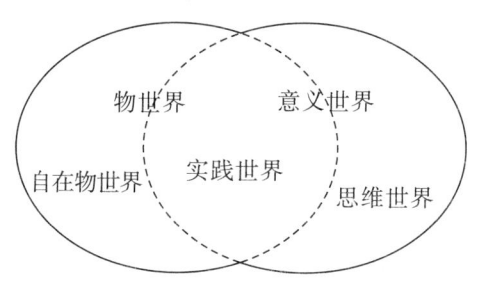

图 1-2　世界的复合构造图示①

此外国内符号学界对符号意义世界的探索成果较少，但现有研究成果对意义世界理论提供了诸多重要推动和贡献，如彭佳从意义世界中意义生成机制的特征出发，认为意义是一种双向的建构物，而乌克斯库尔所提出的"周围世界"也就是指意义世界具有双向互动性特征②，其中主体的意向性与对象相关品质的反馈在这个双向的关系中使意义得以建立，意义世界由此形成。

第三节　世界的复合性构成

"人类文化的各个扇面，不论语言、神话、宗教、科学、艺术还是历史，都是人类拓展意义世界的努力；只有从意义的角度才有可能对人类的文化行为做出统一的说明。"③ 人类的意义世界几乎涉及人类活动的所有领域，本书所讨论的日常生活世界以及与其相对应的非日常生活世界都属于人类的意义世界范畴。

在人类的意义世界中，艺术家的意义世界与体育健将的意义世界有很大的差异。面对同一片星空，诗人和科学家总是会给出不一样的意义阐述。由于拥有不同的身份、不同的经验结构、不同的意识，人们处于不同的意义世界之中。因此，人类的意义世界并非单一的、相似的，而是极其多元化的。探讨意义世界结构，首先需要承认意义世界的多重性，也就是说意义世界是复合构成的。从前面的论述中可以看出，自康德首次提出"意义世界"这个概念后，无

---

① 赵毅衡，《艺术与游戏在意义世界中的地位》，《中国比较文学》，2016 年第 2 期，第 1~12 页。
② 彭佳，《论意义的双向性与贯通：一个符号现象学观点》，《福建论坛：人文社会科学版》，2015 年第 10 期，第 112~119 页。
③ 秦光涛，《意义世界》，长春：吉林教育出版社，1998 年，第 5 页。

第一章　复合性：意义世界的本质结构

论是哲学界还是符号学界，研究者们对意义世界的构成以及日常生活世界在意义世界中的位置的思考成果还是比较丰厚的。

首先，最初提出世界构成的复杂性这一问题的可能是詹姆斯，他在《心理学原理》中用了一个章节讨论世界存在的多样实在秩序问题，他提出人类社会存在几种甚至是无限多的，各种各样的实在秩序，每一种实在秩序都具有特殊而独立的实在风格。詹姆斯把这些实在秩序称为"次级宇宙"（sub-universe），也就是说，在他看来世界就是复数的，并且他认为这些次级宇宙可以是感觉的世界、各种物理事物构成的世界（这里他指的是作为最高实在的日常生活世界）、科学的世界、各种理想关系世界、"偶像部落"世界、神话学和宗教的超自然的世界、个体观点的世界以及十足异想天开的世界等。他提出了意义世界的多样性，但对意义世界结构应如何划分却没有提出一个明确的方式；他提出的各种"次级宇宙"未免显得太过细碎，没有规则可循，他认为每一种次级宇宙都具有其特殊的，与其他次级宇宙有明显差异的存在风格，但是他并没有给出风格的生成标准和评断标准。同时，詹姆斯也并未将其"次级宇宙"理论进一步发展下去。

詹姆斯"次级宇宙"理论的提出，极大地启发了舒茨的有限意义域理论。抛开詹姆斯"次级宇宙"中所涉及的心理学不谈，舒茨将"次级宇宙"理论发展为"有限意义域"理论，他认为每一个有限意义域就是一个意义世界。较之詹姆斯，舒茨更为清晰地阐述了社会世界的结构问题，他认为社会存在多种实在秩序，实在秩序是通过主体经验的意识构造出来的。因此，在他看来，客体的实在和真实与否都是依靠主体的主观意识来界定的，实在的特征就这样被赋予每一个有限意义域之中。只要主体的某一部分经验表现出特定的认知风格，并且前后一致、彼此相容，那么它就构成了一个有限意义域。人们几乎每天都在从一个意义域向另一个意义域不断跳跃。然而，詹姆斯并未说明各个"次级宇宙"之间关系如何，是否互相影响，人类作为生存于其中的主体是否可以在不同的"次级宇宙"之间穿梭，产生意义世界的碰撞。因此，作为对詹姆斯理论的发展，舒茨提出了其意义世界理论中，各个意义域是各自独立且又相互开放的，是可跨越的。舒茨的有限意义域更贴近人类世界符号意义活动的特征，每个意义世界既是各自独立的，又是相互开放的，每一个梦都是一个独立的意义世界，以日常生活中梦的世界为例，所谓"日有所思，夜有所梦"，日常生活世界中的各种经历会在梦的世界中以各种光怪陆离的方式再现。一场美梦往往会让人心情愉悦、工作高效。

舒茨的另一个重要贡献在于：他对意义世界进行了结构性划分，将意义世界描绘成一个具有不同结构层次的世界。更重要的是，舒茨认为日常生活世界是其中的最高实在，这也为日常生活世界在舒茨的意义世界理论中奠定根本性地位。舒茨提出社会世界存在日常生活世界、艺术世界、宗教世界、幻想世界、梦的世界和科学理论的世界等多重实在。在他理解的生活世界多重结构中，日常生活世界占据了中心地位，无论人们介入何种领域的活动，日常生活世界都是他们的出发点和归宿。此外，舒茨的意义世界存在的首要条件是主观的空间与时间，因此他对意义世界主要从时间、空间和社会结构三个层面进行了结构性分析。舒茨认为生活世界就是一个主体间的世界，因此，他分析生活世界主要结构的出发点是关于他人的主体间性知识。所以，讨论生活世界的结构问题时，第一，从空间结构来看，舒茨认为以身体作为空间定位，生活世界的结构范畴可以包括此在、彼在、他我、处于"我"能力所控范围的可能性、处于潜在控制范围的可能性、超出可控范围的可能性以及复原区域、可到达区域等。第二，从时间性的结构来看，根据内在意识流中的时间性关联，生活世界可以包括记忆、滞留、获得当下、预期、延展等。第三，从根本的社会结构来看，则包括我们的周遭世界、共同世界、前人世界及后人世界。此时周遭世界，即一个人们存在面对面关系的世界被认为是社会现实的原初层面。由此，舒茨系统地论述了日常生活世界的复合性构成特性以及其作为一个主体间性的世界的复杂构造。

由上可以发现，当代生态符号学家库尔（Kalevi Kull）提出用"多重自然"这一概念来说明人与自然之关系，这一点与舒茨的观点相近。库尔认为人类周围世界的"多重自然"可以分为四度自然，是一种非常清晰地证明世界复合性的理论。在他看来，首先外在于人类周围世界的自然就是零度自然（zero nature），即自然本身，例如纯粹未经人类接触的、绝对的荒野。一度自然（first nature）是人们所看到的、认出的、描述和解释的自然。二度自然（second nature）是人们从物质上解释的自然，是从物质上翻译的自然，被改变和生产出的自然。三度自然（third nature）是人类头脑中的自然，存在于艺术和科学之中。

第一章　复合性：意义世界的本质结构

针对库尔提出的"四度自然"理论，赵毅衡提出了异议，他认为意义世界的确具有复合性构造特征；但是，假如零度自然如库尔所说，是一个绝对的荒野，那么"荒野"这一认知的成立，也就意味着这个"荒野"成为一个符号化的"荒野"、一个相对的"荒野"，已经进入了人类的意义世界，事实上就是库尔所说的"一度自然"，而并非库尔所说的处在人类周围世界之外的物世界。因此，赵毅衡认为，库尔的多重自然应当理解为："零度自然"就是人类尚未认知的自然，即自在物世界；"一度自然"应是被人类认知到的且人类尚且停留在认知阶段的实践世界；"二度自然"应是被人类经过认知、实践改造和实践取效的实践世界；"三度自然"则包括库尔所说的艺术与科学，但其范畴远远超越这二者，而是囊括了所有的人类思维意义世界。库尔的多重自然理论与上述诸种理论的差别在于他明确地摆脱了人类中心主义的桎梏，将生态纳入了人类探索意义世界的范围之中。对人类意义世界的深入了解，就需要将人类与包括其他物种、自然界以及整个文化在内的生态系统纳入考察范畴。

从以上的讨论中可以发现，世界的构成具有复合性，除了人类意义世界，还存在广袤的物世界。在人类的意义世界之中又存在实践世界与思维世界。那么，从本书的研究对象——日常生活的视角出发，世界又应当如何划分？进一步来看，日常生活世界与非日常生活世界在人类意义世界中又占据什么样的地位？本书第二章将解决以上疑问。

第二章 日常生活与非日常生活的意义地位

如第一章所述，世界是一个复合结构，其中人类的意义世界几乎涉及人类生活的各个领域，而在人类的意识之外还存在更加广袤的物世界。从本书的研究对象——日常生活出发，笔者认为意义世界可以被划分为日常生活世界和非日常生活世界两个组成部分，并且这二者都与物世界存在意义实践关系。由此，本章将重点讨论从符号学出发如何对世界及意义世界进行重新划分，并进一步界定日常生活世界与非日常生活世界的意义地位。与此同时，本章还将对日常生活世界、非日常生活世界与自在物世界三者的关系进行详细论述。

第一节 一种新的世界观：从日常生活视域出发

从意义活动的特征来看，不论是来自什么阶层、什么社群，人们的意义世界均由两部分构成，即日常生活世界与非日常生活世界。从赵毅衡提出的世界复合构造思想出发，结合本书的研究对象——日常生活，进一步拓展该理论，笔者提出一种新的世界构造观（见图2-1）。正如图2-1所示，世界是由两个相互重叠的部分构成的，即物世界与意义世界。同时这两个交叉世界又被进一步划分为三个既各自独立又相互作用的"自在物—日常—非日常"的三元次生世界。

首先，自在物世界即与赵毅衡认为的"零度自然"一样，是一个人类尚未认知的世界，这个世界不可名状、无法测量、始终不为人所知；然后是日常生活世界，这里对应的是包括一部分实践意义世界与思维世界在内的范畴，其中，实践意义世界与思维世界所占据的成分并非是匀质的，日常生活世界事实上朝实践意义世界倾斜度更大，即向一个承载人类认知实践活动、改造和取效的活动的意义世界倾斜。接着是非日常生活世界，主要对应另一半由思维世界与实践世界所构成的意义世界，同时与日常生活世界相反，非日常生活世界更加倾向思维世界，即由人类的意识主体性创造的意义世界，囊括但不仅限于艺术、游戏、科学、文学、神话等范畴。由此可以看出，人类的意义世界就是由日常生活世界与非日常生活世界构成的。物世界就是由自在物世界、部分日常生活世界与部分非日常生活世界构成的。其中，日常生活世界与自在物世界距离较近，而非日常生活世界与自在物世界距离较远。

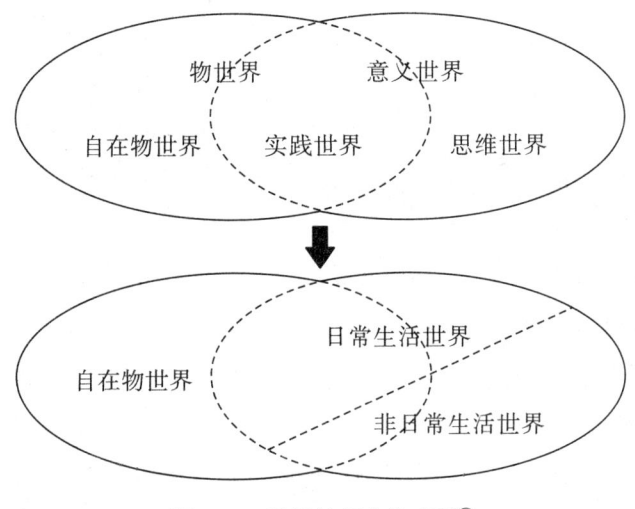

图 2-1　世界的复合构成图①

从图 2-1 可以发现，物世界与意义世界存在相互重叠的部分，又有各自独立的部分。二者相互重叠的区域边界是由虚线构成的，是为了表明这两个世界的分界并非一成不变，而是处于互相影响、不断变动的状态。与之类似，日常生活世界与非日常生活世界之间的边界也是由虚线构成的，说明这两个世界的边界也非一成不变，由于二者存在互动互构的关系，因此二者边界也是互相呈开放状态。

以上这样一种世界构造观点的提出，是对现有日常生活研究的一个突破。在现有研究中，谈到日常生活，其研究对象主要局限于人类在日常生活世界范

---

① 此图基于赵毅衡提出的意义世界分类理论修改而成。该理论详见：赵毅衡，《艺术与游戏在意义世界中的地位》，《中国比较文学》，2016 年第 2 期，第 1~12 页。

围内的各类活动，鲜有拓展至将物世界与日常生活世界放在一个层面来展开论述的程度。这是因为尽管日常生活研究是以人类的日常生活为对象，然而在日复一日的日常生活之中，虽然处处都有"物"的存在，但正是由于"物"总是呈现重复而乏味的存在方式，所以在人类的日常生活中，物世界看起来总是远离人类生活的焦点，人们不会因为一把椅子、一张餐桌而伤春悲秋，也很少因为一顿习以为常的家常菜而兴奋难耐。人类尚未认知到的自在物世界，更是远离人类的日常生活范畴，从而极少被纳入日常生活研究者的讨论范畴。因此，日常生活中大部分"物"基本处于最不引人注目的状态。

在人类最基本的认知中，非日常生活大多占据人类认知的焦点地位，而认知结构中的边缘部分、背景部分则由日常生活占据，自在物世界则处于背景边界之外，随时等待被符号化从而拥有意义，进入意义世界。也正因如此，物世界成了日常生活研究的对象，同时也是目前现有研究中的盲区，可以说是目前日常生活理论研究中的一个不足。因此在本书中，笔者将把物世界放置在一个与日常生活和非日常生活世界相等的层面，并且将物世界纳入人类日常生活研究的视域，这是对日常生活理论视域的一次拓展。

从乌克斯库尔的周围世界理论出发，可以发现生态符号学家们并不是停留在每个人作为生命体的意义世界中，而是一直在讨论人类这个物种的周围世界。基于此，库尔提出的"多重自然"理论更是直接指出周围世界在发展过程中，人类是如何通过符号活动与自然产生意义并且对多重自然展开建构活动的。对照库尔提出的"多重自然"，"零度自然"也就是自在物世界，"一度自然"与"二度自然"共同属于日常生活世界，非日常生活世界则包括库尔所说的"三度自然"，但远远大于艺术与科学的范畴。

库尔认为这"四重自然"之间的逻辑关系可以被描述为：通过简单地组合从而处理自然及其形象（建构或是图示）之间的（创造）过程（见图2-2）：

0. 零度自然是从自然而来的自然（nature from nature）
1. 一度自然是从自然而来的形象（image from nature）
2. 二度自然是从形象而来的自然（nature from image）
3. 三度自然是从形象而来的形象（image from image）

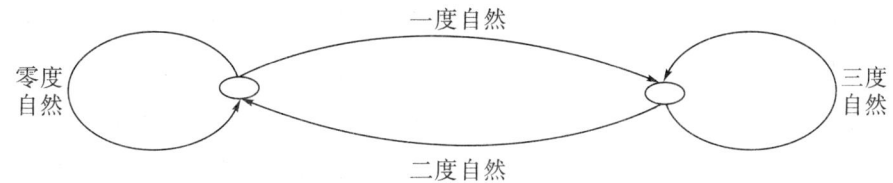

图 2-2　产生零度自然、一度自然、二度自然、三度自然的过程①

当然，人类所理解的自然并非严格根据以上某一个模式而单独存在，自然应该是一个融合不同过程的复合体。同理，日常生活世界尽管包含了一度自然和二度自然，但是，日常生活世界是二者的复合体，并不能明确区分哪种日常生活属于一度自然，哪种又属于二度自然。

从库尔的四度自然理论反观本书对世界的三重划分，可以发现，这样划分世界的依据是：每一重世界的构成元素及其各个元素所占比例各有不同。

首先，自在物世界正是因为尚未被人类认知，所以是一个由最"纯粹"的、不带任何符号意义的"物"组成的世界。这个世界也就是在这个零度自然中的事物无法估测、无以名状，它们是从自然而来的自然，这个世界独立于人类的意识而存在，并且处于人类永远无法认知、掌握的状态之中。

其次，日常生活世界的极大部分是由物世界与意义世界的重叠部分（实践意义世界）构成的，在这个重叠部分充斥着"物－符号"二联体。自在物世界由事物构成，但事物并非对象，这些事物落入主体意识，因此才成为对象。尽管每个在日常生活世界中的"物－符号"同时具备了实用意义和符号意义两种符号功能，但是在日常生活语境下，这个符号的意义在纯然物与纯然符号这两个坐标之间来回滑动，并且显然更倾向于物性。

库尔提出的一度自然是从自然而来的形象，这里的自然是零度自然的自然物，因此也就是说，一度自然实际上就是指由物而产生的符号化的自然物，这是物世界符号化的第一步，也是人类日常生活实践活动的开始。二度自然是从形象而来的自然，也就是说由符号创造的新的"物－符号"，即人造物。因此，可以说，日常生活世界中的"物－符号"是由两部分构成的：一部分是符号化的自然物，另一部分就是人造物（artifact）。具体可以分为以下四种：只有使

---

① 卡莱维·库尔，《生命符号学：塔尔图的进路》，彭佳译，成都：四川大学出版社，2014 年，第 141 页。

用性的自然物、符号化的自然物、只有使用性的人造物以及具有使用性的纯符号。

最后，非日常生活世界与日常生活世界最大的差异在于：其包含的对象大部分是由那些没有使用意义的纯符号构成的，即那些三度自然指示的由形象而产生的形象和由符号所创造的对象。

进一步看，关于这三个次级世界在整体世界中的地位，已有学者对日常生活的地位给予了高度肯定。舒茨在其《社会世界的意义构成》一书中强调，在多重实在世界中，日常生活世界这个周而复始不断运转的世界被称为"最高实在"，从一个有限意义域到另一个有限意义域的变动都是以日常生活常识为基础的。"日常生活世界是人类最基本也是最重要的现实。"[1] 日常生活世界在人们出生之前就存在了，日常生活经验也成为人们用来组织、运转这个世界的基本规则。人们对这个世界的全部解释都建立在以前关于它的经验储备的基础之上，或者说建立在我们自己的经验和由我们父辈和老师等传给我们的经验基础之上，这些经验都以"现有的知识"，如"常识"等形式发挥着人类认知图式作用。赫勒也认为，日常生活包括了"所有活着的人所必须共享、所有死去的人所曾经共享以及所有未出生的人所必将共享的一切东西"[2]，日常生活是人们获取生存手段、合作和抗争、为意义的建构提供规则系统的"人类条件"，是非日常生活的前提和基础。非日常生活中的实践活动，诸如想象、筹划、幻想、游戏、艺术等意义活动都需要以日常生活经验作为意义生产活动的基础。

正如前文所说，舒茨、赫勒等哲学家对日常生活的讨论仅限于人类社会，物世界较少被纳入日常生活的理论研究。然而，较之日常生活世界的"最高实在"地位，事实上与动物、植物等有机体一样，人类的生存不可能离开物世界。同样，人类的意义世界特别是日常生活世界与实践世界的交叉世界（日常实践世界）的产生和演化无法离开物世界。皮尔斯认为整个宇宙……哪怕不完全是由符号构成的，也充满了符号，这只是针对人类已经认知到的那部分物世界，而更加广袤无垠的自在物世界对人类来说则充满了未知，同时也意味着更

---

[1] Shutz, A., Luckmann, T. *The Structure of Life-world*, Eranston: Northwestern University press, and London: Heinemann, 1983, p. 3.
[2] 阿格尼丝·赫勒，《现代性能够幸存吗?》，王秀敏译，哈尔滨：黑龙江大学出版社，2012年，第45页。

大的探索空间和更多意义产生的可能性。

第二节 日常生活世界

日常生活这个词的含义模棱两可。它是那些人们司空见惯、生活中反复出现的实践活动，是每个人都极为熟悉、也感到庸常的一种文化。日常生活世界可以分为两个部分：一部分为日常生活世界与实践世界的重叠部分，本书称之为"日常实践世界"；另一部分为日常生活世界与思维世界的重叠部分，本书称之为"日常思维世界"。在日常生活世界之中，日常实践世界所占的比例远远大于日常思维世界，因此占据了日常生活世界的核心地位。这主要有以下几方面的原因。

首先，日常生活世界与实践世界都占据了意义世界中的核心地位。作为物世界与意义世界的重叠部分，日常实践世界赋予物世界意义，为混沌的物世界提供了一种意义规则，同时也开启了人类社会性的意义世界建构活动。索绪尔认为整个非符号世界在语言出现之前都是不清晰的……只是混沌不清的星云，而正是因为人类开启意义实践活动，将自在之物对象化，才为对象创造了一种意义秩序。因此在日常生活世界中，日常实践世界成了最根本、最基础的意义世界，也成了日常思维世界的基础，为日常生活思维实践设定了基本的意义秩序。

其次，在人类生活中，最基本的生活秩序即意义秩序，也就是由日常生活经验、常识等组成的人类符号活动，无论是在日常生活还是非日常生活中，都作为一整套完整的元语言体系而存在。在钟表这样的低误差计时器被发明以前，时间是无形且难以衡量的，中国古人发挥聪明才智，制定了多种规则来标记时间，从而将人类对时间的认知由混沌变得清晰。古人通过对能指进行分节，将一天划分为十二个时辰，每个时辰等于现在的两小时，并根据十二生肖中的动物出没的时间来命名各个时辰，分别为子时、丑时、寅时、卯时、辰时、巳时、午时、未时、申时、酉时、戌时、亥时。能指分节不仅分割所指，而且产生了相应的意义秩序。在所谓的面相学中，人的生辰与命运息息相关。有的人认为：子时生人个性刚强，具有白手起家的潜力；而丑时生人，父母缘薄，事业运旺；等等。人们利用诸如此类划分时间的生活经验和常识为日常生活世界设定了意义秩序。

最后,实践意义世界的形成,是由三种相互衔接的意义活动推动的:认知识别、理解判断、使用取效。[①] 这也是日常实践世界形成的内在动力和逻辑过程,并进一步成为日常生活世界运行的一条主要逻辑。

在认知识别行为中,人们往往会从最不费力的对象开始开展认知活动。对于大多数人来说,人们最先了解的就是与自己关系最密切的"面对面接触的世界",既舒茨所谓的周遭世界,也就是每个人所在的面对面的日常生活世界。在这一环节中,人们开始认识到各种物的某些特征,如石头是硬的,棕榈树茎具有韧性,苹果可以填饱肚子,鸟儿会唱歌。对物进行命名活动,也是将该物符号化的起点。但是这里需要强调的是,人们所面对的"物",并非只限于日常生活中的具体对象如鸟类迁徙、春华秋实,同时也包括日常生活中的各种抽象对象,如一次面对面的聊天、一句生日祝福等。人对物的认知并不会停留于此,而是一个不断深化的过程,需要人的认知和识别活动不断循环往复,物在意识的获义意向性压力下的意义呈现得更加丰富。这种人类最初阶段的认知经验积累,正是人们日常生活经验积累的开端,物从一个自然物经过符号化过程进入人们的认知中,走入日常生活世界,开启它符号之旅的第一站。可以说,所有来自零度自然的自然物,都或多或少在日常生活世界中留下了意义痕迹。

民间谚语中也存留着人类对物世界的很多认知记载,《田家五行》这样论湖北的东风:"东风急,备斗笠,风急云起,愈急必雨。"江苏的东风则是:"东风四季晴,只怕东风起响声。"两处东风,一雨一晴。而同样是南风,在广东是"五月南风遭大水",在江苏则是"六月西南天皓洁"。这些生活常识的积累,始终都是源自人类对物世界长期反复的认知实践活动。

经过认知识别,人们的认知活动进入了理解判断阶段。人们对日常生活中的对象进行理解判断,主要依靠符号接受者的解释,然而不同的语境也会对接受者的解释产生影响。舒茨根据行动者亲疏距离和行动者对对象的控制能力而将日常生活世界分为四个领域:(1)面对面的周遭世界;(2)间接经验的共同世界;(3)未来世界;(4)前人世界。本书根据传播双方的表意距离,将日常生活世界分为三种不同的情境。

---

① 赵毅衡,《艺术与游戏在意义世界中的地位》,《中国比较文学》,2016年第2期,第1~12页。

首先，面对面的周遭世界，传播双方可以在最短的时空表意距离下面对面地直接体验对方。在这种语境下，传播双方凭借人际传播的优势，使得符号发送者的意图可以尽可能快速清晰地经由符号媒介到达符号接受者。因此在这种情况下，对周遭世界的理解判断主要依靠发送者的意图意义来引导和影响解释者的解释意义。同时，当传播双方处于周遭世界之中，并且在双方意向性的映照下直接体验彼此，传播双方可以直接鲜明地对对方所发送的意图不断理解和修正，这也造成在周遭世界中所产生的理解判断呈现出了更大的准确性和丰富性。

其次，间接经验构筑的共同世界。较之周遭世界，在这种情境下传播双方表意距离增加，特别是体现在空间距离的增加上，如一场和朋友面对面聊天，逐渐被信件往来、电话交谈、手机短信等愈加便捷快速的传播渠道和手法替代。这里，"我"的朋友逐步从"我"的周遭世界进入共同世界。"我"对所要认知的对象的直接经验减少，取而代之的是间接经验的增加。事实上，在日常生活中，人类的各项传播活动中存在大量非人际的特征，因此，在共同世界中，传播双方基于对彼此间接经验的累积，使得双方的传播过程呈现一种连续性、媒介多样性。由于传播双方不能直接体验彼此，所以，这种传播首先是单向的表意过程，发送者尽管已经发出了意图意义，却不能保证解释者的解释意图与前者一致。因此，在共同世界中，理解判断的权利最终落在解释者的解释努力上，是基于积累的间接经验对发送者的发送意图进行的一种想象与推测。

最后，前人世界与未来世界。在这种情境下，表意距离存在巨大的时空跨度，这造成了发送者的意图意义、符号的文本意义与接受者的解释意义三者无法同时在场。此时，发送者的意图意义只能作为符号过程的一个开始，符号发出后，就携带着文本意义，等待解释者展开解释。因此，前人世界与未来世界的特点就在于前人的认知和"我"的认知完全不存在时空上的同步性。前人世界在"我"出生前就已经存在，未来世界永远只能存在于"我"的幻想之中。因此，如果要对前人世界中的对象进行阐释和理解，显然大部分发送者的意图意义已经无法追溯，那么就需要解释者从其符号的文本意义出发展开理解阐述。同时，还需要调动解释者累积的关于前人世界的全部间接经验，也就是本书所说的日常生活经验和生活常识等在内的文化语境元语言、解释者的能力元语言以及文本自携元语言。

例如文本的体裁，作为文本的自携元语言与文化分类程式，对影响、引导解释者的解释方向有重要的作用，甚至在如体裁规定性强势的情况下，可以直接取代解释者的解释努力。日常生活使人感到枯燥乏味的一个原因在于：人每日进行着重复而不需要太多思考的活动。事实上，这类符号活动的对象就是不断在前人世界中反复出现过的对象，因此，要调动多种元语言对人们的认知进行加速，形成固定认知图示，才能大大提升认知理解效率。

因此，当理解判别活动结束后，人们的认知进入了改造取效阶段，在这一阶段，人们达成了人与物关系的终极目的，也就是使物产生使用性和符号意义。人们在日常生活世界中的实践改造活动以及对物所产生的符号意义进行的支配活动，正是人类对日常的塑造和改造以及支配取效之路。举例说明，在每种饮食习惯中都有一种"看不见的日常生活"无声无息地存在着，约束着人们的日常生活，使其重复一些劳作，遵守一些旧习惯，机械性地进行着一些活动，而不去主动甄别好恶，也不会对饮食口味产生怀疑，更不会质疑判断食物美味与否的某条既定标准。特别是从马格里布迁徙的犹太人身上，这种现象得到了验证："我们按照'我们这些另类人'的方式准备饮食，也就是采用'我们那儿'的烹饪方式，就像我们以前在'那个地方'所做的那样，一起来回忆那些在阿尔及利亚的日子。"①

改造取效阶段的目的并不止于掌握日常生活的意义支配权力，同时更重要的还包括人们可以对日常生活进行改造。由于在日常生活中意义生产率极低，看似在短期内，日常生活不会发生巨大变化，由此才导致人们认为日常生活百无聊赖、乏善可陈。但是这并不是说日常生活是一成不变的，事实上，实践意义世界本身是变动不居的，而日常生活世界也处于一个发展的过程之中，随着现代社会人类意义生产效率提升，人们不必像以往要几十年甚至一个世纪才能感受社会的显著变化，当下的日常生活在几年甚至更短的时间内就会发生显著的、可感的变化。

日常生活中庞大的"物-符号"体系是衡量时代进步与否、反映社会变迁和进步最显著的指示符号。以城市日常生活中的交通符号为例，它是重要的城

---

① Bahoul, J. "Nourritures juives", in *Les Temps morderns*, n°394 bis intitule Le second Isaraol, 1979, p. 387.

市符号之一，现代都市快速发展，城市地铁凭借速度优势，成功缩短了日常生活中的时空距离，以地铁、高铁、快速公交（BRT）为代表的新型城市交通，将现代城市改造成一个无时无刻不在强调强接触性的文本。

正是因为日常实践世界成了日常生活世界的主导世界，从而也造就了日常生活世界最显著的特征之一，即日常生活活动具有持续的、高度的重复性。日常生活世界中的"认知—理解—取效"并非是一次性活动，而是周而复始、不分昼夜、不分空间地不断上演。因此才造成了日常生活的庸常感、乏味感，意义经过"认知—理解—取效"这种反复循环的符号过程，对个体而言不断累积从而成为个人记忆和日常习惯，对文化社群而言则不断累积成为文化记忆和文化习俗。

此外，尽管日常实践世界占据了日常生活世界的极大份额，但是日常生活思维世界仍然是日常生活世界不可或缺的一部分。在日常生活中，人们的生存、发展是不可能脱离想象、筹划等基本思维能力的。人类的意义活动也必须依靠想象和筹划等基本的思维能力才能得以延续。

在上一节中，笔者提到赵毅衡将意义世界划分为实践世界与思维世界，并进一步对思维世界的结构层次做了详细的说明。他认为思维世界的各个组分之间与实践意义世界的距离很不相同。其中幻想和艺术部分，例如幻想、错觉、梦境以及艺术与游戏，它们都是不透明的对象。其中筹划部分则包括：形而上的思考（范畴、真值、价值、伦理等），它们统摄评价实践世界的理解活动；最后是筹划思索（设计、发明等），它们可以转换成实践世界的改造取效。这一部分是半透明地面对对象，它们可以直接转换成实践意义，有直接指导实践意义的作用。①

需要指出的是，日常生活世界与思维世界的重叠部分正是以上与对象保持半透明的筹划部分。在筹划部分中，人们在进行筹划思维活动时所调动的想象力是一种日常的想象，即一类任何人在任何时候都无法摆脱的，在延续性的日常生活中发挥作用的经验型想象，这是任何人的生存所必需的，在人类文明中扮演着极其重要的角色。日常性想象为人们有序地组织和支持着日常生活实践中的理解和筹划活动，是维持日常生活有序进行的基本环节。提及想象，人们

---

① 参见赵毅衡，《艺术与游戏在意义世界中的地位》，《中国比较文学》，2016年第2期，第1~12页。

总是会将其与艺术、科技等非日常生活领域联系在一起。事实上，在日常生活中，日常性想象处处都在发挥维持人类基本生存的作用，日常出行时，如何通过错综复杂的城市交通线和多种多样的交通工具为自己安排一条合理的出行路线，就是一个复杂的想象操作。人们不可能亲自体认所有的路线从而得出哪一条最理想的结论，而日常性想象能够最有效地解决这个问题，依靠日常性想象，人们把混乱无序的感知和模糊的经验，组织成了一个可实践的能够解决问题的办法。

同时，日常性想象在日常交际中可以弥合交际双方认知差，从而达成意义交流。意义交流活动实际上就是一种意义的解释活动："任何解释行为，都来自认知差，即对自己关于某事物的认知不满意，或是对另一人关于某事物的认知不满意，而认为自己现在的理解可以对此进行修正。这种认知差是主观的感觉，因此解释的方向性是不会固定的。"[①] "解释看起来是一种双向可行的循环论证，决定解释方向的动力只有一种，那就是'认知差'。"[②] 正是有了认知差的存在，才推动着意义从发送者走向解释者，而双方在认知上存在的差异客观导致传受双方会努力寻求某种东西来填补这种差异，从而达成一致。日常性想象就成了弥合这种差异的思维能力。举个简单的例子，有一些中年人习惯通过握手或挥手来打招呼，而有一些年轻人流行一手握拳与对方拳头上下碰击的方式来打招呼，如果在日常交际中这样的中年人与年轻人相遇，在互相打招呼时一方挥手、一方出拳，双方就会出现非常明显的认知差异。这时双方就需要依靠日常性想象力去调动他们的文化经验储备来弥合这种认知差距，例如中年人曾经在电视剧或广告中看到过与这位"出拳"年轻人相似的动作，意识到实际上是在向对方友好地打招呼等，才能防止出现各种误解。

需要注意的是，尽管日常思维世界也是日常生活世界不可或缺的一部分，但是日常实践世界才是日常生活的基础。在日常生活中，日常性思维固然重要，但是人们的存在可以去思维化，纯粹依靠日常习惯而生活。这也造成了日常生活世界的意义生产性，与非日常生活世界相比较而言，是极其低下的，这一点会在本章第四节详述。

---

① 赵毅衡，《认知差：解释的方向性》，《南京社会科学》，2015年第5期，第111~116页。
② 赵毅衡，《认知差：解释的方向性》，《南京社会科学》，2015年第5期，第111~116页。

第三节 非日常生活世界

笔者认为，非日常生活世界也由两个部分构成，分别为：实践世界与非日常生活世界重叠部分，即"非日常实践世界"；思维世界与非日常生活世界重叠部分，即"非日常思维世界"。在这两个次生组分中，非日常思维世界是非日常生活世界的核心，在非日常生活世界中占据了极大的比例。

曾有多位学者对非日常生活世界展开过相关讨论。赫勒曾在其经典著作《日常生活》中将日常生活与几种有代表性的非日常生活活动，如劳动、伦理道德、宗教、政治、科学、艺术、哲学七大领域相比较，发现非日常生活是以日常生活为基础并反作用于日常生活的。以科学为例，科学思维产生后，从未停止过以各种形式推动日常思维演进，如科学思维成为常识的思想成分渗透到日常生活中，形成一种科学的世界观，使之对日常生活具有显著的实用意义。

詹姆斯提出的次级宇宙也是一个由具体事物、科学、艺术、宗教和幻想等多种实在秩序构成的世界，其中，他认为由各种物理事物所构成的世界是最高实在，这在事实上就指出了物世界的重要性。此外，对于其他多种实在，舒茨将其概括为梦的世界、意象和幻想的世界（包含艺术世界）、宗教体验世界、科学家静观的世界、儿童游戏的世界以及精神病患的世界。显然，舒茨是根据各种非日常生活世界的认知风格进行划分的。同时，他认为这几种非日常生活世界与日常生活世界之间是有所关联的。但遗憾的是，舒茨并没有进一步明确阐述这几种世界之间的逻辑联系。

从赫勒与舒茨的日常生活研究理论来看，两位学者对非日常生活有相似的观点，即非日常生活世界都包括幻想（梦）世界、科学世界、艺术世界、宗教、哲学等世界。但是二者的研究都未能更清晰地说明诸种非日常生活世界和日常生活世界之关系。

前面曾提到，非日常生活世界与日常生活世界最大的差异在于：在非日常生活世界中意识到所面对的对象绝大部分并非自然物，而是那些没有使用意义的纯符号，也就是三度自然所指的由形象而产生的形象，由符号创造的对象。因此，非日常生活世界最大的特征在于：认为这个世界的绝大部分是建立在纯然的人类思维之中的。

如前所述，赵毅衡认为思维世界中幻想和艺术的部分，例如幻想、错觉、梦境以及艺术与游戏是不透明的对象。其中另一部分即筹划部分，包括形而上的范畴化与模塑能力以及对实践活动的筹划。这部分半透明的对象，它们可以直接转换成实践意义，有直接指导实践意义的作用。整个思维意义中的符号，不依赖预先存在的对象，反而创造对象。①

非日常生活中的艺术与幻相与思维世界中的范畴归属一致。如游戏世界，所以游戏研究的先驱者赫伊津哈（Johan Huizinga）在他的《游戏的人》中指出，游戏有"不同于日常生活的意识"②，意思是说，游戏中的"日常经验"只是一种比拟，不能当真。两个孩子玩"过家家"，做出的事情再不合情理，也不能用"日常生活的意识"来判断。

那么，这里需要讨论的就是筹划部分与非日常生活归属是否一致？筹划部分包含的人类范畴化能力和模塑能力，使人们也必然拥有范畴化能力、筹划能力和模塑能力等。这些都是人类基本的思维能力，且对于非日常生活是至关重要、不可或缺的。例如在政治世界中，判定敌友是最基本的范畴化活动，而建立政党和维持执政体系也是一个最基本的模塑活动。因此筹划部分自然是非日常生活世界的组成部分。

本章第二节已经讨论过，在日常生活之中也包括了思维世界的筹划部分。思维世界中的范畴与筹划两部分实际上是距离实践意义世界即日常生活世界最近的区域。人类在日常生活中每时每刻都要依靠思维来筹划，日常生活即使再庸常，也必定建立在范畴化的基础之上。因此可以说：思维世界中的范畴与筹划部分是处于日常生活世界与非日常生活世界的交界区域，它们二者已经有一只脚踏入了日常生活世界之中。

因此，在图2-1中，笔者在日常生活世界与非日常生活世界之间用虚线连接，表示这两个世界之间存在一个过渡空间。这个范畴部分正是两个世界之间的过渡空间，它们是两个世界相互渗透、相互独立，又能够结合在一起的关键。

此外，非日常生活世界除了极大一部分是由非日常思维世界构成的，还包

---

① 参见赵毅衡，《艺术与游戏在意义世界中的地位》，《中国比较文学》，2016年第2期，第1~12页。
② 约翰·赫伊津哈，《游戏的人》，多人译，杭州：中国美术学院出版社，1996年，第5页。

括一小部分的非日常实践世界。在非日常生活活动中，如科学活动、设计制造活动等，它们的对象很大一部分就是物世界，这些活动的目的就在于为物世界赋予意义。如考古挖掘活动作为一个典型的科学活动，参与其中的考古工作者必须通过对物世界的一系列实践，才能尽可能地挖掘这些"物－符号"潜藏的意义资源。

但是，考古等科学活动虽然部分属于实践世界，却并不意味着科学活动也有可能属于日常生活世界，因为这是典型的"非日常实践活动"。科学活动不存在日常生活最重要的"重复性"特征。尽管考古活动也需要经历"认知－理解－取效"的实践过程，但是考古活动并不要求这种实践过程不断高速地重复。因为考古活动在对挖掘物进行次数有限的考察分析后，接下来要展开的不是对挖掘物本身的考察，而是要对挖掘物进行更深层次、更广泛的文化意义上的深挖。而这种意义探寻活动，就是典型的非日常思维活动。

因此，追根究底，非日常生活世界最主要的、最具有代表性的，仍然是非日常思维活动建构的非日常思维世界，如艺术世界、梦世界、幻想世界、游戏世界、宗教世界、哲学世界，等等。

第四节　日常生活世界、非日常生活世界与自在物世界的关系

笔者已经分别对日常生活世界与非日常世界的意义地位做了详尽论述，接下来本书将研究视野重新拉回对世界的三元划分之中，来看自在物世界、日常生活世界与非日常生活世界三者之间的关系，以及它们在建构和推动整体世界运动中存在什么样的规律。

笔者认为意义世界三个组分之间的关系如图2-3所示，以下将围绕此图做详细论述。

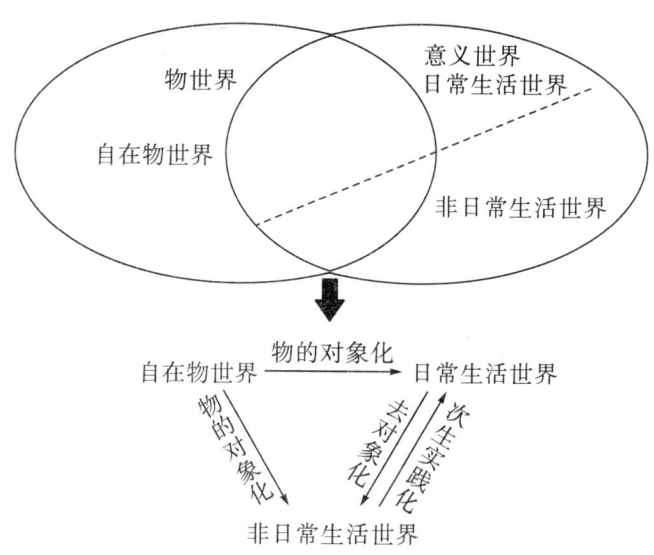

图 2-3 复合世界各组分之关系

一、自在物世界与日常、非日常生活世界之关系

正如图 2-3 所示，从自在物世界到日常与非日常生活世界，是一个物不断被对象化的过程。相较于非日常生活世界，自在物世界在很大程度上与日常生活世界存在意义实践关系，物与日常生活的意义活动存在非常紧密的关系。因此以下首先将讨论自在物世界与日常生活世界的关系。

自在物经过人类日常生活实践之后，完成符号化操作，从而成为"物－符号"并携带符号意义。而日常生活世界与非日常生活世界之间的边界是由虚线绘制的，因为自在物世界始终对人类的认知活动开放，因此，不断有自在物进入人类的符号活动之中，两个世界的边界永久处于开放状态。

这里以人类的食物体系为例，任何生物的生存都依赖足够的食物，获取食物（包括从自然界获得以及人为生产）便成为一件至关重要的事情。在这一点上，人与动物没有显著的区别。生物本能推动着人类对食物需求的提高，温饱是人类生存应该首先解决的问题，人类获取食物的活动与自在物世界的互动成为人类长久以来最主要的日常生活主体。同时，获取食物所体现的是人类与可食用的"物"之间最基本的意义层次，通过"食用"行为，"物"成为"食物"进入日常生活世界。随着人类对自在物世界认知活动的不断开展，人类的食物

"版图"也随之扩大,越来越多的物上了人类的餐桌。同时,人类发现陶土并进一步发明陶器用以烹煮肉食和素食。最新的考古学研究表明,人类在一万年以前就已经开始采用陶锅烹煮野生植物了。陶器等类似的重要技术发明推动着人类烹饪工具的不断进化,从而允许人类以更多方式处理食材,也推动着人类日常烹饪技术的发展。从物到食物,接着进一步产生了关于食物的分类,食物的观念、食物的禁忌、食物的符号等饮食文化体系,食物也由此进入非日常生活世界之中。

然而,从日常生活世界到非日常生活世界是不存在反向退回自在物世界的通路的,物一旦被符号化,或者说一旦进入人类的认识之中,就永久脱离了零度自然。因此,这两个世界之间的意义流动是单向的。仍以食物为例,人类饮食与动物饮食之间最大的差异就体现在人类饮食复杂多样的社会性上,这种差异性在"吃与不吃"的问题上体现得最为明显。在人类选择吃与不吃之前,就意味着食物已经进入人类的认知范畴,经过有意识的处理与挑选,被纳入人可吃与不可吃的两个范畴。而被人类放弃的、不可食用的食物,并不会再次退化为自在物。伊斯兰教对食物的禁忌是非常严格的。《古兰经》说:"准许他们吃一切佳美的食物,禁戒他们吃污秽的食物。"(7:157)[①] 如血液、猪肉等食物被明令禁止食用。而事实上,"不吃"与"不可吃"赋予了一种食物更多的意义,它不仅不能重归于自在物世界,反而成了一种象征,超越食物的物性,成为纯粹的符号。

二、日常生活世界与非日常生活世界之关系

日常生活世界与非日常生活世界的边界同样由虚线绘制而成,然而这两个世界的关系并非意义的单向运动,二者存在协同共塑的动态关系。

首先,日常生活世界作为意义世界的基础,是非日常生活世界的起源。舒茨在讨论生活世界的结构时非常明确地指出:日常生活世界才是生活世界的最高实在。舒茨用最高实在说明了日常生活世界的根本地位,它是生活世界的中心,无论人们介入什么领域,日常生活世界都是他们的出发点和归宿。从图2—1对意义世界的划分来看,日常生活世界也同样是人类意义世界的基础,

---

[①] 《古兰经》,马坚译,北京:中国社会科学出版社,1996年,第7章,第157节。

同时也是人类非日常生活世界的意义起源。以非日常生活世界中的科学活动为例，胡塞尔认为客观科学本身也是日常生活实践中的主观产物。例如几何学便产生于感官世界的理想化。因此，客观科学的起源与意义归属在于日常生活世界。

不仅如此，艺术世界、美学设计也同样是由日常生活世界产生的或是日常生活世界的延伸。卢卡契在《审美特性》的前言中开宗明义地提出："人们的日常态度既是每个人活动的起点，也是每个人活动的终点。这就是说，如果把日常生活看作是一条长河，那么由这条长河中分流出了科学和艺术这样两种对现实更高的感受形式和再现形式。它们互相区别并相应地构成了它们特定的目标，取得了具有纯粹形式的——源于社会生活需要的——特性，通过它们对人们生活的作用和影响而重新注入日常生活的长河。"① 也就是说，日常生活是一切非日常生活诸如科学、艺术、宗教等领域的源泉和最终目的地，它们在人类个体的社会生活中占据优先地位。

其次，当符号从日常生活世界向非日常生活世界运动时，该运动路径可以被看作日常实践世界和非日常思维世界这两个领域的两端的运动轨迹。在这种符号运动轨迹上，该"物-符号"将经历其物性下降，符号性上升的过程，其中一部分"物-符号"会产生物性被完全搁置，成为纯符号的现象。因此，从日常生活世界走向非日常生活世界的过程，正是一个符号逐渐去对象化的过程。

再次，符号也存在沿着非日常思维世界向日常实践世界轨迹运动的可能性。赵毅衡认为，在思维世界中，游戏与艺术存在被拉出它们原本的"不透明"与"无目的"的出发点，在意义世界中重新定位到实践意义世界中的可能性，这种现象被称为游戏与意义的"次生实践化"（secondary practicality）。例如，体育成了游戏的次生实践化产物，体育与游戏不同，游戏具有无目的性，而体育不仅有目的，更多时候还具有崇高的目的，如代表国家争夺金牌和荣誉，因此，体育成为人类最常见的实践意义活动之一，而日常健身运动则成为体育活动再度"次生实践化"的产物。它将一部分体育运动中的崇高目的不断降解，使之降级为不崇高的，更加生活化的，目的在于锻炼身体、保持健康

---

① 乔治·卢卡契，《审美特性》，徐恒醇译，北京：中国社会科学出版社，1986年，第1~2页。

的一种人类日常实践活动。

所以，非日常生活也在不断推动日常生活世界的建构。从游戏到体育再从体育项目，逐渐日常化为一种健身运动，日常生活世界不断从外部吸收"养分"，从而推动自我结构更新。除了游戏，科学也是最容易发生"次生实践化"的一个领域。胡塞尔认为生活世界会不断地吸取科学理论、常态和模式化的东西，并且将它们沉入生活世界的沃土之中，而随着时间的流逝，科学的理论假定将被日常实践吸收，成为生活世界的一部分。人们的日常生活中包括了科学的许多动机不言自明的东西，比如人们都明白地球围着太阳转这一基本常识，但这并不是人们日常生活中所经验到的事实。在人们的日常经验中，"本应该"经验到的反而是太阳绕着地球转。这正表明：日常生活世界是向非日常生活开放的，本身也是动态发展的，它不断吸收着科学等理论实践成果。

综上所述，在意义世界的三元划分中，自在物世界、日常生活世界、非日常生活世界三者之间存在着密切的联系。自在物世界与日常生活世界以人类日常生活实践活动为媒介，存在单向性的意义流动。而日常生活世界与非日常生活世界二者协同共塑、相辅相成。这三元世界共同推动世界的不断运动和演化。

第三章　日常生活的再定义

基于前两章的理论探讨，可见日常生活世界在整体世界中特别是在人类意义世界中的意义地位被框定了，这也为本书奠定了理论基调。范畴化是人类的高级认知活动，通过对范畴的框定，人类才能在千差万别的世界中找到相似性，并根据这一点对世界进行分类。基于前两章所划定的日常生活世界所属范畴，本章将对该范畴内存在的日常生活相似性进行总结归纳，并形成日常生活特征，然后进一步提出本书对日常生活的定义。

第一节　现有日常生活定义的梳理

综观日常生活研究，其含义可谓模棱两可，且与诸如"生活世界""周围世界"等概念高度粘连，时常存在混用的情况。因此，笔者认为现有日常生活研究及其定义亟待梳理。

一、对日常生活现有定义的梳理

罗兰·巴尔特最早在《萨德　傅立叶　罗犹拉》[①]这本研究萨德、傅立叶这两位与乌托邦有关人物的著作中，曾指出乌托邦的标志就是它的日常性，即日常生活就是乌托邦，时间表、日常饮食、穿衣、家具的摆放、言谈举止礼仪等皆属于日常生活。并且，他认为日常生活与服装、照片、社会新闻等一样都是符号。这两个观念奠定了巴尔特日常生活研究的基调，他认为日常生活中的

---

① 参见罗兰·巴尔特，《萨德　傅立叶　罗犹拉》，李幼蒸译，北京：中国人民大学出版社，2011年。

诸种事物以及日常生活本身都是具有乌托邦色彩的符号。而巴尔特的著作中，与日常生活理论联系最为紧密的就是《神话学》①和《时尚体系》②等，但与其他研究者不同，巴尔特并没有像列斐伏尔、德塞托（Michel de Certeall）等人直接用"日常生活"的概念来直接标明其理论研究，同时其日常生活研究也并未形成独立体系，而是零散地分布在其结构主义、符号学、后结构主义等理论之中。

列斐伏尔是西方马克思主义日常生活批判流派的代表人物，一生致力于对日常生活的批判和建构研究。他对日常生活的理解经历了一个动态发展的历程，尽管他始终没有给出一个明确的日常生活概念，但他对日常生活研究的一大贡献在于：将日常生活范畴具体化、现实化。

对于列斐伏尔的早期研究来说，他的理念主要体现在其著作《日常生活批判》第一卷中，他认为"日常生活代表了一种复杂的、多重面孔的现实，是压迫与解放品质的混合物"③，国内学者刘怀玉基于对列斐伏尔日常生活批判研究的思考，认为列斐伏尔早期的日常生活概念是指传统社会中的"残余物"（residue），即"它是被那些所有独特的、高级的、专业化结构性活动挑选出来用于分析所剩下的'鸡零狗碎'，因此也就必须对它进行总结性的把握，而那些出于专业化与技术化考虑的各种高级活动之间也因此留下了一个'技术真空'，需要日常生活来填补"④。在此，列斐伏尔区分了日常生活与非日常生活：非日常生活是"各种高级活动"的领域，而日常生活便是"剩余物"，它有别于人类社会的经济活动、政治活动等高级活动，是人们经常从事的琐碎的、平凡的、具有个人特征的活动，指向与每个人息息相关的生活领域。

在《日常生活批判》第二卷，列斐伏尔开启了对日常生活的中后期研究，他从根本上解构了马克思的物质生产决定论⑤，完成了从物质生产主导向符号

---

① Barthes, R. *Mythologies*. (A. Lavers, Trans.), London: Paladin, 1972.
② Barthes, R. *The Fashion System*. (M. Ward & R. Howard, Trans.), New York: Hill and Wang, [1967] 1983, pp. 290-291.
③ Gardiner, M. "Critiques of Everyday Life", *Library Journal*, 2000, 133 (8), p. 69.
④ 刘怀玉，《现代性的平庸与神奇——列斐伏尔日常生活批判哲学的文本学解读》，北京：中央编译出版社，2006年，第103页。
⑤ 刘怀玉，《现代性的平庸与神奇——列斐伏尔日常生活批判哲学的文本学解读》，北京：中央编译出版社，2006年，第240页。

消费主导的转向,自西方20世纪50年代,随着消费社会兴起,列斐伏尔的日常生活研究开始转向语言、符号与消费的领域。在他看来,日常生活成了一个语言统治的世界。① 他认为日常生活是散漫的、具有初级形态的,是不停重复涨落起伏和生死轮回的,是现代社会的一种主导现象与特征,更是一种由消费与符号经济占主导形态的社会现象。他认为日常生活与现代社会是互为表里、浑然一体的关系,着重批判了作为现代社会异化现象的"日常生活"及具有现代性的机械重复节奏的"日常性"问题。

赫勒是列斐伏尔的学生,她的贡献在于明确提出了日常生活的定义。她认为,日常生活属于个体再生产领域,它是"那些同时使社会再生产成为可能的个体再生产要素的集合"②。赫勒借用马克思的"类本质"和"对象化"概念,把社会领域划分为"自在的类本质对象化""自为的类本质对象化"与"自在和自为的类本质对象化"。其中,"自在的类本质对象化"领域就是日常生活。这是最基本的领域,其他领域都必须建立在它的基础之上。人就是通过自己的活动,在占有日常生活领域时生成了人类文化的起点。"自为的对象化"领域包括传说、神话、哲学、科学和艺术等,是为人的生活提供意义的精神领域,而"自在自为的类本质对象化"领域是社会、经济、政治等制度的领域,即制度化领域。通过对社会基本领域的划分,赫勒不仅明确了日常生活的定义,同时还将人的生活区分为日常生活与非日常生活。

与赫勒和列斐伏尔从马克思主义哲学角度探讨日常生活不同,舒茨对日常生活的研究大多受到胡塞尔"生活世界"理论的影响,主要通过主体间际性来定义日常生活世界,认为"'日常生活世界'指的是这样一个主体间际的世界,它在我们出生很久以前就存在,被其他人,被我们的前辈当作一个有组织的世界来经验和解释"③。并且他认为:"日常生活的世界既是我们的各种运行和互动的舞台,也是这些行动和互动的客体,为了在其中、在我们的同伴之中实现我们所追求的意图,我们必须支配它,必须改变它。我们不仅在这个世界中工

---

① Lefebvre, H. "Everyday Life in the Modern World", *Contemporary Sociology*, 1971, 5 (3), pp. 118—121, 139.
② 阿格妮丝·赫勒,《日常生活》,衣俊卿译,重庆:重庆出版社,1990年,第3页。
③ 阿尔费雷德·许茨,《社会实在问题》,霍桂桓、索昕译,北京:华夏出版社,2001年,第284页。

作和操作，而且也影响这个世界。"① 舒茨在此定义中将日常生活视为一个文化世界，一个意义的宇宙，其间充满的是人类意义建立与意义解释活动的历史。

法国社会学家德塞托则从社会学视角出发研究日常生活，他被费斯克称赞为思考日常生活的文化与实践最精深的理论家之一，德塞托从日常生活的实践理论方面给出了一个与前者大不相同的日常生活定义，即日常生活"是透过以无数可能的方式利用外来的资源来发明自身"②。他认为，一个社会是由一定的实践构成的，因此，要对日常生活有所研究，就必须进入日常生活实践，并且只有通过日常生活本身的题材才能摸清关注日常生活的态度。可见，德塞托的理论主旨是要将研究的视角探入大众日常生活中那些细微的环节，进而从中挖掘出那种整体化体系的挑战力量。

国内学者中，衣俊卿是较早引入、研究日常生活理论的学者，他在赫勒的研究基础之上，进一步明确地提出了日常生活定义及分类，认为所谓的日常生活就是："以个人的家庭、天然共同体等直接环境为基本寓所，旨在维持个体生存和再生产的日常消费活动、日常交往活动和日常观念活动的总称，它是一个以重复性思维和重复性实践为基本存在方式，凭借传统、习惯、经验以及血缘和天然情感等文化因素加以维系的自在的类本质对象化领域。"③ 他又进一步把日常生活划分为三个层次：一是以个体的肉体生命延续为宗旨的日常生活资料获取和消费活动即日常消费活动；二是以日常语言为媒介、以血缘关系和天然情感为基础的日常交往活动；三是与日常消费和交往活动相伴随的，以重复性为特征的，非创造性的日常观念活动。

同时，赫勒与衣俊卿均认为以活动领域来划定日常生活范畴，区分日常生活与非日常生活，容易引发划分是否彻底的争论，因为它们的界限本身就比较模糊。有些日常生活活动实则难以归类，因此，他们二者都更强调以活动图式来区分日常生活与非日常生活。一般认为，凡是由自在自发的、经验的活动图

---

① Schutz, A. *Collected Papers Vol 1: The Problem of Social Reality*, Martinus Nijhof: The Hague, 1973, pp. 208—209.

② Certeau, M. *The Practice of Everyday Life*, Oakland: University of California Press, 1984, p. xii.

③ 衣俊卿，《现代化与日常生活批判——人自身现代化的文化透视》，哈尔滨：黑龙江教育出版社，1994年，第20、32~33页。

式主宰的领域都是日常生活领域，而由自觉理性的活动图式主宰的领域是非日常生活领域。

胡敏中主要从个人领域和社会领域的划分来对日常生活和非日常生活进行区分。他认为日常生活以家庭为基点，主要是个人或私人领域，是具有重复性和狭隘性的人的日常消费行为、交往活动和思想、观念活动的总和。而与之相对的非日常生活是指以社会为基点，主要属于社会领域，具有不断进步性和开放性的政治、经济、文化活动的总和。与非日常生活相对，日常生活具有以下特点：个人性和私有性，生活的基础性和本真性，不自觉性和习惯性。[①]

郑震从社会学视角提出了对日常生活的定义：在社会生活中对社会行动者或行动者群体而言具有高度熟悉性和重复性的实践活动，日常生活的时空是一个为人们所熟悉和不断重复的时空。[②] 日常生活的这种高度重复性意味着日常时间总是再生产着各种例行的常规，这些常规构成了日常情境的核心，人们得心应手地再生产着各种常规活动，关键就在于对一整套常规的掌握。

当然，还有其他学者提出有关日常生活的定义讨论，此处无法一一列举，从现有的研究成果来看，目前的"日常生活"研究主要集中在哲学和社会学领域。从已有的定义可以发现，前人对日常生活的研究成果丰硕，同时研究视域也存在很大的差异，然而综观这些定义，我们会发现其中也存在着一些明显的、内在的，关于日常生活的本质性规定，即前人基本上都认为日常生活的世界实际上是一个文化的世界。总体来看，前人进行的日常生活研究都是致力探讨以日常生活为基本出发点，作为人类生存的基本方式和社会运行的内在机理和在此基础上形成的日常生活文化模式或文化精神。日常生活中存在的本质性规定和内在运行机制也正是文化所包蕴的价值、传统、习惯、规则等。

同时，从这些定义可以发现，学者们普遍认为：日常生活与个体生存直接相关，目的在于维持个体生存和再生产，非日常生活与社会群体、人类生存相关，是为了维持社会再生产；而日常生活是开展其他社会生活的基础和前提。由此看来，日常生活包括了衣食住行、生老病死、生儿育女、婚丧嫁娶等基本活动，而艺术、政治、经济、宗教等社会层面的活动则属于非日常生活范畴。

---

① 胡敏中，《论日常生活和日常认识》，《求是学刊》，2000年第3期，第35~38页。
② 郑震，《论日常生活》，《社会学研究》，2013年第1期，第65~88、242页。

首先，日常生活是基于个人直接生活环境构成的日常空间展开的，以家庭和天然共同体为主，具有相对固定、狭窄、封闭和私密等特征；而非日常空间相对而言范围较广，几乎所有公共活动开展的空间都可以被视为非日常生活空间。

其次，日常生活中的主体是指大多数的一般人（ordinary people），也就是生活中各行各业的最平凡、庸常、默默无闻的小人物，而不是指社会名人。那么，在日常生活中，人们进行的是一种每日例行的、重复性高的、世俗的、仪式感较弱的活动，这与高贵、高雅的生活方式不同，与时尚、先锋的生活取向不同，与战争、灾难、仪式庆典等偶然性的社会状态也不同。

同时，日常生活依赖的并非绝对理性和创造性的思维方式，而是更加感性，注重血缘、亲缘，依赖习惯、习俗、经验等认知方式。

二、既有定义的不足

不同的研究者对日常生活的定义侧重点不同，每一种解释都提供了全新的认识视角。列斐伏尔的研究从物质生产主导向符号消费主导转向，代表着他提出的两种不同日常生活文化生成模式的转变。赫勒将日常生活视为个体再生产的领域，则是将日常生活视为人类的一种生存和存在的方式。舒茨则直接对日常生活的世界进行界定，认为它是一个由主体间际所构成的文化世界和充满意义的世界。德塞托和国内学者郑震注重日常生活的内部动态建构机制和实践主体的主体作用。以衣俊卿为代表的国内研究先行者们的研究更多的是基于前期理论的进一步挖掘和延伸。

因此，尽管现有研究成果丰富，但在日常生活的定义问题上，不同学科之间和理论之间的学理差异较大，无法形成一个明确的或较为统一的看法。就目前已有的日常生活与非日常生活的分界标准来看，对日常生活的特征描述也各不相同，存在明显争议。

同时，从现有研究中可以发现，赫勒将社会领域分为"自在的类本质对象化""自为的类本质对象化"与"自在和自为的类本质对象化"三个部分，她认为只有自在的类本质对象化领域是日常生活领域，其他两个领域都属于非日常范畴。除赫勒外，其他研究者几乎一致地将社会生活分为日常生活和非日常生活两个部分，并且日常生活与非日常生活二者处于二元对立的状态。这种二分法尽管会使人们通过对比对日常生活产生一个直观认知,但是并非所有人类活动都是非此即彼的,有些活动难以在日常与非日常之间归类。

并且,这些既有定义重在为日常与非日常划定范畴,但是二者之间的互动机制和相互转化机制几乎没有被提及。随着社会不断发展,人类对社会的认知也随之不断改变。以日常出行方式变化为例,步行一直是基本的出行方式,但为了代步,越来越多的交通工具开始进入日常。从前一个家庭拥有一辆自行车就可以成为一件时髦的事情,而现在摩托车、电动车、汽车几乎成了每个城市家庭的出行标配。由此可见,日常与非日常之间的界限其实是非常不稳定的,二者之间从来不是各自封闭的,而是不断地维持互动和互相转换的。

三、日常生活文化与"大众文化""世俗文化"之间的概念梳理

为了进一步厘清日常生活的定义,需要厘清日常生活和与其意义相近的几个概念,如世俗生活和大众文化。

首先,就日常生活与大众文化之间的关系来看,日常生活其实就是大众文化的生活形态之一。这里所指的大众文化处于一个特定范畴,处于特定时代背景之下。20世纪以前,人类的审美和文化研究活动等都属于艺术领域,但日常生活与艺术还保持着相当长一段距离。现在所谓的大众文化,是指在现代都市工业社会中产生,以现代都市大众为其消费对象,通过当代都市大众传播媒介传播的无深度的、模式化的、易复制的、按市场规律生产的文化产品。"其明显的特征是它主要是为大众消费而制作出来的,因而它有着标准化和拟个性化的特色。"[①] 因此,大众文化也就是社会主流文化,而日常生活文化实际上是其中的一个组成部分。

其次,在当下的社会环境中,由于日常生活审美化的驱使,随着符号消费时代的到来,人们更加注重现实的个人追求和享受,平民意识得到前所未有的强化,人们开始关注琐碎,享受生活,日常生活开始成为大众文化存在和发展的主流,大众文化就这样渗透进了城市日常生活的方方面面。因此许多研究大众文化的研究者,无论是否承认他们所研究的是当代大众文化,都必然会对当

---

① 陈立旭,《市场机制与民间文化向大众文化的转换》,《中共福建省委党校学报》,2002年第4期,第67~69页。

代日常生活文化有所涉猎。

再次，从日常生活与世俗文化的关系来看，世俗生活又称世俗世界（mundane world），其特征为世俗化（secularization），是来源于西方宗教社会学和宗教学领域的一个概念，起初是指现代社会中文化与政治的去宗教化，宗教权利从社会权利中的隐退。西方学者认为世俗化是西方社会从传统社会向现代社会（即现代化）转型的重要标志之一。按照韦伯的论述来看，现代性是一个祛除神魅（disenchantment）的过程，是一个理性化的过程，是从中世纪的神魅世界中祛魅，由人自己主宰自我的命运，人的理性代替和超越神的意志，成为最终的行动和理性的过程。[①] 因此，一个祛除神魅的世界就是世俗化的世界。于是，世俗化引导人们在实际生活中更加追求实用和实际利益，实行改良主义。

在中国文化的语境下，世俗化并不是一个宗教概念，而是相较于政治化、神圣化而言的。中国的宗教传统与社会文化本身就十分具有"世俗化"的倾向。中国普遍意义上的世俗化多是与贵族化、特权化对应的概念，是一种平民化的，符合大多数人价值判断的文化。因此，世俗化也引导着世俗生活中的人们以日常生活为依托，开展丰富多彩的现实生活，人们偏重感性的、物质的生活，对神灵的崇拜感减少，更钟情于现实生活中的享受，身边的凡人琐事在人们心中占据重要地位。

同时，与本书所讨论的日常生活类似，世俗文化很大程度上来说就是一种以城市市民阶层为代表的城市文化。总的来说，市民阶层在维持基本生存条件所需的工作和劳动之外，有了一定的闲暇、精力和金钱，因此产生了自己的文化生产和文化消费需求。这种世俗生活归根结底建立在日常生活的基础上，具有显著的娱乐性、商品性、平民性等基本特征，强调用世俗的物质生活取代神圣的精英理想，认为人生的意义和历史的真谛都存在于柴米油盐、家长里短、饮食男女等凡俗琐碎之中。

---

① 马克斯·韦伯，《宗教社会学·宗教与世界》，康乐，简惠美译，桂林：广西师范大学出版社，2004年，第489页。

第二节　对日常生活的再定义

基于前文所述，本书将在这一部分为日常生活及其相关问题下一个符号学式的定义。正如舒茨所说，日常生活实际就是一个文化意义世界，一个由意义组成的宇宙。那么对日常生活定义的探讨，就需要将日常生活置于一个文化意义世界中讨论。前面两章对日常生活在世界之中的意义地位进行了详述，并且区分了日常生活世界与非日常生活世界。既然日常生活不仅是一个意义问题，而且是一个文化问题，那么本节将从文化视野对日常生活进行探索，从而结合两种理论向度的讨论成果，得出本书对日常生活的定义。

日常生活作为一个运用符号进行意义传达和交流的世界，其所形成的日常生活文化在总体的社会文化中具有独特性。本书将从文化符号学的标出性理论来尝试在文化范畴内为日常生活文化做出准确定位并进行进一步的特征分析。

"标出性"（markedness）是赵毅衡对语言学术语"标记性"的新译，自从俄罗斯语言学家特鲁别兹科伊（Nikolai Trubetzkoy）和雅各布森（Roman Jackobson）在讨论中提出清辅音和浊辅音在语言使用中的不对称性以来，语言的标出性引起了语言学领域的广泛讨论。至今，语言学中讨论标出性的文献已经非常丰富。雅各布森已经意识到，标出性并不局限于语音、语法、语义等，应当进入"美学与社会研究领域"[1]，但是在文化标出性问题上，大部分讨论都在描述对立面的"不平等"现象，笔者并没有看到比较完整的基础原理或社会机制研究。

赵毅衡在《文化符号学中的"标出性"》一文中尝试将此理论推广至文化研究领域。标出性在文化中普遍存在，原因不在形态上，而是在符用上。对立二项的不对称，是一个普遍规律。而两相对立中，导致不平衡的是第三项即中项。中项的特点是无法自我界定，必须靠非标出项来表达自身，这种现象又叫作中项偏边。携带中项的非标出项为"正项"，是正常的；中项排斥的是异项，即标出项，是风格化的。[2] 中项偏边是所有文化标出性共有的特征：语言的二元对立

---

[1] Jackobson, R., Halle, M. *Fundamentals of Language*, The Hague: Mouton, 1956, p. ix.
[2] 参见，赵毅衡，《符号学》，南京：南京大学出版社，2012年，第279~284页。

之间不一定有中项,而文化对立范畴之间必然有中项。例如,英语中男人(man)与女人(woman)的对立中,"man"为非标出项,"woman"派生自"man",而成为标出项。但是"人类"一词用"mankind"而不用"womankind",根本原因即男性的社会宰制,是男性社会权力使男性成为裹挟中项的"正常"词项。

对立文化范畴之间的不对称性带来了标出性,它会随着文化发展而变化。中项易边成为标出性演变的动力。因此,中项就成为各种文化标出关系最重要的问题。对立概念中的一项争夺到携带中项的意义权力,就确立了正项地位,这是文化时时都在进行的符号意义权力斗争。任何两元对立文化范畴,都会落入正项、异项、中项三个范畴之间的动力性关系。中项的站位决定意义,"为中项代言"则是权力行为的关键。结合标出性理论,本书认为日常生活是作为文化中项存在的,具体如图3-1所示:

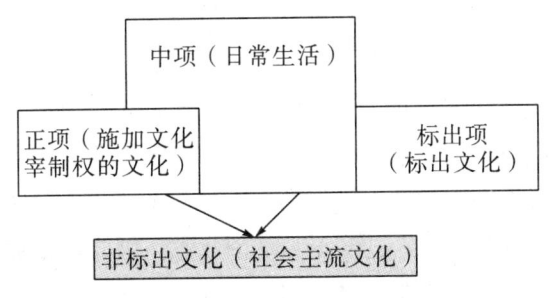

图3-1 文化三元范畴划分图示

从文化全域来看,日常生活是文化的中项,另外两个文化范畴分别是施加文化宰制权的正项文化和作为标出项的标出文化。这三者共同构成了文化三元范畴。其中,正项文化与标出文化分别是文化中的二元对立项,并且这两个范畴之间存在不对称性,导致标出文化产生。

正项文化与日常生活文化构成非标出文化即社会主流文化,从而联合排挤标出文化。有意把异项标出,是每种主流文化必有的结构性排他要求:一种文化中大多数人认可的符号形态,就是非标出,就是正常。[①]

首先,正项文化产生是因为获得日常生活文化的认同,在这种认同机制背

---

① 赵毅衡,《文化符号学中的"标出性"》,《文艺理论研究》,2008年第3期,第2~12页。

后操纵中项认同的机制在于正项文化所掌握的文化宰制权。正项文化的文化宰制权，掌控在社会中少数但拥有符号领导权的社群手中。具体来看，这一类社群，主要是由对社群做出巨大贡献的且占据社群价值优势的，并刻意引领社群价值导向的社群成员构成。例如，社会阶层中的精英阶层、权贵阶层等，某一特定社群中的解释规则制定阶层等。

日常生活文化对正项的认同，既可以是遭遇正项认同压力从而产生被动认同，也可以是日常生活对正项文化产生主动认同。但是在正常的社会文化形态中，正项对日常生活文化的认同争夺，一般来说并非通过外在的强制性文化统治完成，而是通过促使日常生活文化对正项文化产生自觉认同来实现的。例如，精英文化作为社会正项文化的代表，以精英阶层为主的主流阶级对日常生活文化施以柔性认同压力，使得普罗大众不自觉地认为它是优秀的文化形态，是审美的标准、文化的经典，并主动认同、学习和效仿。因此，正项文化与中项的日常生活文化共同构成了非标出文化即社会的主流文化，是社会中绝大多数人一致认同的文化。

其次，日常生活作为文化中项，由于非正项且非异项，因此被认为是中性的、无风格特征。从前人研究中可以发现，日常生活文化在社会文化中并不占据主导地位，也不会主动做出价值判断。日常生活主要是受文化宰制权的影响，对主流文化处于认同、跟随甚至盲从的状态。因此，日常生活文化处于两个不对称的、相互对立的文化范畴中间，日常生活文化与拥有文化宰制权的正项文化共同构成了社会主流文化，从而共同排拒受到文化宰制权压迫和排挤的各种标出性文化，如亚文化、非主流文化等。

再次，标出性文化被社会主流文化有意图地标出，从而具有标出风格。

进一步来看，正项文化和标出性文化二者尽管相互对立，却共同构成了庞大的非日常生活文化范畴，二者都是具有风格性特征的文化样态。与日常生活文化的中性化特征相反，非日常生活文化具有鲜明的或激进、先锋的异项风格特征，或高贵、优雅的正项风格特征。

需要说明的是，以上的文化三域之间的关系并非一成不变，而是存在一种三者之间的动态转化机制，使得文化三域充满了变动性，从而使标出项与正项向对立项彻底翻转。而主导这种标出翻转机制的关键在于获得为中项代言的资格。也就是说，作为中项的日常生活的认同偏倚问题，成了文化标出机制中最重要的问题。当日常生活文化的认同取向发生变化时，正项和标出项都将会发生改变，从而导致文化发生整体性异动。

总结以上论述可以发现，要想得出日常生活的定义，就需要将其与非日常生活区别开来，以此才能对日常生活做出清晰的定义。从以上论述来看，日常生活具有以下特征。

首先，日常生活具有高度重复性，人们在每一个平凡的日子里都会持续重复进行，其目的是维持人类生存。然而，重复是符号的一般品质，重复的符号活动才是意义世界的最基本单位，并且重复会产生诗性和艺术性。因此就需要引入日常生活的第二个特征——中项性特征。日常生活由于在文化三域中是作为中项文化存在的，因此它是中性的，不具有任何风格特征。由此，尽管日常生活中的意义活动高度重复，但仍不会产生诗性。日常生活的第三个特征是日常生活意义活动。由于作为中项无法自我表意，所以它时刻以遵循社群正项的文化宰制权作为自身价值导向。

由此，基于前三章对日常生活从意义理论到文化符号学理论的综合讨论，笔者提出了关于日常生活最简单的定义：日常生活与非日常生活共同构成人类意义世界；日常生活是具有中项特征、认同社群正项文化宰制权的，以维系人类个体生存为目的的一系列符号表意活动，以高度重复的方式建构的一种人类意义世界。

基于此，非日常生活世界也可以被这样定义：非日常生活与日常生活共同构成人类意义世界，它是具有显著正项或异项风格特征的，不以生存为目的一系列符号表意活动，以低重复性方式建构而成的一种人类意义世界。本书后续的研究将以此划定研究对象和研究范围。

第四章　传统日常生活：日常性及其表意机制

衣食住行是传统日常生活文化中最具代表性的符号活动，或许会有人联想到生老病死，婚丧嫁娶。然而人无论出生还是死亡都只有一次，尽管婚姻可以多次重复，但其重复次数与本书所探讨的日常生活所具有的高度重复性相距甚远，因此并非本书的讨论范畴。衣食住行，"衣"居其首，是最典型、最能代表传统日常生活的意义活动之一。因此本章将以日常生活中的日常服饰为研究对象，发现其日常性的生成机制及其表意逻辑。

第一节　作为符号系统的日常服饰——日常性的生成

在日常生活中，服饰的意义表达依赖多种符号文本的组合，即以符号系统为单位来表意。当一件衣服在一定语境之下被人们配置成一组套装或一套穿搭时，一件衣服就不再只是一件衣服，而是日常服饰系统中的一个组分。单个符号之间彼此邻接，每一件服装都可以表达出远超一个单独符号所具有的意义势能。日常服饰的符号系统具备以下特征。

首先，日常服饰符号系统的全域小于整体服饰符号系统的全域，并与时装符号系统的全域存在交叉重叠且相互独立的部分。日常服饰符号系统相对非日常的时装符号系统以及总体服饰系统来看，其符号结构相对简单，系统内部的组分数量低。与时装符号系统相比，时装中常见的仪式性服饰并不存在于日常服饰符号系统中。如领结最初出现在法国波旁王朝，路易十四从他的雇佣兵那里学会了领结这种装扮。进入现代社会，这种领结逐渐演变为现在备受职场人士青睐的领带和常与礼服相伴的领结两种形式。领结随着时尚的潮流起起落落，它也不断变幻出新的模样。爵士时代的领结略显宽大，到 20 世纪 60 年代，领结的风格倾向硕大；到了 80 年代初期，它又回归了原本经久不衰的以黑色为主的色彩和短小精悍的"身形"。从领结几百年的历史发展可以发现，领结自出现时就已经跳脱出日常生活范畴，始终在时装符号系统中不断演变，作为男性时装体系中一个重要的时尚符号而存在。除了领结，还有大量的时装符号也是没有进入日常生活范畴的，材质昂贵的皮草大衣、女士赛马礼帽、男士燕尾礼服等始终属于非日常服饰中的时装系统。

其次，日常服饰符号系统与时装符号系统相同，都处于弹性、持续的动态演变之中。但与后者相比，日常服饰符号系统具有更持久的稳定性和低可变性。时装潮流变化速度很快，以高级时装品牌香奈儿为例，每年 3 月、10 月举办两场成衣发布会，1 月、7 月举办两场高级定制服装发布会，从 2002 年起每年 12 月份举办一场高级手工坊发布会，此外还有每年 5 月份举办的一场早春度假系列服装发布会。时装品牌以速度来维持自己在时尚中的领先位置，时尚周期从过去的以年为单位，变成以季度甚至以月、日为单位。然而，日常服饰还是能在相当一段时间内保持相对稳定性的。

日常服饰风格是反映一个时代文化总体风貌的窗口。20 世纪 70 年代，知青上山下乡，苏童曾写道："70 年代的女性穿着蓝、灰、军绿色或者小碎花的上衣，穿着蓝、灰、军绿色或者黑色的裁剪肥大的裤子。……最时髦的追求美的姑娘会穿白裙子，质地是白'的确良'的……"[①] 而到了 90 年代，改革开放热潮中的女性"……她们多少化了些妆，服饰比较得体，花样最多。从裙到裤，从 T 恤到衬衫西装，没有不能穿的。还有无跟的凉鞋。常常有人在外面罩个精致的背心，式样也不雷同。"[②] 从 20 世纪 70 年代到 90 年代，中国女性的日常服饰总体呈现出较大的变化，且不仅仅体现在日常服饰体系的组分增加上。在 20 世纪 90 年代除了依旧保留 70 年代常见的纯色上衣、肥大裤子和裙装，还出现了马甲、T 恤、女士衬衫、西装等新型符号文本。但总体而言，日常服饰符号系统本身处于动态演变过程之中，但是其演变速度远远落后于时装符号系统。

---

① 吴亮，高云，《日常中国：70 年代老百姓的日常生活》，南京：江苏美术出版社，1999 年，第 3~4 页。

② 吴亮，高云，《日常中国：90 年代老百姓的日常生活》，南京：江苏美术出版社，1999 年，第 3~4 页。

最后，日常服饰符号系统进行的是组合轴丰盛与聚合轴狭窄的双轴操作。任何符号文本，小到一个梦，大到整个文化，必然在两个向度即组合轴与聚合轴上展开。这个观念最早是索绪尔提出来的，组合关系就是一些符号组成一个有意义的"文本"的方式。雅各布森提出聚合轴可称为"选择轴"，其功能是比较与选择；组合轴可称为"结合轴"，其功能是连接黏合符号文本，在任何表意活动中必然出现。聚合轴的组成是符号文本的每个成分背后，所有可能被选择的各种元素的集合。聚合轴上每个可供选择的元素，都是作为文本的隐藏部分存在的。因此，聚合轴并不是接收者的猜测，而是文本组成的隐形方式。"聚合关系中的符号，选择某一个，就是排除了其他符号"[①]，既然聚合是文本建构的方式，那么一旦文本构成聚合轴就退居幕后，聚合就是隐藏的；而组合是文本构成方式，因此组合是显现的。

日常服饰展示在日常生活之中，人们可以发现其组合轴是由上衣、下衣、裙装、外套、头饰、鞋履、配饰等搭配组合方式呈现出来的，并且在日常服饰体系中，组合轴通常保持丰富完整的状态。而组合轴上的一个组分，如裙装，当人们思考具体选择什么样式、材料、花色、风格的裙装时，则表示了裙装在这个环节上展开的几种可能的聚合段，文本组合中的每一个组分都有若干"可替代物"。由此可见，日常服饰是聚合与组合的双轴交叉文本，它给文本接收者提供了"双轴显示"。这对接收者的影响在于："双轴显示"文本是有意暴露选择过程的文本，接收者可以更清晰地看出，人们在日常穿衣时企图展现的当下着装是在多样选择下产生的最优结果。

对比时装，由于日常服饰受到日常性的制约，所以它在其聚合轴上限制了其聚合段的可选项目。"多选择"已经成为当代表意方式甚至生活方式的一种象征。尽管现在早已不是物资匮乏的年代，但是人们在日常生活中的穿衣选择始终还是受到"日常性"的限制，因此在穿衣的聚合选择方面，始终是窄幅的。而时装文本的聚合轴则异常宽泛。理论上，时装文本聚合轴应当呈现出无限开放态势，这也就保证了时装永远能够展现标出元素，风格始终多样化且出人意料。因此，对比日常服饰，作为标出文化的时装具有组合轴狭窄但聚合轴

[①] Silverman, D., Torode, B. *The Material World: Some Theories of Language and Its Limits*, London and New York: Routledge, 1980, p. 225.

无限开放的双轴操作特征。

不论日常服饰还是时装文本，其聚合轴都具有弹性浮动的特征，不论是开放还是收缩，作为中项的日常服饰与作为正项的时装二者都维持正相关浮动。唐代文化灿烂，这一时期日常服装与时装相对于其他历史时期呈现出了宽幅浮动态势。当时胡服蔚然成风，甚至完全加入日常服饰的聚合选择之中。据沈括《梦溪笔谈》记载："中国衣冠，自北齐以来，乃全用胡服。窄袖、绯绿短衣、长靿靴……唐武德、贞观时犹尔，开元之后，虽仍旧俗，而稍褒博矣。"[1] 并且胡服当时已经进入女性日常服饰选择之中，《新唐书·车服志》说："开元中，子女衣胡服。"然而据王国维《胡服考》记载：宋代和明代明令禁止胡服和胡俗，复兴汉服。胡服几乎同时消失在日常服饰与时装之中。

第二节　日常服饰符码规则及其特征

日常生活中如何穿衣，根据什么来穿衣，即如何应对人们常说的在不同场合下不同的"穿衣要求"，体现了日常服饰的符码规则（dress code）。这套符码规则指导人们如何正确地为自己的服饰文本编码，也引导大家如何解释他人所展示的服饰文本。所谓符码，就是在符号表意中，控制文本的植入规则，控制解释的意义重建规则。[2] 符码的集合被称为元语言。而元语言是理解任何符号文本必不可少的，既然日常服饰是一个关于服饰意义传播的问题，那就必然存在相应的元语言来提供解释的符码。日常服饰符号系统中的参与文本解释所需要的元语言主要包括：文本自携元语言、能力元语言及文化语境元语言，而后者是最重要的解释规则。

首先，文本的自携元语言是符号文本本身参与构筑解释自身所需的元语言。[3] 文本固然是解释的对象，但是文本周边的伴随文本对解释产生着重要的影响。日常服饰强烈地受到型文本制约，而型文本明确规定了日常服饰的"日常性"风格，如设计简单、面料舒适、便于行动等。基本的副文本如服饰品牌、价格、设计师等方面也会对服饰的表意产生极其重要的影响，服饰品牌意

---

[1] 沈括，《梦溪笔谈》，北京：中华书局，2012年，卷一，故事一，第8~9页。
[2] 赵毅衡，《符号学：原理与推演》，南京：南京大学出版社，2011年，第219页。
[3] 赵毅衡，《符号学：原理与推演》，南京：南京大学出版社，2011年，第228页。

义更多的是由其伴随文本主导消费者的解释活动,而日常服饰大多指向设计师隐身的平价品牌。同时,在日常服饰系统中,对链文本的重视成为当下日常服饰表意的新趋势。日常服饰系统庞大,一种品牌服饰常常通过连接其他品牌文本来作为提升品牌意义势能的捷径。日常服饰常见的"跨界"方式之一就是日常平价品牌与非日常轻奢品牌甚至奢侈品牌合作,如 2014 年 H&M 联手 Alexander Wang 推出的跨界服饰,轻松创造了当年的销售神话。

其次,能力元语言来自解释者的社会性成长经历,这包括一个人的文化修养、过去解释经验的积累,过去对相关文本的记忆,个人的性格、爱好、信仰等都会参与到构成能力元语言的过程当中。[1] 可以说日常服饰是一个人能力元语言的集中体现。穴居人类"衣被苍生"、食肉寝皮;而新石器时代人类拥有穿线缝制技术后,衣服的作用不再停留于蔽体御寒,人们开始追求合身的形式美;此外,打孔技术丰富了人们的饰品选项,兽牙、兽耳、兽首等被串起来成为战利品,是一种饰品符号。日常女性服饰不仅体现了个人的能力元语言,更是其家族元语言的体现。以古代女性戴钗为例,仅制钗材料就有金、银、珠、玉、珊瑚、琥珀、水晶、玻璃等;常见雕饰有凤凰、鸳鸯、燕、雀、鹦鹉、蝉、蝶、鱼等。选用何种材质可看出女子家境情况,选用何种雕饰也能反映个人性格特征。因此,通过"珠钗挂步摇"一句,人们也能感受到戴钗女子的活泼个性;一句"侧垂高髻插金钿",可看出插钿女子的经济较为宽裕,推测她有一定社会地位。

最后,文化的语境元语言是人们在展开日常穿衣活动时最重要的解释规则。[2] 麦克拉肯(G. D. McCracken)曾说:"穿衣就是社会现实的具体体现。"[3] 穿衣不仅是将社会现实具体化的再现手段之一,也同时将穿衣这一行为本身转变为一种现实。人们的日常穿衣无法脱离社会语境,影响人们日常服饰表意的社会语境元语言包括人们所属的社会阶层及其代表的社会身份,譬如人们从等级、性别、婚姻、工作等不同方面进行身份认同。中国古代服饰与身份密不可分,正如唐高祖曾制定极其完备且繁杂的衣服令,计有天子之服十

---

[1] 赵毅衡,《符号学:原理与推演》,南京:南京大学出版社,2011年,第228页。
[2] 赵毅衡,《符号学:原理与推演》,南京:南京大学出版社,2011年,第228页。
[3] McCracken, G. D. *Culture and Consumption:New Approaches To The Symbolic Character Of Consumer Goods And Activities*, Bloomington:Indianna University Press,1990.

四、皇后之服三、皇太子之服六、太子妃之服三、群臣之服二十二等。

其中,性别身份是对日常服饰表意影响最明显的社会语境元语言之一。性别身份的建构是社会文化意义层面的,而其表达形式却是符号化的。通过符号文本的展示,符号化的性别身份被建构和强化,在此过程中存在着性别身份固化和性别多元化之间的冲突。

日常服饰中存在性别强编码特征。日常服饰最基础的符号功能之一就是性别认同。两性在日常服饰方面存在极大差异。中国古代男女都有结发传统,而男女结笄却有大不同。贾公彦曾为《仪礼·士丧礼》注疏:"凡笄有二种:一是安发之笄,男子妇人俱有,即此笄是也;一是为冠笄,皮弁笄,爵弁笄,唯男子有而妇人无也。"[①] 男女不仅发髻样式有别,发髻长度、发饰等都存在显著差异。因此,日常服饰最重要的符号功能就是加强性别认同与固化性别身份。

由此可见,日常服装中的性别符码实际上具有显著的强编码特征。无论是符号发送者还是解释者,对日常男性服饰的解释几乎一致:要体现男性气质及凸显男子汉强壮、帅气的风格。而日常女性服装则应展现女性柔美气质。正如"雄姿英发"和"羽扇纶巾"展现了周公瑾风流倜傥的男性气质,而事实上女子也有佩戴纶巾的传统:"黄金钗兮碧云发,白纶巾兮青女月。"此诗中所展现的女性服饰编码包括黄金钗、碧云发、青女等,与白纶巾一起被编码,以期展现其柔美女性气质。

从日常两性服饰的符码特征看,任何能够符码化的事物都依赖于人们某种共同的文化规约,显然,文化规约不是临时口头约定的,它是在长期文化实践中形成的对某些意义的共识。当下日常生活中女性服饰与男性服饰的符码规则都发生了转型,这种转型具体表现为日常女性服饰的精密型符码与日常男性服饰的限制型符码。

1962 年,伯恩斯坦(Basil Bernstein)发现劳动阶级和中产阶级的儿童在交际代码中存在社会阶级差异,他分别使用限制型符码和详制型符码代表两种不同社会结构和权力。[②] 劳动阶级所使用的限制型符码(restricted code),其

[①] 郑玄注,贾公彦疏,《礼仪注疏·士丧礼》,北京:北京大学出版社,1999 年,第 668 页。
[②] 伯恩斯坦,《阶级符码与控制:教育传递理论之建构》,王瑞贤译,台北:联经出版事业股份有限公司,2007 年,第 70~71 页。

组成多为简单而有限的语言方式，其理解也必然依赖特定社会脉络的语言环境，具有一定的特指性。使用限制型符码的劳动阶级由于遵循共同的背景预设，每次交流都是对社会秩序和权力的强化。而中产阶级所使用的详制型符码（elaborated code）则不然，这种详制型符码本身就是由复杂的语言方式构成的，包含完整的语义。这类语言更重视个人思想的表达，其理解也并不一定要依附于某种特定的社会语境。由于中产阶级更乐意接受不同的背景预设，从而导致中产阶级的儿童越过初级概括，直接进入次级概括，而劳动阶级的儿童则停留在初级概括阶段。

回到日常服饰符号系统，男性服饰正是按照限制型符码进行意义的编码与解码的，男性服饰本身无论组合轴还是聚合轴都不如女性服饰体系丰富，甚至可以说相当狭窄。因此，男性服饰系统中可选择的符号寥寥，组合方式更是简单，日常男性服饰受限于此，但恰恰是这种服饰符码的操控才能达到男性巩固其主宰女性的符号身份和符号权力的目的。而女性则往往遵循详制型符码进行日常服饰的表意与解释，女性日常服饰系统相对男性而言是非常复杂的，并且存在多种组合和聚合方式，其中蕴藏着关于女性魅力的神奇秘密。即使是同一条裙装，通过不同搭配，也可以展现迥异风格，如波希米亚风格、街头风格甚至是运动风格。可以说，相对于男性，日常服饰成了女性表意和自我认同最主要的符号媒介。

日常两性服装系统具有不对称的开放性。尽管日常服饰内在演变缓慢，但随着社会文化语境变迁，性别符码实际上也在悄然发生着改变。随着社会结构的变化，女性意识崛起，女性选择不再被动臣服于男权的性别束缚，不再成为被男性凝视、被物化的对象，而是跳出生理性别的羁绊，积极主动成为女性文本意义的生产者和建构者，充分利用各种符号媒介表达独立自由的女性意识，其中最显著的就是通过日常服饰来为女性自我发声。无性别（unisex）化女装出现较早，1966 年，伊夫·圣罗兰推出第一套女性专属吸烟装，从此服饰开始改写女性身份，固有社会性别结构开始消解，到吸烟鞋和 Tomboy 风格出现，社会性别结构逐渐被重构，结构层次愈加丰富多样。

伯恩斯坦进一步指出，凡是遵循详制型符码的群体也可以采用限制型符码，但是遵循限制型符码的群体不能采用详制型符码。同理，女性可以采用男性穿衣规则中的一些元素，例如职业女性所穿戴的西服套装和领带正是从男性服饰体系中的西服套装和领带变形的,这也很好地解释了为何无性别女装等一系列稀释性别特征的服饰符号开始加入日常女装体系。但是男性却不能和女性一样平等地使用女性服饰符码,比如穿裙装的男人往往会受到社会谴责。男性日常服饰较之女性,其符号形式似乎更加墨守成规。这也解释了为何男装无性别倾向的出现大大晚于女装。男装无性别倾向出现在20世纪50年代左右,女性化的服饰元素开始加入男装设计。例如无性别的男装不仅卸掉了传统西服厚实的垫肩,而且将女性的无袖、卷袖和不对称袖子用于男装中,在肩部裁剪上,轻薄圆滑的肩部设计使往日男装方正的肩部造型不复存在,因此,宽肩膀的男人也显出别样的味道。较之女性的日常服饰的"反叛",日常男装的"反叛"之路困难重重。尽管在高级时尚领域,男装的无性别化倾向已经非常明显,但是回归日常生活视域,日常男装的无性别化进展得极其缓慢。

由此可见,尽管都是文化中项,日常两性服装依据不同的符码规则,具有不同的结构特征。日常女装依据详制型符码建构了一个结构相对松散的文化中项,从而打开了日常女装变化与变异的可能性。而日常男装采用的限制型符码将其建构为一个相对封闭的文化中项结构,从而导致日常男装与正项文化、异项文化间的意义流动受阻变慢。

第三节 日常服饰中的符号规则与权力分配

上文讨论了作为符号系统的日常服饰的日常性与符码特征,那么日常服饰的意义传播又遵守什么样的规则?范·鲁文(van Leeuvwen)在《社会符号学导论》中认为符号系统为人所创造、因人而改变,为了解决符号系统出现的问题,我们需要首先针对所有的符号资源,列出一份符号规则清单,具体规则可以根据以下五个基本问题制定。

1. 控制是如何运行的,被谁控制?

2. 怎样才能实现公平?每当规则出现,就应该提出疑问,为什么我们必须要做这件事?或者为什么我们要这样做?因此公平才能伴随规则,其他规则也会以其他方式实现公平。

3. 规则有多严格?它们允许多大程度上的个性化和差异?

4. 如果人们不遵守规则怎么办?对这样的异常举动有什么惩罚?

5. 规则可以改变吗？如果可以，如何改变？出于什么原因才能改变？[①]

根据每一个问题，范·鲁文提出了一个相对应的符号规则作为问题的解决原则。这五条符号规则分别是：个人权威原则（回应问题1）、非个人权威原则（回应问题2）、一致性原则（回应问题3）、榜样示范原则（回应问题4）、和专业原则（回应问题5）。鲁文提出五条原则主要是为了解决符号系统中的符号权力分配问题。日常服饰符号系统同样面临符号权力分配的问题，并深刻影响着日常服饰规则的建构，因此，可以从以下五个方面对日常服饰符号系统中的符号规则与权力分配进行梳理。

第一，日常服饰是由谁来控制的，这种控制机制又是如何运行的？根据鲁文回应第一个问题所提出的规则来看，日常服饰系统中确实存在个人权威对日常服饰表意进行操控的现象，并且在此体系中无人会轻易质疑他的权威地位，这也就导致了时尚在他人看来颇为无理。事实上，个人权威可以指向一个具体的人，如生活中具有政治权威、社会权威、职业权威的人。孔子说："君子不以绀緅饰，红紫不以为亵服。"由此，"满朝朱紫贵"，红紫色几乎成为封建社会统治阶层象征富贵皇权的色彩。而对红色的喜爱，也从王公贵族蔓延到日常百姓之中。又比如，苹果公司创始人乔布斯、脸书（Facebook）公司创始人扎克伯格，二人作为IT行业的领军人物都热衷运动休闲风格，以简单T恤、牛仔裤和运动鞋为主。这两位行业权威的穿着成功影响了整个IT行业的穿衣风格。

当然个人权威并不仅限于某一个真实具体的人，也可以是一个虚拟人物，一个权威机构等。礼制对中国传统服饰影响深远，从西周开始，礼制对服饰就有了明确的规定。受殷礼影响，周礼服制在服色、质料、等级等方面都有规定。而各个朝代都有礼部和礼官对服制有严格规定。平民服装尽管不像贵族服装那样等级分明、礼节繁缛，但在首服、衣服、裤裳、足衣等方面都要受到当时社会礼制的约束，现代日常服装的权威也掌握在少数时尚机构手中。以色彩为例，色彩作为日常服饰符号系统中的一个重要元素，在某种程度上甚至比设计和材质更重要。那么什么颜色是时尚的？什么颜色是过时的？又是由谁来掌

[①] Leeuwen, V. *Introducing Social Semiotics*. Routledge, 2004, pp. 53—58.

控这种符号权力呢？2016年，Pantone①宣布年度色彩为水晶粉（Rose Quartz）和静谧蓝（Serenity）。反观日常生活中人们对这两种年度色彩的反应，UNIQLO、ZARA、H&M等一众平价品牌推出的2016春夏款竟然都以这些清新明快的颜色作为色彩主题，时尚权威所在，由此可见一斑。

第二，日常服饰如何才算穿对了？事实上，美与丑很难有一个绝对标准，日常生活更多讲求是否穿对了场合。哪些人可以在日常生活中证明某种穿着才是正确的呢？对于这个问题，鲁文提出的非个人权威原则中的书面权威与传统权威提供了一个解决办法。关于书面权威，巴尔特曾经有过详细的论述。在《流行体系》一书中巴尔特重点讨论过时尚杂志中的"书写服饰"如何成为潮流，又如何主导了流行体系的建构。书写这种符号形式，其符号发送者通常为专业权威机构，从而天然带有社会权威意义。然而在日常生活中，这种书写权威并不是指时装杂志中提供的穿衣指南，而是指向日常生活当中的一系列书写符码，例如用人单位在用人协议中所写明的工作穿衣规则，或者在工作场所张贴的员工守则中提及的日常工作穿衣指南等。法律文本也已成为指导日常生活穿衣的一条权威的规则。例如《劳动法》第五十四条明确规定"用人单位必须为劳动者提供符合国家规定的劳动安全卫生条件和必要的劳动防护用品"，包括安全帽、防护服、防护手套等。

另外传统权威的作用也很大，在日常生活中，传统时常让位于个人权威或者专业原则，但是从整体社会发展来看，传统权威仍然掌握着强大的符号权力。在日常生活中，生老病死、婚丧嫁娶活动时的日常服饰都受到一系列历史悠久、形式复杂的传统权威约束。婚礼穿红、葬礼用黑是最基本的一条。同时，尽管不同地域婚俗存在差异，但对参加婚礼的宾客大致都有禁止穿着白色裙装、禁穿全黑礼服、禁裸露等基本要求。

第三，日常服饰规则有多严格？它允许多大程度上的个性化和差异产生？时尚的一大特征在于它不需要遵循既定规则；相反，它必须脱离既定规则，时刻与日常保持距离，从而不断地标出于日常服饰。但是日常服饰系统则恰好相反，要求自身在一段时期内处于相对稳定的状态。对于处于稳定状态的日常服

---

① Pantone是一家以专门开发和研究色彩而闻名全球的权威机构和供应商，它的配色系统已经延伸到色彩占有重要地位的各行各业中，每年它都会指定一种色彩作为年度色彩，这样的年度色彩是能在世界范围内产生共鸣的颜色。

饰规则来说，我们应当如何测量它的严格程度呢。事实上，人们通过符号交流与互动形成社群，探究社群的目的是获取真相。为了达成这一目标，社群成员在符号交流与传播过程中就必然共享某些认同感，也即是皮尔斯所谓的社群三种情感：首先，承认社群中具有超越个人利益的最高利益；其次，个人愿意将此利益看作与个人利益紧密相关的东西；最后，存在着相信通过科学探究必然会获得最终确定意见的那种希望。那么将研究视野收回日常传播活动之中，我们可以发现，日常服饰符码规则的建立始终要依靠其探究社群，即解释社群。处于同一个日常服饰解释社群之中的成员，他们共享对某种服饰风格的认同感。《东京梦华录》中记载：当时汴梁城中卖香人戴帽子，披背子。当铺管事人穿长衫，束牛角皮带不戴帽。秀才儒生则穿黑背子，外罩紫道袍，头戴乌纱巾，足蹬黑皮鞋。巡兵则要穿黑色衲袄，腿缠粗布行縢。① 结构松散的社群内部，日常服饰规则较为宽松；相反，在组织结构紧密的社群中，日常服饰规则极其严格，是其社会身份最重要的指示符号。花翎在清朝是一种"辨等威、昭品秩"的标志，非一般官员所能戴用，其作用是昭明等级、赏赐军功。清代皇帝都三令五申，对于花翎，既不能僭越本分妄戴，又不能随意不戴，如有违反则严行参处。一般降职或革职留任的官员，仍可按其本任品级穿朝服，但被罚拔去花翎则是非同一般的严重处罚。总的来说，在一个阐释社群内部，日常服饰规则是相对严格的，而处于社群外的个体则感受不到这种服饰规则的约束力和效力。

第四，如果人们不遵守日常服饰规则怎么办？对这种异常举动会有什么惩罚吗？所谓打破日常服饰规则，也就是日常服饰符号系统与非日常符号系统中的构成组分跨界，从而引发一系列问题。日月星辰、山龙华虫都是古代常见天子冕服的图纹和王权象征符号，即典型的非日常服饰构件。对这些图纹的使用，历朝历代都有严格规定，一旦向日常跨界使用，将会产生严重后果。又比如，清军入关颁布剃发令，规定"留头不留发、留发不留头"，而武昌起义中剪辫俨然成为支持革命的关键符号活动。发辫在日常与非日常之间来回跨界，面对日常发饰规则的突变，百姓在变革面前的茫然无措也导致其违规后难免处罚。而鲁文认为榜样示范原则是维系基本日常服饰规则的一个解决办法。武昌

---

① 鸿宇，《中国民俗文化：服饰》，北京：宗教文化出版社，2004年，第56~59页。

起义成功后，黎元洪的剪辫事件带动大批人主动剪掉辫子。日常服饰榜样简单来说就是日常生活中因穿戴受到公开表扬、认可的人。在某一解释社群处于较高地位的人一般会被推选为社群榜样，从而向社群中其他成员展示：绝对遵循社群规则的人将拥有绝对的符号权力和社群地位。在符号意义的传播过程中，这样的权威者在日常服饰表意活动中所扮演的角色正是意见领袖。随着影响力扩大，意见领袖在符号意义传播和扩散的重要节点，甚至在达到某种程度后，可以直接接管解释者的解释努力，主导意义的流动方向和解释方向。当社群成员与日常服饰示范榜样相左时，则存在被社群成员孤立、被标出，最终被动脱离该社群的风险。清初，不蓄辫者杀头论处。武昌起义后，湖北军政府成立，发布《宣布满洲政府罪状檄》，军政府要求军、警、政三界人士必须剪辫子，否则轻者没收证章、扣发月饷，重者开除公职。

第五，日常服饰规则可以改变吗？如果可以，如何改变？出于什么原因才能改变？日常服饰规则的改变，从其符号系统内部机制来看，是由于日常服饰文化作为服饰文化中项受到正项与异项的不认同压力从而产生中项认同问题。正项文化通过操纵手中的文化领导权，对中项文化中最核心的意识形态层面施加向正项文化认同和靠拢的压力，进一步将这种操控压力和认同压力通过文化中项的层级层层向外扩散，从而达到日常生活文化最终站位在正项文化一方的目的。因此，一旦文化出现标出项翻转的现象时，也就意味着：正项的文化领导权失去了对中项最核心的意识形态层面的控制和操纵，从而丧失中项的认同，使其转而对异项认同，造成标出性翻转的局面。

日常服饰规则改变，也就是说日常服饰文化不再认同正项文化，从而造成正项对日常生活的文化领导权失效。从文化全域来看，当正项丧失其操纵的文化领导权时，正项对日常服饰所施加的强制性认同压力就会消失，从而导致日常服饰作为中项重新选边。随着朝代更迭，历朝服制也在不断演变。最明显的就是日常服饰会在历史更迭中伴随正项文化的改变而发生变化。春秋战国，社会动荡，在这一时期日常服饰最大的改变就是将上衣下裳合制为一件衣服即深衣。汉朝也继承其传统，当时女性所穿服装多为深衣，但衣襟、裙摆等处的设计与之前发生较大改变。深衣作为汉族流传最为悠久的传统服饰之一，对汉服概念的形成产生了至关重要的作用。历代儒学家对各朝深衣形制改变也大有研究，从宋代司马光的"温公深衣"，朱熹的"朱子深衣"，明代黄宗羲的"黄梨洲深衣"等描述中可以看出深衣作为传统服饰的历史变化。

而违反日常服饰规则，则会导致自身标出于中项，带来被孤立的焦虑感和恐惧感。然而在文化包容度更高的社会之中，正项文化对异项的包容度也相对较高，对于异项的"意见环境"更加包容理性，对日常服饰的强制认同压力也大大减弱，从而给予了日常服饰一种较为宽松的认同环境，为异项提供了一种缓慢翻转的可能性。在中国历史上，胡服作为一种典型的亚文化，曾经长期受到来自社会主流文化的压制和抗拒。然而随着人类文明进程的推进，社会包容度逐渐增加，胡服入汉已成为一种社会风尚，尽管宋朝禁止穿戴胡服胡饰，但是胡服形制如对襟等设计已经深入汉服设计之中。

第五章　从传统走向新语境：新日常生活世界的形成

进入网络社会后，日常生活与传统日常生活相比，正经历着巨大的变革和转型。中国互联网信息中心提供的第38次网络发展统计报告显示，截至2018年6月我国网民已经达到8.02亿，手机网民数量更是达到7.88亿；手机在各种上网设备中占据主导地位，网民中使用手机上网的比例已经达到98.3%。同期，城镇地区网络普及率已经达到73.7%。与此同时，个人网络应用也更加丰富，除了传统的基础网络应用，如即时通信、搜索引擎、网络新闻的使用率不断保持稳健增长外，在线教育、在线政务服务发展迅速，其用户规模均突破一亿，互联网带动公共服务行业发展，网上支付线下场景也不断丰富，大众线上理财习惯逐步养成。[①]

从个体层面来看，网络应用已经主宰了人们的生活。人们花在网上的时间越来越多，除了休闲娱乐，日常工作、日常生活都逐渐虚拟媒介化、网络化，人们几乎无法摆脱网络对日常生活活动的影响和渗透。随着新媒介时代的发展，日常生活功能的运作如工作、购物、娱乐、保健、教育、公共服务、公共事务等逐渐与空间邻近性失去关联，虚拟空间逐渐成为日常生活运转的媒介。

因此，在新的社会形态下，传统日常生活已经逐渐发生改变，主要体现为它正在经历的两种不同的转型。第一种：日常生活与非日常生活的边界逐渐模糊，部分传统日常生活发生内在转型，逐渐朝非日常化发展，具体表现为日常生活的泛艺术化现象出现。针对这种转型趋势，本书将在第五章对其进行详

[①] 中国互联网信息中心，《中国互联网络发展状况统计报告》，2018-07，http：//www.cnnic.net.cn/hlwfzyj/hlwxzbg/hlwtjbg/201808/P020180820630889299840.pdf

述。第二种是部分传统日常生活向新日常生活转型。本章将主要以作为意义活动的新日常生活为研究对象，围绕它的产生、意义地位、特征等问题展开讨论，并结合新日常生活中的具体实例详细论述。

第一节 新媒介语境下的转型：从传统日常生活到新日常生活

首先，新媒介时代的时空距离化特征导致传统日常生活的时空结构被颠覆，新日常生活的时空结构可以被无限延展或收缩，这是新日常生活最显著的特征。

吉登斯（Anthony Giddens）提出时空距离化的概念来描述人类和社会的时间空间维度在历史进程中不断变宽这个趋势。[①] 传统社会的日常生活活动是建立在居住空间内人们的直接人际互动之上的，现代社会在时间和空间上延伸得越来越远，时间的障碍被信息的数字化存储功能打破，信息可以即刻传递，也可以永久保存。空间的障碍被不断发展的通信手段和交通工具打破，人们既可以足不出户领略世界美景，也可以乘坐愈加便捷的交通工具完成日常出行活动。随着全球网络接入每一个家庭，时空距离化的进程似乎被推向了极致。

在时间尺度上，传统日常生活中，人们日出而作、日落而息，对时间的感知也带有地域特征，人们的生活节奏和生活惯例也通常是以自然时间和钟表时间作为度量衡。然而全球媒介网络的连通使得人们的自然时间被无限分割。1988 年，单一的计算机和网络时间首次开始尝试替代钟表时间，而后开启了全球网络时间的时代。泰国哲学家霍拉达姆（Hongladarom）认为，世界时间实现了世界上跨文化的不同时间观念的和平共处，是对"中世纪"统一时间观念的回归。[②]

如图 5-1 所示，网络对自然时间和社会时间都进行了再度媒介化，形成了网络上通用的网络时间，它使得时间去线性化，从而具备了零散、无序、瞬

[①] Giddens, A. *The Constitution of Society: Outline of the Theory of Structuration*, Cambridge: Polity Press, 1984.

[②] Hongladarom, S. The Web of Time and the Dilemma of Globalization, *Information Society*, 2002, 18 (4), pp. 241—249.

间性等特征。网络时间结构的特征导致人们在日常生活中对时间的认知方式也发生相应的改变,因此,人们对时间认知愈发碎片化、跳跃化、短效化,新日常生活不再围绕一天24小时,一年365天这样的自然时间,也不囿于全球24个时区的严格区别,传播的即时性允许时间以更微量的单位来实现。

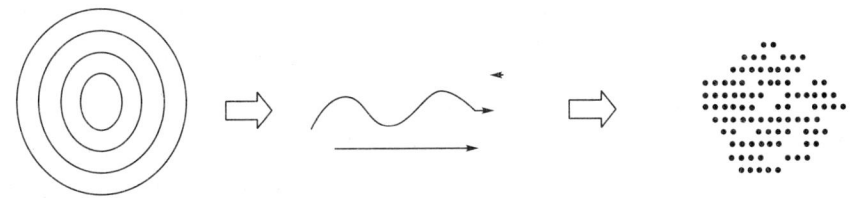

自然时间的循环结构 ⟹ 钟表时间的线性结构 ⟹ 媒介时间的"分子云"结构

图5-1 日常生活时间结构变化趋势①

在空间尺度上,新媒介时代下的新日常生活与传统日常生活最显著的特征莫过于对现实空间的依赖性大大降低,甚至完全不需要依赖任何现实空间。全球媒介网络在空间上无限扩大了社会(society)的概念,而缩小了世界(world)的规模。社会环境的开放性在不断提高。正如贝格尔(Burgers)曾论述:

> 大众媒介把世界代入家庭的时候,个人经历似乎变成了不重要的一部分。从现代社会的观点来看,个人生活的起起落落变得越来越不重要,并且人们也很好地认识到这一点。与物理环境相比,这意味着真正重大的事件似乎正在别处发生。②

个人传统日常生活边界从大众媒介入侵家庭时,就已经开启了内在的转型之路。在网络时代,网络媒介进一步促使个人日常生活的居住空间即家庭进行了彻底转型。新媒体条件下日常生活的物理空间已经逐渐丧失其重要地位,取而代之的是人们在虚拟空间中的日常活动,例如网络购物、网络点餐、网络约

---

① 卞冬磊、张稀颖,《媒介时间的来临——对传播媒介塑造时间观念之起源、形成与特征的研究》,《新闻与传播研究》2006年第1期,第32~44、95页。

② Burgers, J. P. L., *De schaal van solidariteit: Een studie naar de sociale constructie van de omgeving*, Leuven: Acco. 1988, p. 17.

车、即时通信交际等活动已经逐渐替代传统日常生活中衣食住行等活动强烈依赖的物理空间。新日常生活赖以存在的虚拟空间，本身就具有无限性和延展性，这也导致了新日常生活空间无限延展的可能性。

由于日常生活世界与非日常生活世界边界的渗漏、争议和僭越，私人空间社会化程度加剧，公共空间也出现特定个体化现象，因此导致日常生活中私人空间和公共空间的分界线消失。英国社会学家约翰·汤普森（John B. Thompson）认为，公共生活和私人生活都经由媒介传播而不断重构，并日渐脱离实体空间的羁绊；因此，两者之间的边界变得日益模糊，处于不断的协商和冲突之中。在这种社会语境下，传统日常生活中个体的日常性难以为继，新日常生活从日常生活世界中分裂出来，成为人类的一个新生活领域。

网络社会的一个重要特征就是分界线消失，线下生活与线上生活难以明显割裂，公共生活与私人生活也越来越难划分领地。同样的边界问题也出现在城市的实体空间中。伴随信息和传播技术发展所带来的信息进入和控制方式的变化，家作为传统意义上的私人领域，已变得不可持续。今天，当一个人在自己的家中，甚至是在床上上网，把有关自己的信息展露给成千上万的其他人时，我们是否能够说，这个人是位于私人空间呢？虽然也是在家这样的私域内，但是他同时也参与了公共空间内的信息传播活动。

具体看在网络社会环境下日常生活中的具体活动，诸如工作、娱乐、学习、出行、饮食等，可以发现，它们在公共生活和私人生活两个领域之间徘徊。这并不是说人们不在家庭空间中生活、学习、休息，而是由于网络技术的发展，生活空间超越家庭空间范围，并且功能愈发多样，同时多种功能出于某种目的而被以特殊的方式联系起来。具体来说，移动时代到来，人们的生活和移动终端联系起来。家庭居住空间和公共空间的界限不再是日常性与非日常性的绝对分界线，因为移动着的终端将两个空间连接起来，共同成为新日常生活的物理空间。人们在移动终端上进行着一项项日常生活活动："我"可以在公共图书馆预约网约车，可以在地铁上购买日常生活用品，当然"我"也可以在家里就完成工作和进行投票。

因此，传媒和信息技术的发展，引发了公共空间与私人空间之间关系的重构，传播媒介的发展，将私密性与"家"这样传统的私人空间分离开来。随着私人空间和公共空间的交融，城市空间卷入了人类日常生活和非日常生活之间边界变化的过程。比起在家里和其他的私人空间，我们在移动的城市公共空间里完成了更多的日常生活活动。网络最重要的一个技术特征就在于它制造了很多联系，网络社会正是将新日常生活中的各种现实生活场景和日常生活活动联系起来，因此，日常私人空间被公共空间入侵，而公共空间又成了私人日常活动的场所。从现实空间的公私属性来看，可以区分出传统日常生活空间与非日常生活空间，但是这并不适用于新日常生活空间和非日常生活空间。也就是说，新日常生活世界与非日常世界之间的界限出现了互相渗透的现象，存在互相僭越的情况。

此外，后现代社会中文化变迁的主导因素发生变化，这成为新日常生活的内在推动力。

在文化历史发展的大趋势中，文化在一个民族或一个历史时期的传播会产生明显分段。陆正兰、赵毅衡认为："当代文化呈现出三种主导变异：诗性压倒指称性，引发'泛艺术化'；意动性超过表现性，引发传播的'符用转向'；接触性胜过元语言性，造成当代传播文化的'超接触性'，导致文化不重解释重接触。"[①] 在新日常生活中，周围世界已经变得难以辨认。

在后现代社会中，移动传播时代的城市日常生活发生了彻底的变化，产生了日常生活的新特征。而这种转变生成于城市空间和传播之间的互动互构之中。所谓的新日常也是一种重新想象日常生活的新视野。日常生活成为现代性的启蒙之地，到了后现代时期，文化的发展、变化、突变的源头力量仍然埋藏在人们的日常生活之中。因此，部分传统日常生活在后现代社会中也产生了新的变化，转型为新日常生活。

第二节　新日常生活世界的意义地位、结构及特征

既然提到新日常生活，那么本书就需要梳理其特征，从而在整体世界的复合构造中为其找到一个定位，同时进一步辨析新日常生活世界与日常生活世界、传统日常生活世界和非日常生活世界存在什么样的关系。笔者认为新日常

---

① 陆正兰、赵毅衡，《"超接触性"时代到来：文本主导更替与文化变迁》，《文艺研究》，2017年第5期，第18~25页。

生活具有以下两种特征。

第一，互联网时代出现的新日常生活具有一个鲜明特性：阈限性（liminality）。"阈限性"这个概念来自文化人类学，是对传统社会仪式的时间结构及其功能的提炼和解读。① 在人类学家阿诺尔德·范根纳普（Arnold van Gennep）对"通过仪式"（rite of passage）的研究中，阈限性特指一个仪式的中间阶段具有的模糊性和不确定性。在这个阶段，仪式参与者已从仪式开始前的结构处位（structural status）中脱离出来，但尚未进入仪式完成后将重新拥有的结构处位。② 英国人类学家维克多·特纳（Victor Tunner）发展并普及了这个概念，他认为，阈限性指的是一种模棱两可（betwixt and between）的状态或过程，它处于获取和消耗、维系法律秩序、注册结构地位等状态或日常的文化和社会状态或过程之间。特纳进一步指出："如果我们采用的是'位置的结构'这种描述社会的模式，那么，我们就必须将边缘的或'阈限的'时段看作是结构之间（interstructural）的状况。"③

潘忠党认为，特纳以此拓展了阈限性的概念，使它走出除旧迎新或人生阶段转折等仪式的范畴，成为介入两个结构类别或两种生存（即在结构中）状态之间非此非彼、既此又彼的"之间"性状态（between states）。④ 特纳特意说明，他是在范根纳普所说的"场所、状态、社会地位和年龄"⑤等意义上使用"状态"这个词的。而且，特纳指出，阈限的"之间"和"模糊"特性是文化意义上的，因为阈限的状态或临界的人（liminal personae）"逃离了通常在文

---

① "阈限"这个概念源自拉丁语"limen"，即"临界值""门槛"或"界限"。它至今在传播学界被运用得较少，但已是社会理论中后结构主义理论家族中的重要成员，被广泛运用到文化人类学、社会学、政治学、都市研究、旅游研究、国际关系、文学批评、民俗研究等多个学科。在传播学领域，它也被应用到对媒介事件和媒体重构的除旧迎新（如央视"春晚"）等问题的分析中。

② Sieber, S. A., Gennep, A. V., Vizedon, M. B., et al. "The Rites of Passage". *American Catholic Sociological Review*, 1961, 21 (4), p. 363.

③ Turner, Victor, W. Betwixt and Between: The Liminal Period in Rites de Passage, In W. A. Lessa & E. Z. Vogt (eds.), *Reader in Comparative Religion: An Anthropological Approach* (4th Ed.), New York: Harper & Row, 1964/1979, pp. 234-243.

④ 参见潘忠党，於红梅，《阈限性与城市空间的潜能——一个重新想象传播的维度》，《开放时代》，2015年第3期。

⑤ Turner, Victor, W. Betwixt and Between: The Liminal Period in Rites de Passage, In W. A. Lessa & E. Z. Vogt (eds.), *Reader in Comparative Religion: An Anthropological Approach* (4th Ed.), New York: Harper & Row, 1964/1979, pp. 234-235.

第五章 从传统走向新语境：新日常生活世界的形成

化空间中确定状态和位置的分类网络"①。从特纳的这些论述中，我们可以看到，阈限的时空具有模糊性、开放性、非决定性和暂时性的特征，并且具有在不同结构性状态之间转换的功能。

在阈限性的时空结构下，"有些具有阈限性特征的空间，往往是边界地带，穿越它有着思维和社会层面的转折作用，可以称之为'阈限空间'（liminal spaces），它往往是一个界面空间，具有'之间'和不确定或流动的特性"②。我们在这里可以发现，新日常生活世界在意义世界中的地位正如"阈限空间"，它和传统日常生活世界一同构成人类的日常生活世界，且有别于非日常生活世界。此外，传统日常生活世界与新日常生活世界之间的边界以及新日常生活世界与非日常生活世界之间的边界具有模糊性、开放性以及暂时性，三个世界之间处于持续的、动态的互动状态，因此这两条边界均可以用虚线表示（见图5-2）。

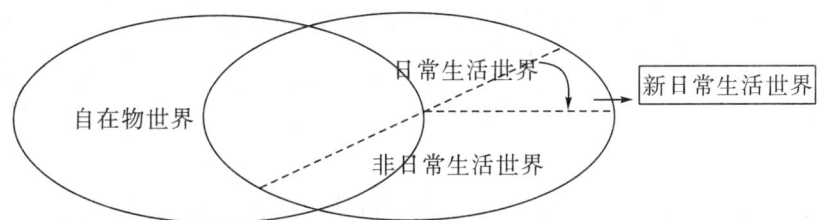

图5-2 自在物世界、日常生活世界与非日常生活世界

区别于传统日常生活的结构所遵循的生活规则和生活习惯，新日常生活的内容具有非此非彼、模棱两可、转瞬即逝的特征。因此，本书把存在于传统日常生活世界与非日常生活世界中的阈限空间称为新日常生活世界。从图5-2中可以发现，新日常生活实际上是在新媒介语境下，日常生活世界中的日常思维世界朝非日常生活世界转型的产物。因此可以说，新日常生活世界的产生是人类对日常思维世界的一次开发和拓展。

第二，与传统日常生活对物理空间的绝对依赖不同，新日常生活依赖的空间结构分为两个部分，一个是网络社会中的虚拟空间，另一个是现实物理空间经二度符号化建构而成的符号空间。特别是传播进入移动媒体时代后，一个人

---

① Turner, Victor, W. Liminality and Communitas, In M. Lambek (ed.), *A Reader in Anthropology of Religion*, London: Blackwell, 1969/2008, pp. 358-374.

② Endsjø, Øistein, D. "To Lock up Eleusis: A Question of Liminal Space", *Numen*, 2000, 47 (4), pp. 351-386.

即一个移动着的空间场域,一个时空单元;他携带情感、思想、偏好和意图,以及他自己意识到的文化信念和实践,创造了具备各种社会关系潜力的空间,赋予它意义和形态,并最终通过人们日常运动中的规律构成新的虚拟场所(place)和虚拟景观(landscape)。[①] 进一步讲,人们在移动状态下展开新日常生活活动,从而对现实物理空间进行二度符号化建构,因此再建构了新日常生活中的符号场所(semiotic place)和符号景观(semiotic landscape)。

以新日常生活中的生活社区(living community)为例,人们在网络社会中的生活社区分为线上和线下两个部分。线上社区就是线上虚拟社区。虚拟社区不受困于时间、地点和物质环境,是网络用户依据各自兴趣自发结合而成的网络社群。线下社区主要是指日常生活中一定时空范围内的与自然环境相关的生活场所。与传统日常生活依赖生活社区不同,新日常生活中的线下社区不仅包括传统的生活社区,而且也包括对物理空间二度符号化后的生活空间。例如,人们通过网络展开对家庭空间的二度符号化过程后,家庭不仅仅是一个私密的个人空间,而且成了半公开甚至全公开的一个场所,传统日常生活的空间在新日常生活中被无限敞开。

此外,新日常生活中的生活社区也在传统生活社区的基础上被无限延展,以至于整个城市甚至理论上来说整个地球村都是新日常生活语境下的人类生活社区。移动网络的迅速发展,让人们可以在世界的任何一个角落完成日常的衣食住行等活动,完成基本的日常交际和交往,满足基本的生活需求。同时,新日常生活活动也在塑造着业已存在的物理生活空间,使得线下生活空间成为一种被再建构的生活空间。当代电子媒体的发展过程,本身就是一个空间的过程,它突破了空间构成中的很多藩篱,也提供了开拓、重塑空间的很多可能性。这个过程既是物质的,又是象征的;既涉及媒介内容的生产和消费场所、文本再现的空间和因该再现的流动而形成的空间,也跨越了不同规模的空间,涉及地方与全球之间的交织以及人们在不同条件下对此多元化的体验。因此,现代城市的空间在网络时代处于被建构和再建构意义生产的不间断过程之中。

[①] Low, Setha, M. "Towards an Anthropological Theory of Space and Place", *Semiotica*, 2009, 175−1/4, pp. 21−37.

第六章　新日常生活：表意的重塑、突破与回归

第一节　视觉表意：新日常生活的主导表达方式

新媒介时代的到来宣告了电子媒介将取代传统媒介，成为人们表意的主要媒介。现代科技发展日新月异，从20世纪出现的电影、电视、录像带、影碟到以网络为载体的网络视频、网络影视等，新媒介已成为一种新的文化传播渠道。麦克卢汉（Marshall McLuhan）认为"媒介是人体的延伸"，在新媒介时代的网络社会中，电子媒介与网络媒介成为人类视觉的再次延伸。与印刷时代的视觉延伸不同，新媒介时代，以视觉为主导的人体感官整体回归了。因此它不仅促使人类文化从间接交流回归直接交流，也使个体从脱离部落重归部落。

新的媒介技术会产生新的感觉、新的体验和新的思维方式。电子信息的传播方式使得人们的日常生活已经与媒介深度融合，同时它还在摆脱物理局限，在全世界各个角落构建着一种跨地域、跨种族、跨文化的共享生活方式。如前所述，新媒介时代下的新日常生活中，视觉成为人们认知的主导渠道，同时，视觉认知、影像式思维也成了人们在新日常生活中对意义进行解释的主导方式。本章就将在新日常生活语境下，将网络视频与网络游戏作为具体对象文本，探讨视觉媒介以及视觉文化是如何建构这种新的生活方式、新的身份认同以及文化社群的。

视频本身并非影像片段的简单堆积，它是社会关系连接的纽带。毋庸置疑，网络视频作为当下网络的基础应用之一，随着近两年新媒体技术的不断升级，已成为各大门户网站、SNS社交网络空间的标准配置之一。根据中国互

联网数据中心的数据显示：截至 2018 年 6 月，国内网络视频用户规模为 6.09 亿，在各类应用中的使用率高达 76%；手机用户规模也达到了 5.77 亿，使用率超过 73.4%。① 由此观之，在新媒体时代，网络视频用户不仅基数庞大，而且用户对网络视频使用黏度高且依赖程度高。并且由于移动终端的快速发展，智能手机、平板电脑及数码相机的出现更是加速了移动视频的发展，使人们的现实生活与虚拟世界随时得以无缝衔接，人们随时随地可以上传、观看及下载各种网络视频，借这样的科技顺风车，网络视频进入了前所未有的繁荣时期。

公共视频作为网络视频繁多样态的一个类别，随着新媒体造就的网络公共空间逐渐形成，越来越成为人们表达观点，参与公共事务，甚至推动公共事务发展的一个重要组成部分。公共视频可以看作是由一系列符号系统（图像符号、影像符号、文字符号、音乐符号等）共同组成的多媒介符号文本。为此，笔者将从符号学入手，以国内几大主要视频网站整理的"十大直播视频"为例，讨论公共视频符号文本的形态特征和意义整合策略，以期对公共视频的表意结构与方式有更深刻的认识。

符号文本很少单独出现，一般总是与其他符号构成组合，这样的组合又形成一个合一的表意单元，就可以称其为"文本"。赵毅衡建议只要满足以下两个条件的，就是"符号文本"："1. 一些符号被组织进一个符号组合中；2. 此符号可以被接收者理解为具有合一的时间和意义向度。"② 显然，公共视频完全符合上述定义：一定数量和种类的符号（图像、影像、文字、音乐）被组织到一段视频中，让视频接收者能够将这个组合形成合一的时间向度和意义向度。按照此定义，公共视频实际上就是一个符号文本。

既然是符号文本，那么公共视频的传播就是一个完整的符号表意过程，因此，我们更不能忽略此过程中符号接受者的作用。可以说符号文本是接受者进行"文本化"（textualization）的结果，文本化实为符号化的必要组成方式。文本自身的结构只有参照意义，文本各个单位直接的组合关系，是被解释出来的。也即"文本性"是接受者对符号意义的一种构筑态度，接受者在解释意义组合时，必须考虑发送者的意图，也必须考虑文化体裁的规定性。因此，文本

---

① 中国互联网信息中心，《中国互联网络发展状况统计报告》，2018-07，http://www.cnnic.net.cn/hlwfzyj/hlwxzbg/hlwtjbg/201808/P020180820630889299840.pdf
② 赵毅衡，《符号学：原理与推演》，南京：南京大学出版社，2011 年，第 143 页。

作为符号组合,实际上是解释者将文本形态与他的解释"协调"的结果。

为此,本书将探究公共视频文本内部的符号组合策略及其符号表意机制,以期厘清公共视频符号文本在受众文本接受方式、情绪动员及文本与接受互动的过程中,究竟起了怎么样的作用。

一、意义前置——公共视频的伴随文本

如前所述,既然符号文本的解释依靠文本与文化的关系,依靠接受者与文化签下的约定,那么我们可以进一步提问:接受者怎么会知道他应当用这个约定,而不用其他约定?接受者如何发现这种决定关系呢?公共视频的受众如何区分公共视频与其他一般网络视频?这些问题关系到视频接受者对视频文本的不同解读,以及对文本所做的不同反应。

这使本书不得不从符号文本的外围进行考虑,引入"伴随文本"的概念。所谓"伴随文本"就是伴随一个符号文本一道发送给接受者的附加因素。在解释中,不仅文本本身有意义,文本所携带的大量的伴随文本也有意义,甚至可能比文本有更多的意义。因此,所有的符号文本,都是文本与伴随文本的结合体,这种结合,使文本不仅是符号结合,更是一个浸透了社会文化因素的复杂构造。

因此,对公共视频符号文本的研究,不能忽视对伴随文本的研究,公共视频文本本身就有其独特的形式特征,与其相对应,它的相关附加因素,也即伴随文本,也有其独特的作用与功能,而二者共同构筑了公共视频所传达的意义与内涵,使公共视频能够在网络公共领域占有独特地位。甚至可以说,伴随文本为受众提供了一个前置的意义解释框架,推进受众按照文本发送者建构的意义进行解读。

公共视频符号文本的伴随文本,主要以"副文本"的形式呈现。副文本是显性伴随文本的主要类型之一,它是"完全'显露'在文本表现层上的伴随因素,他们甚至比文本更加醒目"。其实,可以把副文本看作文本的"框架因素",如书籍的标题、题词、序言、插图、内文等;而视频的副文本则主要是视频的标题、上传者姓名、视频描述等在视频页面出现的附加信息。

需要指出的是,副文本的显现可能对符号文本接受起重大作用:读诗不可能跳过诗的名字;看电影不可能跳过片头、导演名字;小说读者不可能不受作

者名字、时代背景、出版公司、推荐语等因素的影响。对于公共视频本身来说，副文本则可能影响视频的点击率、传播率及其评价等多方面，更加不可忽视。下面，笔者将分析公共视频副文本中三个重要的文本类型，即标题、内容提要以及"情绪表态按钮"。笔者将分析它们在公共视频意义建构的前置性框架中所起到的具体作用。

（一）标题，作为公共视频意义建构的前导功能

前文已经提及公共视频中标题的重要性。公共视频作为一个多媒介的符号文本，不同于一般的文字文本：接受者可以同时看到文字文本的标题和内容，更可以跳过标题直接阅读文本的主要内容；而面对公共视频，文本接受者则不可能跳过标题，也就是说，视频接受者最先看到的是标题，然后根据自己的喜好判断，选择观看或者不观看；更有可能将标题所传达的价值取向作为意义的解释框架，然后进行判读。可见在公共视频符号文本中，以标题为代表的副文本对视频的接受起到了重要作用。因此，可以说视频的标题就是视频的名片，是影响观看者第一印象的关键因素。笔者依据新浪网和优酷网推出的2015年度十大拍客视频的标题进行分析与归纳，总结出标题对公共视频意义建构的重要作用。

1. 标题互文性特征，为视频接受者提供解释的社会语境

通过对公共视频的标题分析，可以发现，公共视频的大多数标题均通过其他文本的组合搭配，这就拓宽了标题文本的意义空间，增强了文本的传播价值。作者在拟取标题时存在一个普遍的矛盾，即标题本身表意空间的有限性和作者表意追求完整性的矛盾。互文性常常是被用来拓宽空间、解决这个固有矛盾的方法。

互文性是克里斯蒂娃（Julia Kristeva）向西方学界介绍巴赫金理论时提出的一个概念，又被译作"文本间性"。此后这个概念因为覆盖面过大，常常变成笼而统之的"文本"的"文化联系"。如《后退哥感动亿万网民》这一视频标题，就有互文性被自觉运用。"后退哥"这一称谓恰好迎合了当下流行的"某某哥"式称谓，使得"后退哥"产生一种具有不平凡经历的特质，大大拓宽了这个标题的表意空间。再如火爆一时的视频《实拍北漂鼠族的地下人生》，讲述北漂一族生活状态，其标题也接通了另外两个文本的意义空间。"鼠族"就是租住地下室生活的一群人，他们像老鼠一样生活在地下，连想当上"蚁

族"都已成为奢望。而此类采用互文性修辞的标题则需要读者自己具有那个"文本之外的文本"的经验去自行解读。

由此看来,公共视频标题的互文性特征作为文本意义空间拓展的一种方式,使文本意义的呈现与解读之间形成一种张力,大大调动了文本解读者的兴趣,为读者提供解释语境,也使视频接受者在接受文本之前开始了意义解读的过程。

2."元语言激活机制"引导激发受众的情感认同

所谓元语言,简单来讲就是"符码的集合",如词的解释是符码,解释的集合如词典,都可以称为元语言。因此,没有元语言,任何话语和符号的意义都将无法生产。意识形态就是文化的元语言,它的主要任务是文化意义活动的评价体系。在日常生活中,讨论某种话题时会将元语言归类到某种相同的话语种类之下,以便采取可以理解的话语策略来解释意义。"元语言"的表象则是具有一定稳定性的、典型的、反复出现的意向、象征、人物、母题或者叙述情节,具有约定俗成的语义联想,从本质上说,"元语言"是一种稳定的对外在事物的认知方式、认知角度和认知结果。

例如,人们在谈到"日本—中国"时,心理往往泛起的是中国和日本百年以来的民族矛盾,因此涉及两国间贸易冲突或者两国进行体育竞技比赛时,媒体或者观众往往从这些方面出发进行解读或联想。那么公共视频标题中采取了怎样的"元语言"唤醒策略呢?以下为具体的例子。

《老外北京街头强暴中国女孩被群殴——老外,我们把你打出中国去!》这个视频中就采用了一种常见的元语言结构:"外国人—中国人","外国人"在中国人的元语言系统中,一方面是"思想先进""高素质""有礼貌"的象征,从而在一定程度上导致中国人对"老外"怀有尊敬甚至有些盲目崇拜的心态。但另一方面,因为曾经的侵略战争和当今的政治经济摩擦,中国人对"老外"产生"霸权""强盗"的印象。因此,这个视频的制作者利用中国人元语言系统中早已存在的这冲突,撰写了这条言辞激烈又使人愤慨的标题,而这条标题也轻易地唤起了大众的共鸣。

此外,《[执法冲突]罚单开不成 成都交警用警棒暴打司机》《厦门强悍女子雄辩城管武警》这两条点击率很高的视频,所使用的元语言唤醒策略是非常值得人深思的。因为这两个视频均采用了在公共视频标题撰写过程中最常见的

"利益阶层—普通民众"元语言结构。究其原因，这是一些社会民众"仇富仇官"情绪的写照，特别是在网络世界中，这种社会情绪被更多地展现和宣泄。在这套元话语系统中，"利益阶层"多与贪污、腐败、为富不仁、炫富等负面形象相互关联，"利益阶层"与"普通民众"的生存状态形成强烈的反差，二者形成相互对立的态势。正如广东高级人民法院撰写的《司法公正与网络舆情——广东法院网络舆情白皮书》指出的，利用"仇官仇富"情绪制造网络舆论焦点，民众在"仇富"心理下对"杭州飙车案"给予高度关注，在"仇官"心理下对涉及官员身份职责、品德能力的案件尤为关注。因此，一旦在标题制作中结合"官"或"富"的相关元素，视频就仿佛易燃易爆品，随时都有可能引爆网民愤怒的火星。

通过上述的例子，我们可以发现，公共视频标题中普遍潜藏着一种"元语言激活机制"，它通过文字表述激起受众在话语深层的元语言意识，在一定程度上起到动员受众情绪的作用。它还促使受众激活深藏于心的"母题"，在某种固定阐释社群的解释框架内调动受众的情绪，引导受众按照视频发布者先期建构的意义进行解读。

3. 作为意义前导功能的公共视频标题

通过上述分析，我们可以看出公共视频的标题具有公共视频意义建构的前导功能，它通过互文性策略将标题纳入社会大文本，为引导受众提前理解视频所建构的意义打下了语境基础。同时，从深层结构上来说，公共视频中的标题大多采用元语言的激活机制，促进受众站在某个阐释社群内部，站在"我们"与"他们"的对立面上解读视频。在还未观看视频的前提下，观看者已经被调动了情绪，公共视频的情绪动员作用得到充分体现。

（二）内容简介，提供公共视频意义解读的社会语境

前文本式的内容简介是视频制作者为受众提供解释文本的一种方式，由于语言文字作为媒介具备"热度"，在一定程度上内容简介可以决定文本最终意义的走向。前文本是指在一个文化中，先前的文本对此文本生成产生的影响。狭义的前文本包括文本中的各种引文、典故、戏仿、剽窃、暗示等；广义的前文本包括某一个文本产生之前的全部文化史。而在本书中，笔者所指的作为前文本的内容简介采用的是狭义的前文本概念，意在指出：在该视频产生前围绕视频中事件所发生过的其他事件或事件主人公之前的生活经历等，并且这些事

件或经历对视频中事件的发生有着一定程度的影响。如果忽略内容简介而直接观看本视频,那么观众可能很难理解视频所讲述的故事。可见,前文本式的内容简介在一定程度上是左右观众解读的关键因素,为观众提供了一种具有社会大文本视角的理解方式。

(三)"情绪表态按钮":邀请受众参与公共视频的意义建构

所谓公共视频中的"情绪表态按钮",是指当下许多视频社交网站在每个视频观看窗口下设置的两种观点表达按钮,一般用"大拇指向上"标识表示"赞赏""顶",用"大拇指向下"标识表示"反对""踩"。这都是利用符号的像似功能来代替受众的姿势语表达,是公共视频与受众互动的方式之一。

视频受众在观看视频后,若支持、喜欢该视频,就点击"赞赏"或"顶";若不喜欢、反对视频中的内容,则点击"反对""踩"。在第一个观众发表意见后,以后的每一条意见都会在偏离或者靠拢这条意见的基础上发布。换言之,"赞赏""顶"与"反对""踩"按钮为观众提供了发表意见、争论意见、集成意见的场域,最终形成的意见或许依旧走在"制作者思维方式"的轨道上,或许在观众思维的反复对抗与和解中生产出新的理解方式,即对文本信息进行再建构。视频内容与公众情绪的表达有直接关系。可以看出"情绪表达按钮"通过可视化的方式表现了受众的反馈态度,而且更为直接与明显。

点击按钮是一种双向的互动过程,当第一个视频观看者按下了"顶"或"赞赏"按钮的时候,事实上为接下来的潜在受众指示了该视频的情绪方向。情绪按钮是直接放在视频下方的,也就是说,潜在受众还没有观看视频的时候,首先就可看到"顶"和"踩",他们会根据主流的情绪表达态度来为自己的观看提前设置解释框架。这样,观众受"情绪表态按钮"的影响而提前预设观看心理态度;在观看之后,又通过点击按钮表达自己的态度,这实际上也等于参与到了该视频的意义建构之中。从总体来看,当情绪表达按钮倾向性地偏向某一方时("顶"或者"踩"),会直接影响到潜在受众的预设心理接受框架。

需要指出的是,通过"踩"与"顶"的具体数字,可以量化某视频的人气,但这些具体的数字是否就是社会态度的准确表现呢?以《西安重伤日系车主被打视频曝光》视频①为例,这个视频的"踩"有11524条,"顶"有3264条。如果此处认为"踩"是反对视频中的暴力行为,"顶"为支持视频中的暴力行为,那么观众在选择"顶"时,可能会存在因为支持暴力而遭到反对的顾虑,进而选择"踩"或放弃选择。同时,由于沉默的螺旋而产生的意见趋同现象也会在一定程度上影响最终态度的呈现,因此,"优势意见"也不等于公众意见。所以,"踩"与"顶"虽然作为表态选项出现,却不能把这些具体数据作为社会态度指标来理解,但是它的确在很大程度上成为作者和受众意义建构的工具。

总之,公共视频中"情绪表达按钮"的作用是交互的,一方面它为受众提供情绪宣泄的渠道;另一方面,它更像是一个邀请,邀请受众参与到该公共视频的意义建构中来,某个受众在此刻的情绪表达,将成为下一个潜在受众观看前心理预设的导向性指标。

由此可见,公共视频的伴随文本具有意义前置的作用。公共视频中的"伴随文本"因素实际上是起到了为视频受众搭建解释框架的作用,引领读者按照标题等信息给出的意义进行解读。这是一种前置性的意义置入方式。有时候这种伴随文本有可能喧宾夺主,甚至接管符号接受者的解释努力。公共视频的标题中往往带有某些特指性或倾向性的内容,正是为了吸引受众按照副文本所指示的意义方向进行解读。

进一步说,公共视频的媒介特性自身,就决定了其伴随文本的前置性意义置入作用,因为看视频时我们无法跳过标题、视频下面醒目的情绪表态按钮以及内容简介。当我们观看视频,首先浏览标题等副文本内容时,实际上已经慢慢走进视频发送者预设的解释框架中去了。也就是说,不同于电视新闻与纸质新闻,公共视频是一种"副文本主导"的意义建构方式,它的意义建构与引导是否成功很大程度上取决于这些伴随文本是否起作用。电视新闻完全可以用其他方式,如主持人口播的导语;纸质新闻也完全可以靠导语以及内容本身脱颖而出。但是,公共视频不行,在数以亿计的视频中,一条短短的视频很容易被淹没在信息洪流中,受众没有精力,也不可能逐条观看;因此,标题、内容简

---

① 视频来源:https://tv.sohu.com/v/dXMvMTExMTY3NTgzLzUyMDUyMDc2LnNodG1s.html?src=pl,由于原视频网站改版,已取消"踩"与"顶"功能,文中所录数据现已无法查询。

第六章　新日常生活：表意的重塑、突破与回归

介、其他受众的情绪指数成了受众是否观看该条视频的重要依据。

作为受众的一方既摆脱不了伴随文本的普遍控制，又忍受不了某一种文本过于明显地控制解释，受众也需要参与到伴随文本的建构中来，这可以说是公共视频伴随文本的一大特征。如前文所述，视频页面下方两个小小的表态按钮，直接、明显地传达了受众的心理反应，更是另一种形式的伴随文本建构：第一个表态的受众已经开启了伴随文本的建构，随后的受众对该视频的解读肯定会受到表态按钮的影响。他在看完视频后既可以跟从大多数网友的表态，又可以选择相反的意见进行纠偏。而无论是赞成还是反对，显然已经影响到了下个受众观看此视频时候的期待视野。这既是伴随文本的解构，又是一种再建构。笔者将这种公共视频副文本的双向意义建构机制总结为图6-1：

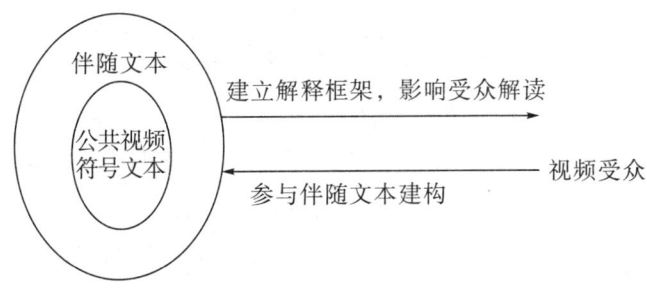

图6-1　公共视频副文本的双向意义建构机制

通过图6-1，可以发现公共视频的前置性意义建构机制是双重的、互动的：一方面它为潜在受众预先设立解释框架，吸引受众观看视频，并且提前影响受众的心理预期，引导受众按照视频发布者预先建构的意义机制去解读视频。另一方面，受众观看完视频后，也可以表达自己的态度与情绪，并且同样可以将其显示在公共视频的伴随文本上（如选择情绪表态按钮、评论等）。这也是一种前期意义建构方式，并且影响着以后的潜在受众对该视频的解释框架。

如《老外北京街头强暴中国女孩被群殴——老外，我们把你打出中国去！》的评论就有伴随文本的建构意味。从上传当日至今，这条视频共有87714条评论。笔者对这些评论进行阅读发现，观众对该事件的态度轨迹为从最初对施暴者的愤怒和对围观者的讨伐，到对执法部门执法不力的质疑，到对受欺凌的无奈，直至后来产生对外国人的祛魅心理，外国人"高大全"的形象瓦解，观众

开始讨论待遇平等的问题。观众心态改变的过程，也是视频伴随文本解构和再建构的过程，并且这个过程将随着观众的不断参与持续推进。因此，可以说这个过程是一个相互的、持续作用的场域，伴随文本在公众的参与下获得了持续的更新，观众也会受到不断更新的伴随文本的普遍控制。

二、意义组合——公共视频的符号整合策略

公共视频是一个多媒介的符号文本，包含了画面、声音、影像、文字等多种媒介内容。那么，公共视频的发布者是如何排列和组合视频符号文本，使其凸显意义的呢？索绪尔等第一代符号学家就开始在讨论符号的组合关系，他们认为任何符号文本都从两个向度展开，即组合轴和聚合轴。组合就是一些符号组合成一个有意义的"文本"的方式，而聚合则隐藏在文本的背后，是符号文本每个成分背后所有可比较从而有可能被选择（选中）的各种成分。

公共视频符号文本的组建也不例外，也是经历组合与聚合两种方式同时选择而形成的。可以说，就算是同样的视频素材，如果符号组织者选择的视角、图像、文字、配音不同，呈现出的意义完全不同。我们并不否认公众自行拍摄的视频的客观性，本书想强调的是，符号文本各因素的选择偏好及其组合风格会导致视频内容所呈现的情绪导向以及意义出现偏差，而这可能就是原本在公共领域话语权较小的公共视频可以脱颖而出的原因。

乔纳森·比格内尔（Jonathan Bignell）在其专著《传媒符号学》中认为："电视新闻所表现的现实并非现实本身，而是被新闻的符号、符码、神话和意识形态影响后的现实。新闻形成和反映了何为重要的主导常识观念（因为重要的就是在新闻中出现的），因此也参与了构建主流意识形态的过程，我们则通过这一意识形态感知现实。"[①] 公共视频新闻虽然与传统新闻制作与播出的方式不同，但是我们不能否认在视频编辑过程中，符号选择与意识形态策略性置入等因素的影响，这不是一种批判性的视角，而是要指出：任何符号文本都具有符号编码操作的结构，必然经过一列符号修辞手段进行公共视频的编码与符号建构工作。本节将着重从公共视频的符号文本内部出发，讨论其符号文本内

---

① 乔纳森·比格内尔，《传媒符号学》，白冰、黄立译，成都：四川出版集团、四川教育出版社，2012年，第103页。

部组合方式与策略。

（一）公共视频的非影像符号组合策略

公共视频中非影像符号主要是指语言文字符号和音效符号。其中，语言文字符号主要是指视频中出现的字幕文字。而音效符号指的是视频中插入的音乐、音响或配音等。

1. 语言文字符号的组合策略

语言文字符号在公共视频中主要是以标题、内容简介和视频内字幕为主。在此笔者将探讨此三者的组合策略。

首先，内容简介作为标题的补充形式出现，对视频事件进行一个基本概括。在部分视频中，内容简介部分不仅可以有对事件的详尽描述，还可以将视频中的对话全文抄录，因此，观众可以通过简介对视频表述的事件有全面的了解。如优酷网的《贵州师范大学保安被刺，现场惊现飞腿哥——中国功夫，高手在民间啊》的内容简介：

> 7月2日，一犯罪嫌疑人，手持70cm钢刀闯进贵州师范大学，朝正在吃饭的学生食堂奔去，几名学校保安前来制止，两名当场被刺遇害，一名重伤。就在极其被动的时候，飞腿哥像神一样地出现，Hold住了整个现场的节奏。腾空而起，一记漂亮的飞腿（据说民间已失传）将歹徒制服在地，现场主被动关系立即逆转……我敢说这一飞腿将甄子丹什么的秒杀好几个数量级。

事实上，首先，本视频中展现的事件非常简单，仅仅是事发过程，因此如果不参考内容简介的话，观众不可能对事件的各个要素了解得如此清楚。

其次，字幕作为公共视频中最常用的也是最重要的语言文字符号，承担了主要视频事件的叙述功能，更重要的是，它起到了对视频意义解读的引导作用。同时，字幕结合标题和内容简介，共同对视频事件做出完整的叙述。

例如视频《90后警校学生为救卧轨者被截肢》，其字幕就对视频内容的解读层面起到了主要引导作用。首先，在时长1分21秒的视频中，制作者在视频开头用了21秒的时间以字幕的方式对整个事件做了比较详细的介绍：

> 7月9日17点40分，1546次火车在河北昌黎站进站时，突然有人冲下站台企图卧轨自杀，一名铁警随即上前救人，两人都被正在减速的列车

撞击。救人铁警双腿被火车碾轧至血肉模糊。这位奋不顾身救人的铁警身份得到了确认，他叫李博亚，是河南省平顶山鲁山县人，1992年12月出生。2011年，李博亚进入公安部直属的铁道警官高等专科学校，学习公安技术系网络安全监察专业。救人时，他正在河北省昌黎路段实习。

这段介绍包括事件发生的时间、地点、经过，主人公的背景、身份等，借此观众基本上就可以对整个事件有比较清晰的认识了。在视频中，制作者充分利用了字幕对视频进行介绍和解释，方便观众理解。在视频末尾，制作者又表达了对事件主人公的慰问及期望。如果将这几部分的字幕内容连成一体，可以发现，即使没有视频影像存在，单是字幕文本就可以组成一则短消息，将事件介绍得清楚明白。反之，如果没有字幕存在，视频影像中虽然有图片，模拟送医过程和医生、同学采访等，但这些元素仍不足以构成观众的完整解读。

再次，字幕与音效符号、镜头关系紧密，共同作用于视频意义的建构和视频气氛的营造。字幕在公共视频中常用作镜头转场和特殊情境的提示语，在这两种情况中，字幕的出现经常伴随着特殊音效及特殊镜头，三种符号意义联动、相互解释。如视频《后退哥感动亿万网友》为了让观众能更加真实地感受到事故发生当天紧张的氛围，视频拍摄者就是用字幕交代当时情景并营造氛围的。

2. 音效符号组合策略

在公共视频中常使用到的音效符号包括音乐、解说、同期声和音响，以音乐为主。因此，笔者将着重研究音乐符号在文本中的使用策略。尽管音乐在公共视频的多媒介中不能作为定调媒介存在，但音乐对文本的表达有着重要的作用：抒情作用，通过音调高低，乐曲情绪来渲染气氛、烘托主题；衬底作用，抵消观众观看单纯影像时的枯燥乏味感；转场作用，在公共视频中常常采用小标题字幕转场，尽管合理但常会使人产生割裂之感，从心理上淡化了视频的整体性，若配以音乐则会更好地过渡衔接、前后呼应；强化作用，通过调节音调高低来渲染情绪，创造节奏以引起观众注意。为了最大化地发挥音乐的作用，制作者在采用音乐时也会使用不同的组合策略。

首先，使用明喻、隐喻等符号修辞手法呼应视频主题。对于音乐文本来讲，歌词就是它的定调媒介，决定了歌曲的意义解释。因此，在公共视频中，某歌曲被采用，常常是因为歌词采用了明喻或隐喻等修辞手法呼应视频主题。

例如视频《拍客探访湖北麻城3000学生自带课桌上学》，其拍摄目的是让更多人了解当地教学条件落后，以此号召社会力量来改变现状。而此视频所采用的背景音乐为歌曲《梦想的翅膀》，歌词中含有"一路上有你陪伴，给我力量。我张开我的翅膀，乘风飞向更远的地方"等句子，正呼应了视频主题。

其次，让音乐作为"有意味的形式"，与视频画面有序组合、互渗互补、融为一体。音乐不再是附属品，而是积极参与到文本意义的建构中。如视频《实拍贵州山区学生乘滑索过百米深渊上学》中，为了凸显学生乘坐滑索过百米深渊的危险，拍摄者多次采用全景来展示深渊的恐怖和在滑行中的不安全感，同时采用大量特写镜头对准学生们在滑索上的惊恐表情。在全景和特写的切换间，视频制作者还通过调高音调来增强观众的惊恐感。

再次，音乐与解说词、音响各司其职。在需要解说的时候，背景音乐的音量不可太大；在需要表现特定的音效时，也要防止音乐对其形成干扰；而需要舒缓气氛或放松节奏时，解说词或音响的出现又可能显得多余。因此，处理好三者之间的关系，强调三者的协调和配合，才能充分发挥各自的积极作用。

（二）公共视频的影像符号组合策略

所谓"定调媒介"，就是指在多媒介文本中，通常会有一个媒介起到决定文本意义的作用。在电子传媒时代，多媒介配合已成常态。例如视频文本，就由文字、影像、音乐、声音、语言等多种媒介构成。而针对这种多媒介符号文本，信息接收者不得不对整个媒介传送的意义分别进行解释，然后综合起来思考。而定调媒介的选取，取决于此媒介传达文本的清晰程度，用麦克卢汉的术语来说就是取决于媒介的"热度"。在公共视频的多媒介竞争中，"定调媒介"一般是镜头画面，因为画面连绵不绝，而语言、音乐、声响等时常中断。因此对于镜头画面组合策略的研究，将有益于受众了解公共视频意义是如何被建构、被传达的。笔者将着重研究公共视频是如何通过一个个镜头的组合，将看似复杂多样的符号以一定的叙述顺序让观众明确地了解叙事内容并将视频制作者的意图传达给受众的。

笔者通过观察发现，公共视频在进行影像符号组合方面，主要有以下几种策略。

1. "受访者镜头+空镜头"：形成表意"势能"，扩大表意空间

所谓空镜头，就是只有景物或场面描写，不出现人物（主要指与事件相关

的人物）的镜头。空镜头的使用，恰好说明了"欲说还休"的妙处。零和空无都可以是极具意义的符号。《道德经》说"大音希声"，"大音"作为音乐体现为寂静，本质上是人对世界音乐性的聆听。但是静默本身不是"大音"，空符号要表意，必须有一个背景。空符号是"应该有物时的无物"。因此，空镜头犹如空符号，是在内容对比之下的"空"，是因为情节的需要才"空"。在公共视频中，空镜头往往与受访者镜头搭配使用，成为制作者常用的拓宽事件背景、加深意境的手法。

"受访者镜头＋空镜头"这种影像组合方式在向观众叙述故事的过程中，之所以会使人有言简意赅、言有尽而意无穷之感，是因为制作者巧妙地使用了"提喻"这种符号修辞方式。提喻是不直接说某一事物的名称，而是借事物本身所呈现的各种对应现象来表现该事物的一种修辞手段。在一些视频中，视频发布者用残疾人、受伤的洗碗工来比喻北漂一族，通过拖把、穿旧的拖鞋、简易板床等物的特写来描述北漂一族简陋的地下居住环境。制作者仅仅使用了"鼠族世界"的符号，就使人真实感受到了"鼠族"的世界，而那些无法显示出的图景需要观众用经验去构筑，由此，观众的情感也在这种空间下被全部调动。

而空镜头后面紧接受访者镜头，会让视频接受者在人物类型的符号化过程中瞬间将视线聚焦于具体人物身上，从而更能够理解当事人此时此刻的处境，并且将人物以及人物相关的问题无限衍义，其目的就在于使此类视频的意义建构超越视频内容本身，而转向社会语境，充分激发受众的联想能力。

因此，"空镜头＋受访者"的镜头组合，在符号修辞上就转变成了"提喻＋特写"，从概念上拓宽符号修辞所创造出来的意义空间，也使受众有足够的时间体验与回味公共视频带来的情感体验。而这种表意距离一长一短的组合，使表意距离获得一种"表意势能"。这种势能所带来的表意空间变化上的落差感，会给受众带来强烈的冲击力，加深他们对视频的印象。

2."受访者镜头＋受访者镜头"："诗性"的表意方式，增强表意效果

公共视频制作者为了凸显视频的真实性，还原事件的现场感，通常会采取采访人物的方式来叙述事件。为了能在有限的时间内尽可能地增加有效信息，视频制作者通常会采用将多个内容相关的受访者镜头连在一起的剪辑手法。在此类镜头组合方式中，不同的受访者镜头接连出现，一般而言，他们讲述的是

同一个事件的不同侧面。制作者采用同义反复这种话语表达方式,使视频所要传达的真实感逐渐积蓄,观众情绪重复受到冲击,以此增强观众对事件的认知和理解。

雅各布森认为,当符号表意过程侧重于信息本身时,就会出现"诗性"(poeticalness)。这也就是说,诗性就是符号把解释者的注意力引向符号文本本身的产物,此时符号文本本身的品质成为主导。而公共视频的影像符号策略中,"采访者镜头+采访者镜头"重复的出现,就形成了一种"诗性"的镜头表意方式,"诗性的一个重要标记是重复某些要素,让这些重复之间出现有趣的形式对比"。而公共视频中这种诗性镜头组接的作用,就是要将视频受众的目光导向视频文本本身,让受众关注公共视频所报道的事件本身。采访者镜头不停地转接与重复,使受众不得不关注当事人对事件的叙述。可以说,诗性的"形式特征"推动着视频接受者关注事件,这种镜头组接方式提高了公共视频符号文本的表意能力与效率,形式在此处已经变成内容本身。而视频作者想表达的意义,则巧妙地通过这种"诗性镜头组接"完整地展现在受众的面前。

3."长镜头":建构意义的"真实在场"

长镜头相对于蒙太奇,是指一种时间长、不中断、一镜到底的拍摄手法。而其中长时间的"长"是一个相对概念,并没有绝对的标准。长镜头在传统的电视新闻中使用得并不多,因为电视新闻出于丰富画面,增强节目可看性,力求还原新闻现场等目的,常常采用蒙太奇手法将一个个镜头合乎逻辑地、有节奏地进行组合。但是在公共视频的拍摄中,笔者发现,拍摄者对于长镜头有着明显的偏爱,甚至有很多公共视频就是由一个长镜头组成的。

公共视频中长镜头的频繁使用,除与拍摄者非专业出身、事件发生具有时效性有关之外,也得益于智能拍摄设备的普及。一旦事件发生,"拍客"们便可以用身边的智能手机、数码相机将事件记录下来,及时上传到网络,因此长镜头在手机"拍客"中更加普及。鉴于长镜头的广泛使用,其在公共视频中如何与叙述故事结合的研究就更加有必要。

一方面,在"一镜到底"型的视频中,例如《【手机拍客】临沂女版药家鑫二次行凶阻拦救护》,拍摄者全程采用运动长镜头拍摄方式,拍摄工具为手机或相机等轻便移动器材,全程拍摄无景别变化,均为全景镜头。为了跟踪拍摄目标,拍摄者采用了"摇""移""跟"等拍摄手法、"平拍"的拍摄高度和

"正面"的拍摄角度，使得正在发生的事件、人物情绪的变化、人物动作变化能够更有层次、更丰富地展现在观众面前。同时由于全程采用长镜头，拍摄者不会破坏事件发生、发展中时间和空间的连贯性，所以能够将事件真实的面貌（包括环境、气氛等）自然地呈现在屏幕上，这也正是公共视频纪实的魅力所在。

另一方面，穿插采用长镜头这类型的公共视频。长镜头的采用除了体现纪实性的特点，更起到了营造视频气氛和意境的作用。而这种气氛的营造，是通过巧妙安排景别实现的。例如在《武汉一工地载人升降机坠落惨烈现场 19 人死亡》，从第 5 秒到第 1 分 04 秒，共有两组长镜头讲述事发现场。为了表现工地事发后惨烈的氛围和紧张的现场情绪，这两组镜头采用了非常规的景别组接，由远景直接组接摔坏的电梯影像近景，甚至是直接组接含有大量血渍的地面或墙面的特写。视频制作者试图通过这样的组接，制造强烈的对比和视觉听觉上的震撼效果，营造非凡的感官氛围，引发观众的"通感"，让观众自觉地"以感觉写感觉"，最终达到震撼心灵的目的。

总之，长镜头在公共视频符号文本中的大量应用，确立了公共视频符号表意中的"真实在场"。尽管视频未经删减加工，但在公共视频的媒介展示过程中已然经过视频制作者的符号化加工，如拍摄视角、视频时长，等等。它使得受众在被其现场感震撼的同时，事实上也默认了视频发布者的意义建构方式。

（三）公共视频符号文本意义组合策略

本节将公共视频看作多媒介符号的聚合文本，据此，笔者分别研究了非影像符号和影像符号两个方面的整合策略，以期探究公共视频符号文本是通过何种手段来建构与传达自身意义的。为此，笔者将其分为非影像符号整合策略与影像符号整合策略两个部分来讨论。

在非影像符号的整合策略中，文字的框架作用被极大地凸显了，因此，包括标题、内容简介和字幕在内的语言文字符号三者联动、相互借力，共同为受众提供了理解视频内容的方式。特别是字幕常用于和音效符号、音响符号的互动，为视频气氛渲染和意义建构起着重要作用。

音乐作为音效符号的轴心，在大量使用明喻、隐喻符号修辞的基础上，与语言文字符号和影像符号"以意义的形式"有机组合、共同制造意义。同时在音效符号内部，音乐、解说和音响三者各司其职，强调协调与配合，在合作的基础上各自出彩。

在影像符号的整合策略方面，以影像表现方式，即以镜头为研究对象，共分为三种常见的镜头整合策略："受访者镜头＋空镜头""受访者镜头＋受访者镜头""长镜头"。在"受访者镜头＋空镜头"的组合中，制作者巧妙使用"提喻＋特写"的修辞手法，形成表意"势能"，扩大表意空间，给受众带来强烈的冲击力，加深对该视频的印象。在"受访者镜头＋受访者镜头"的组合策略中，同义镜头不断重复，最终形成一种"诗性镜头表意方式"，使得受众关注视频内容本身，大大提高表意效果与意义到达率。在"长镜头"组合策略中，建构意义的"真实在场"，凸显公共视频的纪实魅力，唤起受众的同情共感。

本书将公共视频看作由一系列符号系统共同组成的多媒介符号文本。而作为符号文本的公共视频，其传播过程也就是符号的表意过程，因此本书从公共视频符号文本内部入手，讨论公共视频的意义建构机制与策略。通过分析可以发现，公共视频明显具有"伴随文本"主导意义解读的特征。公共视频通过标题、内容简介、情绪表态按钮等伴随文本提前为视频接受者搭建起意义解释框架，使其按照视频拍摄者预设的意义与立场解读；与此同时，受众在观看完视频后，可以通过评论、按下情绪表态按钮参与到公共视频的意义建构中来，为接下来的潜在受众提供前置意义解释框架。

而公共视频符号文本的意义建构是一种渐进式、综合式的视觉表意过程。它通过多角度的镜头表达与组接，与音乐、文字等多种媒介文本结合，逐步建构其公共视频维护人民合法权益，关注公共事件的积极意义。通过上述分析，可以发现，这样的意义建构手段是极为有效的，它选取平民的视角，采用平民的镜头，毫无居高临下之感；此外，及时的声、画、文字配合，又使视频显得具有生命力，充分调动了受众的接受积极性，为意义建构手段从视觉表达转化为公众行动起到了情绪动员的作用。

第二节　视频弹幕：新日常生活中视觉表意的伴随文本执着

在互联网时代，网络视频文本呈现出愈发复杂的趋势，特别体现在其伴随文本构成上，尤其是网络视频的弹幕。弹幕功能愈发受到主流视频网站的推崇，成为当下网络视频的标配功能。弹幕是一种具有功能偏移性和复合性特征的伴随文本，对视频表意至关重要。可以说，以弹幕为代表的网络视频伴随文本，对网络视频表意产生的重要作用，甚至在某种程度上会使受众在对网络视频进行理解和解释时产生一种"伴随文本执着"。因此，本书需要对新日常生活中网络视频展示出的新兴表意特征进行深入探究。

任何一个符号文本，都携带了大量的社会约定和联系。这些约定和联系往往并不显现于文本之中，而只是被文本"顺便"携带。在解释者的解释过程之中，不仅文本本身有意义，文本所携带的大量附加因素也有其独特意义，甚至有可能比文本本身有更多意义。可以说，所有的符号文本，都是文本与伴随文本的结合体。这种结合使得文本不仅是符号的组合方式，而且是一个浸透了社会文化因素的复杂构造。而伴随文本对文本的重要作用在于：伴随文本对文本的解释方式起到了决定性的作用。尽管这些伴随文本可能围绕在文本主体边缘，也可能隐藏于文本之后、文本之外抑或文本产生之前，但每一个伴随文本都在积极地参与文本意义的构成，严重地影响了文本的意义解释。

网络视频作为一个网络中的受众进行意义实践活动的载体，同时也是一个结构复杂的符号文本。随着互联网技术日新月异地发展，网络视频的文本构造更趋复杂多样，特别表现在其伴随文本愈加复杂的文本结构上。从web1.0，到web2.0再到web3.0，一代又一代互联网技术发展的过程中，伴随技术革新的是人们对互联网世界的认知变革。互联网受众从单纯的观众，到参与者，再到知识共建者、知识创造者，这种角色更迭呈现出的是一种意义只有在交流互动中才会产生的互联网时代价值取向。网络视频这样重要的网络产品形态，它作为符号文本，构造演进也顺应了这样的潮流，愈加凸显互动性、交际性和开放性。因此，在网络视频的符号文本构造上，也不断涌现出新的伴随文本来承担这样的互动性符号功能。

一、网络视频的"伴随文本"构成

根据伴随文本与原文本之间的关系，可以将伴随文本分为显性伴随文本、生成性伴随文本和解释性伴随文本三类[1]，而这三类伴随文本又可以进一步细化。本书将对网络视频文本的伴随文本进行分类和逐一分析。由于本书重点在

---

[1] 赵毅衡，《符号学：原理与推演》，南京：南京大学出版社，2012年，第139~148页。

于分析弹幕文本作为伴随文本对网络视频传播的影响和作用,因此,本书将主要从国内知名的"哔哩哔哩弹幕视频网站"(以下简称 B 站)① 中,选取 2016 年 5 月 23 日至 2016 年 5 月 29 日一周时间内,各个栏目周点击率排行榜前十名的视频作为样本视频。

伴随文本分为几种类型。首先由于伴随文本因素并不一定都是"潜在的""隐藏的",所以伴随文本的第一大类副文本,就完全"显露"在文本表层上,甚至比文本更加醒目。这就是显性伴随文本,它主要包括副文本与型文本。

副文本(para-text)可以理解为文本的"框架因素"。在网络视频中,最典型的副文本包括视频的标题、简介、视频上传者及其粉丝数量、视频播放数量、分享次数。这些副文本一般围绕网络视频文本周边呈现出来,在人们对网络视频产生认知的第一步,副文本的作用是为原文本提供理解框架,因此,副文本对网络视频的接受和解释起到了重要的作用。例如,B 站中视频发送者显然是有意识地采用了一定符码规则对视频标题进行了编码处理,其目的在于希望观看者能第一时间从标题中了解该视频的亮点和主旨。

常见的编码规则是:在标题的最前面用括号将最能概括视频亮点的、简短精练的词语凸显出来,形成一种清晰明确的指称关系,将观看者的注意力第一时间指向视频文本。如《【高能慎入】表情修炼手册——我们是真当 TFBOYS 不上 B 站的……》②《【画风一变就拔刀!】综漫误解伪预告〈异能讨伐〉》③ 等视频利用青少年熟知的网络词汇提示其该视频内容值得一看,瞬间激发他们的好奇心。此外,在标题的编码过程中,视频发送者会有意采用当下青少年中最热、使用率较高的网络词汇,如"女神""燃""污"等来为标题的意义势能增量,增加副文本的可读性。

型文本(archi-text)这类伴随文本的作用在于它指明了文本所从属的集群,即文化背景规定的文本归类方式,例如与其他文本同属一个作者、一个时代、一个题材、一个风格等。地位最显著,规模也最大的型文本范畴是体裁。

---

① 哔哩哔哩弹幕视频网站,http://www.bilibili.com.
② 月夜独赏雪,《【高能慎入】表情修炼手册——我们是真当 TFBOYS 不上 B 站的……》,2016-05-23,http://www.bilibili.com/video/av4741441/.
③ 3 酱,《【画风一变就拔刀!】综漫误解伪预告〈异能讨伐〉》,2016-05-26,http://www.bilibili.com/video/av4772345/.

一旦采用了某种体裁，就决定了该文本最基本的表意和接受方式。那么，在网络视频的伴随文本中，最典型的型文本就是网站对网络视频的分类。这种分类作为一种文本归类方式，直接指明了该视频所属的型文本类型。常见的视频网站的分类如搜狐视频将视频分为电视剧、电影、动漫、综艺、娱乐、体育、纪录片、新闻、搞笑等类别。腾讯视频、网易视频、新浪视频等网站的分类方法类似。而弹幕网站的分类方式和一般视频网站存在明显差异，如B站将视频分类为：动画、"番剧"、音乐、舞蹈、游戏、科技、娱乐、"鬼畜"、时尚、影视等。

可以看出，网络视频的分类大多都是按照视频体裁进行能指分节处理。面对每一种视频体裁，解释者在已有的认知经验中已经形成了对于此类体裁的期待。如观众面对鬼畜题材的视频就会产生一种既有的期待，他们会预想自己将要面对一个音画多次重复，富有节奏感和娱乐效果的视频文本，并按照这种期待来解读这段视频。由此可见，型文本可以作为文本与文化的主要连接方式，为受众解释文本提供一种相关的文化语境。

第二类伴随文本为生成性伴随文本，它们是在文本和生成过程中各种因素留下的痕迹，主要包括前文本与同时文本。

在文本生成过程中，前文本（pre-text）是指一种文化中先前的文本对此文本产生影响的各个方面，狭义的前文本包括文本中的各种引文、典故、戏仿、剽窃等，广义的前文本包括这个文本产生之前的所有文化史。本书主要分析网络视频的狭义前文本。弹幕文化的一大特点在于对社会流行文化现象进行恶搞式、嘲讽式的意义再生产活动。因此，网络视频的前文本印记十分明显，并且规模往往还很庞大。B站中视频周边会有"相关推荐"和"往期节目"等板块为观众提供与该网络视频有关联的其他视频，其中就包括该视频文本的大量前文本。

此外，视频简介中也存在前文本式的编码风格。如视频《【凹凸君说】【吐槽rap宅舞第五弹】网红，来一炮（R&B版 START DASH）》[①]的简介中写道："网红特别多，要想当网红……难道就没有别的办法了吗？不不不，正经

---

① 凹凸君说，《【凹凸君说】【吐槽rap宅舞第五弹】网红，来一炮（R&B版 START DASH）》，2016-05-27，http://www.bilibili.com/video/av4779371/.

第六章 新日常生活：表意的重塑、突破与回归

的网红，才不是靠脸靠腿搏出位，而是！哎呀不说了，AOTO 我先去整个容，听说最近流行蛇精脸，要不要把盒子削一削……""网红"和"蛇精脸"都是网络热门词汇，视频发送者在简介中提及这两个热门词汇，正是为了给予观看者一个阐述的文化语境。

和伴随文本同时出现的文本，称为同时文本（syn-text）。网络视频发展初期，视频发送者需要提前制作视频并上传至网络。因此，网络视频文本的本体较之其他伴随文本提前结束了文本生成过程，严格说来，这种技术条件下的网络视频是没有同时文本的。

随着网络视频科技的进步，在视频文本生成的过程中，多种同时文本也随之产生。例如在视频直播环境下，视频文本生成的过程中，以弹幕为主的同时文本积极活跃地加入了视频意义建构环节。以美拍①的手机直播视频为例，在视频直播的过程中，观众可以同时以发送弹幕、点赞等方式参与到视频中，还可以看到本条视频同时在线观看人数。其他视频直播软件还提供了赠送各式各样虚拟礼物等功能。这些功能突破了以往网络视频单向传播的困境，真正为受众提供了一个互动系统，推动他们参与视频生产。美拍一条名为《双星戛纳红毯倒计时》②的直播视频，在时长近 1.5 小时的直播过程中，有同时在线观众 37.7 万名、弹幕 99989 条、点赞 3032.1 万个，由各项互动数据点赞可见受众对视频互动功能的追捧和热衷。同时文本对网络视频表意的作用也被提升到前所未有的高度，特别是以手机为代表的移动媒体的时代到来，同时文本似乎成了所有类型的伴随文本中最不可或缺的，最显著地影响着视频意义生成和解释的伴随文本。

第三类伴随文本为解释性伴随文本，主要在文本生成之后出现，只能在文本解释时起到作用，主要包括评论文本、链文本和先后文本。

评论文本（meta-text）是在文本生成之后、被接受之前出现的评价，包括有关此作品及其作者的新闻、评论、八卦、道德标签等。网络视频中的评论文本较常见的有：视频评论区的网友评论、点赞数量、点踩数量、收藏数量等，除此之外，B 站的评论文本还包括投硬币数量等。观众通过这些评论文本

---

① 美拍是一款以手机直播和发布原创视频为主的手机应用软件，深受年轻用户喜爱。
② ELLEplus，《♯李宇春♯♯井柏然♯双星戛纳红毯倒计时》，2016－05－15，http：//www.meipai.com/media/518561411。

表达自己对该视频的观点和立场。而以视频观众评论为首的评论文本对视频文本的接受环节影响非常大。可以说，综合评价愈加标出的视频，如综合评价或非常高，或非常低，或非常有趣，或非常令人惊讶的视频，才会吸引更多的观众前去观看，评论几乎就是伴随着网络视频的出现而出现的。这种网络视频间"强者越强、弱者越弱""知识沟"现象的产生，与评论文本的作用有明确的相关性。

链文本（link-text）是接受者解释某文本时，主动或被动地与某些文本"链接"从而一同被接受的其他文本，例如延伸文本、参考文本、注解说明、网络链接等。网络视频中的链文本主要有视频页面上的相关视频链接、视频分类链接、标签链接等。当观众接受视频文本时，相关的链文本会为接受者的解释提供一个更广泛的参照背景，为其达成一个全面的认知而提供认知素材。

当两个文本有特殊关系时，如原作与仿作，第一部与续集、后传等，这两个文本就互为对方的先/后文本（preceding/ensuing text）。从小说改编为电影，那么小说就是电影的先文本，电影则为小说的后文本。并不是所有的网络视频都有先/后文本存在，只能说在网络视频中，普遍存在先/后文本。这主要是因为 ACG（Animation、Comit、Game 的缩写组合，是动画、漫画、游戏的总称）亚文化的特征在于抵抗主流社会文化，因此，以网络视频为主的抵抗活动，主要表现为对社会文化进行"山寨"、恶搞、戏仿、改编等。社会主流文化现象和相关事件，即社会中的非标出文化就成了网络视频文本的先文本。例如，B 站的娱乐和综艺两大板块中，以某一部电视剧或综艺节目为先文本，粉丝将喜爱的明星在其中的所有镜头剪切后形成一个独立视频发布，例如《【我们相爱吧】160529 EP11 宇宙夫妇 cut 完整版》[①]，把热门综艺《我们相爱吧》作为先文本进行改编再现。

同时，网络视频的后文本也异常丰富。由于受到众多青少年的追捧，视频网站为国外动画的引进和国内动画的传播提供了良好的平台，很多优秀的动画经过在视频网站传播发酵，积累了广泛的受众群体和良好的口碑，进一步在各个网络社交媒体平台进行线上出版发行，以及从线上走入线下发行，进而推向

---

① 脸酱酱，《【我们相爱吧】160529 EP11 宇宙夫妇 cut 完整版》，2016-05-29，http://www.bilibili.com/video/av4808086/.

更广阔的大众市场。以动画、漫画为先导的亚文化的流行，青少年文化产业的蓬勃发展，网络视频后文本的产业化发展，都离不开线上线下的共同发酵以及产业联动。

二、作为复合型伴随文本的弹幕文本

前文从网络视频的文本结构层面对其伴随文本进行了分类讨论。其中，弹幕视频与传统网络视频最大的差异就在于它最重要的伴随文本是弹幕文本。以上论述提到了弹幕作为网络视频的同时文本，对网络视频表意发挥着重要作用。然而，弹幕文本在网络视频当下的发展形态中，其文本特征愈趋复杂。以下将以弹幕文本为研究对象，对其文本特征和符号功能进行探究。

弹幕（Barrage）一词，最早是作为军事术语来描述如幕布一般密集的子弹。后来，到了电子游戏盛行的时代，弹幕这个词被引入电子游戏界，代表一种动作射击游戏类型。而在网络时代，弹幕最早出现于ACG视频网站。现在，ACG的意义范围逐渐扩张，已从一种文化产品的集合发展成一种业已成型的亚文化形态，具有鲜明的文化特征和庞大的社群基础。因此，弹幕文本不可避免地具有其母体文化的特征。以"90后""00后"为主体的受众，利用弹幕对一个视频文本发出以语言符号和网络表情符号为主的、简短风趣的、与视频相关或完全不相关的评论文本。当然，弹幕本身的意义也在不断演变，现在弹幕已经逐渐从亚文化范畴脱离出来，逐渐被大众接受，越来越多的主流视频网站也开始提供弹幕功能，特别是大量以视频直播功能为主的手机直播软件，弹幕成为视频直播环节中不可或缺的常态功能，现在甚至出现了大电影弹幕，即观众直接通过手机短信和影院Wi-Fi功能将网络视频弹幕功能移植到影院，甚至在日常课堂教学的互动环节也出现了弹幕的身影。

弹幕受到如此热烈的追捧，除了技术飞速发展的因素，还因为在网络视频中，弹幕作为一个具有混合特征的伴随文本，比一般的、单一功能的伴随文本更能发挥丰富的符号功能，为网络视频拓展更大表意空间。

首先，作为评论文本。弹幕最初是作为一种动态评论文本，在已经制作完成并且发布的网络视频中，便于观看者一边观看视频一边发布评论极大地影响着观众对视频的解释。它与静态的评论文本的不同在于两点。第一，由于弹幕与视频之间的黏度极大以及弹幕的动态性和实时性特征，除非关闭弹幕功能，否则弹幕作为评论文本所带来的解释压力是无法避免、无法忽略的。第二，弹幕的动态性使观众与视频的互动更加深入，单位画面中的互动密度更高，从而对视频赋予的意义量陡增，视频中每一个单位画面的潜在意义都被最大限度挖掘，观众从视频中也收获了更多意义及观看的乐趣。这也就是为什么弹幕文本往往取代视频主体成为受众关注的焦点，甚至出现受众为了看视频中的某条弹幕才去看那条视频的现象。

其中，最有代表性的评论式弹幕文本，同时也是最能体现弹幕"喧宾夺主"特征的就是"空耳"①式弹幕。这类弹幕通过"空耳君"②对视频原文本的"翻译"加工，生成了与原文本几乎完全无关的解释意义和弹幕文本。如"no more chance, no more chance"被译作"王宝强、王宝强"，译文意义与原文本意义完全无关，但由于王宝强作为一个娱乐明星，常被贴上搞笑、乡土气的标签，因此，这个译文作为原文本的解释项，在通过另一个新的符号进行表意时，又具备另一重意义。空耳式的弹幕，通过音译的翻译方式，为视频原文本创造了一条衍义的途径。"空耳"式弹幕之所以受到亚文化群体的喜爱，也正是因为它所具有的开放的、衍义的表意方式。

其次，作为同时文本。严格说来，一旦视频文本是在制作完成后发布，供观众观看，那么这种视频中的弹幕就不能算作同时文本。但是，弹幕视频具有保存弹幕文本的功能，对于未能第一时间欣赏视频的观众来说，弹幕视频中的弹幕文本与视频文本是同时到达他们的视线之中的，这时观众需要同时面对这两种文本综合展开意义的接受和解释活动。能够在第一时间发送弹幕的观众毕竟是少数，其余的观众才是视频受众的绝对主流。可以说弹幕视频的文本意义生产并不是在视频文本制作完成时就结束，而是从绝大多数观众的观看、接受和解释活动中开始的。因此，弹幕文本可以被视为网络视频的同时文本。

作为同时文本的弹幕，其作用在于干预网络视频的叙述过程，为网络视频增加情节，增强叙述性。例如在弹幕中最常见的"前方高能""女主下一分钟

---

① 空耳，源于日文，在日语中是幻听的意思，即对视频原声中的某一句话，用与其发音相近且有趣的汉字重新组合成与原视频发音相似，但与原句无关的另一句话，以达到娱乐和恶搞的效果，是一种深受青少年群体欢迎的弹幕形式。空耳可以被理解为对视频原声的一种"翻译"方式。例如：go to school，通过空耳这种"翻译"方式，可以被理解为"狗头撕裤"。

② 空耳君，主要指发送"空耳"式弹幕文本的观众，多为ACG群体成员。

就会死""神回复""神吐槽"等指称型弹幕。这类弹幕所传递的意义都是直接指向其对象，确保受众可以将符号意义直接指向符号所代表的对象。显然，这类弹幕所指向的对象，正是视频文本或者视频文本中的某一成分，如某一段视频、某一条弹幕、某一个情节或是其中的某一个人物等。在对象还没有出现前，指称型弹幕提前出场，指向未来，使观众的注意力和好奇心被瞬间调动，对接下来的故事情节产生期待。例如，出现"前方高能"的弹幕时，一般下一秒的剧情会产生反转，达到剧情高潮或者接下来的画面将十分具有冲击力。显然，弹幕作为同时文本，有意图地对视频文本的意义进行了再建构，不仅增强了视频的叙述性，也为受众参与视频意义再建构提供了有效途径，增强了互动性。

当下最热门的弹幕视频形式之一——直播视频中的弹幕，作为同时文本所发挥的互动功能和对视频意义的建构功能又与一般弹幕视频有所区别。囿于有限的界面空间，在直播视频中弹幕文本作为最主要的同时文本，连同点赞和赠送虚拟礼物，共同成为直播视频中意义互动的载体。此时，弹幕不仅为受众提供了参与视频意义二次生产的途径，而且有机会直接参与视频文本意义的生产建构过程，干预弹幕文本甚至主导视频文本叙述，诸如视频发送者根据弹幕中观众的意见调整视频故事情节。

三、弹幕视频中的弹幕文本分类及其符号功能

弹幕作为网络视频中的一个新型功能，受到青少年群体的热烈追捧。脱胎于ACG亚文化的弹幕，带有强烈的青少年亚文化特征。本书从雅各布森符号学理论出发，从符号文本构成角度对弹幕文本进行了分类研究。不同类型的弹幕文本由于侧重的符号功能各异，从而在符号文本中呈现出不同的文本特征和风格各异的意义传播形态。

弹幕作为网络视频为受众提供的一种重要交流手段，开创了一个全新的在线虚拟互动场域，个体在这个意义场域中进行意义的表达、解释和交流活动。那么弹幕在意义场域中的具体作用是什么？不同的弹幕又是如何进行表意的？这是本书的讨论重点。本书将聚焦弹幕文本，重在从本体论的角度出发，对弹幕文本进行详细论述。

1958年，雅各布森在印第安纳大学一个重要的符号学会议上首次提出著

名的符指过程六因素分析法。他指出，一个符号文本同时包含发送者、对象、文本、媒介、符码和接受者六个因素。同时，符号文本并不是中性的、平衡的，当文本让其中一个因素成为主导时，就会导向某种特殊意义解释。当符号文本导向这六个因素中的某一因素，该文本将会呈现不同的文本特征，并促使该文本发挥相应的符号功能。

弹幕文化发展至今，已经呈现出比较稳定的符号形态。一个拥有弹幕功能的网络视频，是作为一个完整的表意系统存在的。具体而言，弹幕文本和视频评论、标题、作者等诸多文本共同作为网络视频的一种伴随文本，为网络视频表意助力。作为符号文本，就目前来看，弹幕的符号载体主要是以语言符号及常见表情符号如 emoji 表情等为主。同时，弹幕的发送行为和观看行为，共同构成了弹幕文本的完整表意过程。

在网络视频中，弹幕的存在主要是为了增进受众之间的交流。比起视频评论功能，弹幕成功的原因在于：它的出现实现了受众即时互动的可能。并且就弹幕技术目前的发展来看，它正逐渐将网络视频由单向传播改造成双向互动传播，一个交互系统的雏形业已出现。弹幕不仅仅实现了受众的即时阐释，传者与受者之间的即时交流也不再是幻想。网络直播中的弹幕成功地使传受双方在互动的基础上，共同完成符号文本的意义建构。

不同观看者在发送弹幕文本时的意图是不一样的，一个视频中的弹幕少则几条，多则整个画面全部被弹幕覆盖，显得吵吵嚷嚷、十分热闹。成百上千条的弹幕存在着非常大的差异。一些弹幕纯粹为了吐槽剧情或者发泄观看时的不满情绪，另一些弹幕又会指向重要剧情，甚至有一些弹幕根本与此视频内容无关。因此，作为如此重要的交流符号文本，不同类型的弹幕明显发挥了不同的符号功能。雅各布森的符号六因素理论恰好提供了一个剖析弹幕文本的有效理论工具，便于我们对纷繁复杂的弹幕分门别类地梳理和讨论。

（一）情绪型弹幕

可以说，情绪型弹幕是弹幕文本中最显著的一大类型。当表意过程侧重于发送者时，符号文本会出现强烈的情绪性（emotive）。例如感叹语或者以"表现性姿态展示其愤怒或讥讽态度"。雅各布森指出，表现功能不一定靠文本中的感叹，实际上，在文本的各个层次上，语言、语法、词汇都会表现出情绪功能。赵毅衡认为伴随文本也会推进某种解释。

第六章 新日常生活：表意的重塑、突破与回归

弹幕最初在 ACG 视频网站出现时，主要就是用于"吐槽"，"吐槽"类弹幕也成了情绪型弹幕的代表。"吐槽"类弹幕大多是发送者对于网络视频内容发出的一句简短的，具有调侃或讥讽等感情色彩的句子，并且大多数"吐槽"并不期待回应，只是为了自身表意，发送者带有强烈的情绪性。常见的情绪型弹幕有表达高兴、兴奋的"2333333""红红火火恍恍惚惚""笑死了哈哈哈哈"等常见网络用语。由于目前弹幕技术的限制，除了最常使用语言符号外，弹幕发送者还经常使用一些基础性的表情符号来表达喜悦激动之情，如"O（∩_∩）O哈哈""（﹡^_ _^﹡）嘻嘻……"等。

（二）意动型弹幕

当表意侧重于接受者时，符号就出现了较强的意动性（conative），即促使接受者做出某种反应。意动型符号文本最极端的例子是命令、呼唤句和祈使句。意动型文本最显著的特征在于：发送者有强烈影响接受者行动的意图。而在网络视频的语境中，作为对发送者的回应，接受者可能采取发送弹幕的方式。比如，"都这么晚了还有人和我一样没睡，来聊个5毛钱的天吧""××个在线的宝宝大家好"这样的弹幕。这类弹幕的一个重要作用就是作为视频观众的即时聊天工具，发送者和接受者以此为平台进行剧情讨论、日常对话、时事讨论等。

（三）交际型弹幕

当符号表意侧重于媒介时，符号就会表现出较强的交际性（phatic）。这种话语存在的目的似乎纯粹是保持交流畅通或者说保持接触。例如打电话时，人们有时候会说："喂喂，你听得见吗？"此时说的内容本身是无关紧要的，交际型弹幕文本的作用在于占领渠道。ACG亚文化的一大特征就是要对主流文化保持对抗态度，体现在一个视频的弹幕中，即出现大量内容偏离甚至完全与视频主题不相关的弹幕信息。例如，观众在一个视频的弹幕中大量讨论某偶像的最新动向，"吐槽"某热门动漫等。另外，弹幕文化中还有一种常见的"签到"仪式，如"××月××日空降成功""一下课就奔过来""广东人民发来贺电"等。这类弹幕的文本内容与视频显然无关，也不会影响观看者对视频内容的解读。这种弹幕的作用仅仅在于占领一种交流渠道，换言之，寻找一种在弹幕中的存在感。

（四）指称型弹幕

指称也是弹幕文化中具有代表性的特征之一。当符号表意侧重于对象时，符号出现了较强的"指称性"（referential）。此时，符号明显以传达某种明确意义为目标。符号的对象就是意义所在，意义明确地指向外延。可以说，指称型弹幕的意指含义是非常明确的，直接指向其语境、情境本身。指称型弹幕文本的符号语境则将制约和引导该文本解释。离开其符号语境，接受者对该弹幕文本可能产生偏离发送者发送意图的解释，产生较大或者完全颠覆的认知偏差。

在多样化的弹幕文本中，指称型弹幕可以说是最贴合视频内容和主旨的类型，其所传递的意义都是为了直接指向其对象，确保符号意义与符号所代表的对象保持高度的直接指向性和黏合性。如果脱离视频这一解释弹幕的语境，那么解释者的解释将可能面临完全失效的风险。因此，指称型弹幕的意义直接指向弹幕所在的视频，为其意义范畴框定了明确的外延。

（五）元语言型弹幕

当符号侧重于符码时，符号就会出现强烈的"元语言倾向"（metalingual），即符号信息为应当如何解释自身提供线索。文本自携的元语言通常来自文本的体裁、风格、副文本等元素，通过一系列的指示符号来提醒解释者进行解释，如"你接下来好好听着"。不过元语言也不一定是外在的，符号文本往往点明了关于自己的解释方法。在多元化的弹幕文本中，典型的元语言型弹幕就是"空耳"式弹幕，如"absolute soul"译作"你不撒盐我也不撒"；"no more chance，no more chance"译作"王宝强、王宝强"等。"空耳"文本自带的文本编码和解码规则导致解释者进行解释时，会自觉遵守"空耳"的符码规则。如果受众不掌握这种元语言体系和这套符码规则，元语言型弹幕将会难以解释，甚至完全无法解释。

（六）诗性弹幕

当符号侧重于信息本身时，就出现了强烈的诗性。诗性，即把解释者的注意力引向符号文本本身，文本本身的品质将主导解释。弹幕之所以被称为"弹"（dàn）幕，正是取其像发射出的子弹幕布的比喻意义。其中有一种弹幕形式特殊，极易引起受众注意。这类弹幕以大量受众用相同内容跟帖，从而最大面积覆盖视频页面的视觉效果为目的；或者是弹幕文本整体以某种形式呈现在页面上，如整条弹幕看起来类似一个 emoji 表情，或者一个英文字母等。当受众在对这类弹幕文本进行解释时，其注意力几乎在第一时间就完全被文本形式吸引，解释方向也会被文本本身的特质主导。这种弹幕文本就被认为是具有诗性的。诗性弹幕承担起了弹幕文化中最主要的娱乐功能，其视觉呈现也是极尽娱乐、恶搞之能事。

弹幕文化由于脱胎自以恶搞和"吐槽"见长的青少年亚文化形态之中，很容易使人们忽视其文化背后的深层理据性。弹幕正是一种新兴文化形态下的社会意义实践场域和意义传播活动，青少年在这个场域之中既进行着自我表达和自我身份的探求和建构，又进行着人际的互动和群体身份的认同以及自我情绪的宣泄和社会认知的塑造。可以看出，弹幕文化与青少年的认知、发展呈现出一定的相关性和共塑性。那么，要想对弹幕文化这个意义系统进行剖析，研究弹幕文化的深层意义建构机制，第一步就必须对弹幕文本的符号结构有一个清晰的把握。本书正是从文本层面对目前网络中存在的弹幕文本进行六种分类，不同类型的弹幕文本承担着不同的符号功能，因此呈现出不同的符号特性。在弹幕传播活动中，不同类型的弹幕又分别呈现出不同的传播特征和传播风格，也正因如此，弹幕才如此丰富多彩，也令观者时时兴致盎然。

四、网络视频中的弹幕"伴随文本执着"现象

赵毅衡认为："某些伴随文本甚至已经融入文本，解释时不可再把两者分开。"[①] 弹幕作为网络视频全文本的重要伴随文本之一，已经与网络视频文本结构融为一体，并非是漂浮在视频文本周边可有可无的零散符号。而当弹幕视频面临观众的接受和解释时，必然会被当作一个完整的全文本。

随着弹幕功能的大众化，弹幕对于网络视频表意也越来越重要，受众对弹幕也逐渐形成一种习惯和依赖。然而当接受者的解释过于依靠伴随文本时，会导致伴随文本替代文本本身来主导文本解释方向，出现"伴随文本执着"现象。在一次解释活动中，并非所有的伴随文本都会参与，由于感知具有片面性，因此，进入解释的伴随文本所具备的符号功能会对文本意义的解释产生极

---

① 赵毅衡，《广义叙述学》，成都：四川大学出版社，2013年，第165页。

大影响。在弹幕视频中，特别是直播视频中，诸种其他类型的伴随文本都会被悬置，几乎只有以弹幕为主的极个别伴随文本才能被卷入解释过程。而弹幕文本区别于其他伴随文本所具有的复合型表意功能，导致弹幕在网络视频中强势地、"喧宾夺主"地控制着接受者的解释方向，甚至在某种程度上直接接管接受者的解释努力。

狂欢式弹幕属于诗性弹幕的一种，在短时间内，视频页面中会出现大量内容相同或相似的弹幕文本，组成某种特定形状，甚至遮盖整个页面，极具视觉冲击力和情绪感染力，会使观众瞬间产生狂欢一般的视觉快感。当观众对该视频进行解释时，其解释往往脱离视频文本意义，甚至与弹幕文本意义无关，而是完全由弹幕文本的文本形式品质所主导。当符号侧重于信息本身时，就会出现强烈的诗性。这类具有诗性特征的弹幕将完全喧宾夺主，过分地甚至完整地控制视频文本的表意。

网络视频以弹幕为首的伴随文本执着现象愈发成为一种趋势和常态。究其原因，首先是网络视频向社交媒体转型的结果。各种具有社交性质的新功能的加入，将流媒体与社交工具结合在一起，为网络视频增加了社交元素，推动网络视频更加开放、互动。尤其是移动互联网时代的到来，当受众在移动端观看视频时，如何能够在有限、局促的屏幕空间内将其中蕴藏的表意潜力最大限度挖掘，成为当下网络视频发送者应该思考的问题。除了对视频文本意义进行纵向深挖之外，横向拓展伴随文本意义成为解决这一问题的关键。因此，伴随文本成了未来互动功能开发的主攻对象，特别是在可预见的移动互联网发展趋势下，受众的伴随文本执着现象只会愈演愈烈。

其次，伴随文本执着也是青少年亚文化的特征之一。以 ACG 亚文化为代表。ACG 爱好者非常热衷于伴随文本，因此，伴随文本时常跳出原先的全文本范畴，发展出以该伴随文本为主体的次生文化系统。在这一类青少年亚文化中，伴随文本显示出较强的文本独立性和低伴随性。当伴随文本逐渐形成自己的文化系统时，甚至会出现完全摆脱原文本意义范畴的情况。

以漫画为例，漫画的后文本数量庞大，漫画改编成为当前漫画产业发展壮大的必由之路。漫画改编动画、电影、小说所囊括的受众群体会比漫画受众庞大得多，更加受到社会和市场的追捧。此外，漫画人物手办①的收藏文化，也是基于青少年对ACG中角色的狂热而发展成型的，是一种自成一体的后文本文化形态。动画的海报、音乐等一系列副文本随着动画的走红，被粉丝广泛传播，甚至时常出现动画海报、音乐成为经典，广为流传，而动画本身却寂寂无闻的情况。这种伴随文本执着现象在青少年亚文化群体中很常见，也可视为青少年亚文化群体对主流文化惯性抵抗的变形。可以说，即使在亚文化文本中，伴随文本对文本主体的抵抗也是青少年这种惯性抵抗精神的再现。

第三节 社交通信：新日常生活的自我、身份与社群

随着互联网的发展以及移动网络技术的推陈出新，网络社交时代来临并打破了传统社交模式中的时间和空间限制，改变了传统的社交模式，也将人们日常生活中的互动延续到了新日常生活之中。即时通信、社交软件、搜索引擎、网络新闻等都是最常见的几类互联网应用类型，当前，国内的互联网应用用户规模保持稳步增长，使用率均在80%以上。② 新的传播媒介为人们塑造了全新的社会生活形态，潜移默化且深刻地改变了人们的日常生活，推动着人们在新日常生活语境中的交际、交往呈现出新的变化和特征。

互联网为人们的身份选择开放了无尽的可能性，人们身份过于复杂多变，可能导致自我面临难以确立身份的危机状态。而微信缩小了人性中向上或向下变异的趋势，使得当代社会人的身份意识得到一定程度的稳定和掌控，从而成为人们缓解网络时代身份危机的一种有效方式。

微信是腾讯公司于2011年推出的一款定位于即时通信和社交工具的移动互联网应用。问世至今，微信既是用户增速最快的手机应用，又是当下最炙手可热的手机应用。截至2018年第一季度，微信与WeChat③的月总活跃用户数

---

① 手办，又称人形，是指一种收藏性人物模型，主要以ACG角色为原型制作，是动漫周边产品。由于ACG爱好者越来越多以及手办的质量和艺术水准越来越高，手办收藏也逐渐成为一种文化现象。
② 参见中国互联网信息中心，《第44次中国互联网络发展状况统计报告》，2019-08，http://www.cnnic.net.cn/hlwfzyj/hlwxzbg/hlwtjbg/201908/P020190830356787490958.pdf.
③ WeChat是海外版微信的称呼，主要针对海外使用者。

量达10.4亿，相比2017年同期增长10.9%。① 根据微信官方数据，8年时间，微信已累计了8亿用户，公众号月活跃数量超过350万。在2018年内，微信的网民整体覆盖率达到86.9%②，超过微博和QQ空间等热门应用的覆盖率。微信现已成为迄今增速最快的手机应用，创造了国内外互联网领域的全新发展记录。本节将以此为出发点，试图从符号自我理论的角度解释微信如何作用于当代社会人自我意识的改变，从而使使用者产生如此强烈的使用偏好，成功在社交媒体竞争激烈的互联网时代脱颖而出。

一、网络时代的身份危机

身份，是与对方、符号文本相关的一种人际角色或社会角色，任何符号表意，都有相应的身份问题。③ 身份是自我进行表意活动时所选择的一种面具，我们通过佩戴的面具来诠释自己以及在社会中的角色，并以此向观众展示我们是谁。在同一个场合中，由于表意的各种解释需要，个体的身份多样且处于变化之中。赵毅衡认为一个人在舞台上就至少有六种身份："我"认为"我"是的那个人（"自我"），"我"希望人家以为"我"是的那个人（"面具"），导演以为"我"是的那个人（"演员"），导演要用来展示符号文本的那个人（"角色"），观众明明知道"我"是某个人（"我"的名字代表的人），但是被"我"的表演打动相信"我"是的人（进入角色的人格）。④ 在互联网中，于同一个虚拟交流场合，也存在以下六种身份：线下"我"的"自我"身份、线下"我"的"面具"身份、线上"我"的"演员"身份、线上"我"的"角色"身份、"我"真实的名字代表的人的身份、"我"进入角色的人格身份。诸如在海外的"脸书"、国内的"人人网"等实名注册的网站，为人们进行"本色"演出提供了较大的可能性，因此他人不仅可以通过"面具"来认识线下"我"希望拥有的身份，也可以通过"角色"来了解"我"在线上演出后的身份。而

---

① 腾讯网，《腾讯公布2018年第一季度业绩》，2018-05-18，https：//www.tencent.com/zh-cn/articles/8003491526469767.pdf.
② 中国互联网信息中心，《中国互联网络发展状况统计报告》，2018-07，http：//www.cnnic.net.cn/hlwfzyj/hlwxzbg/hlwtjbg/201808/P020180820630889299840.pdf.
③ 马文美，《在现实与虚构之间——历史、身份、自我——以符号学为工具考察薛忆沩三篇历史题材小说》，《符号与传媒》，2013年第1期，第81~89页。
④ 赵毅衡，《符号学：原理与推演》，南京：南京大学出版社，2011年，第343页。

在天涯社区、豆瓣小组等网站中，基于匿名性的特点，人们会希望能够获得与"自我"不同的另一层虚拟身份，那么其"演员"身份或其"角色所体现出的人格身份"则会更多地被他人关注。所以，在具体的表意过程中，在特定的解释语境下，一个或几个身份会成为主导身份。

在整个现代社会语境下，人能选择的符号身份极为丰富，包括性别身份、社群身份、民族身份、心理身份等；在互联网时代，每一个网络居民在进行表意活动时所能够使用的网络身份更是变动不居。符号表意行为发生在两个充分的自我之间，双方只有在相互承认对方的基础上，才能进行表意与解释活动。因而承认对方的"他者"自我，才是自我的确立条件。"他者"的身份多种多样，所以我们在面对每一个"他者"时所需要采取的身份也是多种多样的。在网络世界里，匿名性和弱连接式人际网络极大地拓宽了人们的交际圈层。我们所面对的"他者"较之现实世界而言数量庞大，"他者"身份更是纷繁复杂、变幻莫测。因此，面对不同的"他者"，每个人选择的网络身份要比原本现实世界中的身份呈现出更加复杂多变的特征。可以说，互联网为人们的身份选择开启了无限可能性。

赵毅衡认为确定自我是通过身份进行的。在具体表意中，自我只能以表意身份或解释身份出现，因此，在符号活动中，自我暂时由身份代替。[①]在网络时代，人们能够选择的身份过多过滥、变动剧烈，这使自我的确认始终处于一个复杂多变、难以确立的状态。身份在此时非但不能对自我确立承担责任，反而将自我抛向了混乱无序之中，在造成身份危机的基础上最终引发自我的确认危机。解释意义的不在场是符号过程的先决条件，互联网时代身份符号的泛滥，恰好说明了人们对自我稳定性的不懈追求以及在这种求而不得后产生的普遍自我焦虑的泛滥。网络赋予人们的身份选择项过多，不断变换和更新的身份导致自我不断被重塑。稳定感的缺失把人们推向普遍的焦虑之中，如"屌丝"一词一经出现就受到热捧，众多网友以自称"屌丝"为乐，一时靡然成风，背后反映出的正是稳定的身份这个解释意义的不在场。网络上人们由于自我定位的茫然而产生了一种社会普遍自我焦虑，自我处于无序而漂浮的状态。基于此，以下将讨论微信是如何作用于自我意识的改变，从而成为缓解网络时代自

---

① 赵毅衡，《符号学：原理与推演》，南京：南京大学出版社，2011年，第340页。

我危机的有效方式。

二、微信中的身份与符号自我

微信中的表意活动是通过一条朋友圈消息、一个点赞或一句评价、一段文字或语音对话等符号文本构成的一个完整的符号表意体系。每一个符号文本都具有其文本身份，否则无法表意。文本身份与发出者身份有关却不等同于发出者身份，而是文本与伴随文本背后的"文化身份"、社会地位或体裁范畴。而在任何文本中，各种文本身份都能够集合而成一个"拟主体"，只要表意文本卷入身份问题，文本身份就需要构筑一个作为价值集合的"隐含发出者拟主体"，即隐含作者[1]。在微信中，人们在选择转发一条消息时，正是出于作为文本的隐含读者对该文本的隐含作者的认同。

比如，在朋友圈中，我们经常会看到类似这样的消息：

> 解禁照片？对日本态度原本中立的我看了很震惊，是中国人你就转！中华民族不可辱，强我中华、壮我中华。文以载道、富于精武。……国家再怎么发展，也别忘国耻……请大家看完后转发到朋友圈。这个没有任何奖励，纯粹是一种良知，请大家接力下去。让我们所有中国人，都铭记这个耻辱、国恨。

以上这种意动性（conative）[2] 文本是微信文本的主要类型之一。所谓意动性，即当符号表意侧重接受者时，符号出现了较强的意动性，促使接受者做出某种反应。宽泛地说，意动性是微信文本的本质特征。由于同时兼具社交媒体功能和即时通信工具功能，所以微信最基本的功能便是互动。在打开微信，发出任何一条微信文本（一段对话，一条朋友圈图文信息，或转发一个公共账号的信息）时，均是在强烈地暗示接受者展开具体的行动。比如以上这条消息由名为"品味人生"的公众号发出，在微信中已被点击超过100000次，点赞8000余次。这种意动式的信息在微信中很常见。在这个文本中，文本意图传达得非常清晰，即通过文字和图片唤起人们对日本同仇敌忾的爱国情怀。发出

---

[1] 赵毅衡，《符号学：原理与推演》，南京：南京大学出版社，2011年，第363页。
[2] 罗曼·雅各布森，《语言学与诗学》，见赵毅衡编，《符号学文学论文集》，天津：百花文艺出版社，2014年，第169~184页。

者的"意图定点"定位准确,瞄准了特定的群体:群体成员均颇具民族情怀,情绪易被文字感染,对国家归属感强烈。因此这个微信的文本身份就具有一种倾向性的政治身份。这个文本的真实作者已无从查证,因此,文本的隐含读者在阅读文本后决定转发,正是隐含读者对这条文本的文本身份表示认同,同时也是对文本的隐含作者的认同。而真正造就此类微信文本被大量转发以致形成一种现象的原因在于:因中日历史问题而抵制、仇恨日本的人在现实中数量庞大,因此这个符号文本定位的解释群体在微信中也大量存在,认同此微信文本政治身份的隐含读者数量也就不可计数,大量的转发、阅读也就由此而来。类似的微信消息如:

> 今天是地藏王菩萨圣诞,看到8秒就转发,家里有前四位的请转,特等:属虎的、属猴的,第一名:属狗的,第二名:属羊的,第三名:属猪的,第四名:属鼠的、属牛的。保佑全家平安!健康!顺利!心诚则灵!

> 出事了!出事了!常州和周围的城市都出事了!大家一定要互相转告,有几个人拿着香皂,到人家里去推销,等你一闻,一两分钟的时间,你就晕过去了,他就把值钱的东西拿走了。一定要转发并告诉家里亲人和身边的人。爱心传递加油!

以上这两条意动性文本,其内容分别代表了两类较为常见的微信内容类型,分别为呼吁转发为家人送祝福,或传播耸人听闻的谣言。这两类文本瞄准的解释群体均非常明确,或为心理距离接近的亲人朋友,或为地理距离接近的同乡,因此这两个文本的文本身份也被贴上"亲友"或"所属地域"的标签。与此类似的文本可以轻易唤起微信中大多数人的身份认同感,凭借这样的身份通行证,此类信息在微信中得以大肆传播。

可以说,微信中传播的内容及其造成的风靡现象均可归因于文本身份问题。人们通过这些微信文本塑造自己,同时也使微信上的朋友通过这些文本身份窥见自己。因此,在微信中,正是一个个符号文本身份最终合成了微信中的"符号自我"。文本身份之于自我的意义在于:文本身份可以影响自我的符号结构和位移。① 文本身份是微信中的符号自我形成的基础,文本身份存在时间向度位移和纵向位移两种位移趋势。从文本身份的时间向度位移来看,诺伯特·威利(Nobert Wiley)在《符号自我》一书中认为符号自我是自我意识到的一种"主我—你—客我"的系统,在时间上,分为当下、过去、未来三个阶段,于符号学而言就是"符号—对象—解释项"。其中"过去我"(past self)是被"当下我"(present self)阐释的符号对象,而"未来我"(future self)则是符号的解释项,它不停地接受"当下我"对"过去我"的阐释,形成不断更新的"未来我"。而在微信中,人们总是通过采取各种符号文本身份来对"过去我"进行肯定或否定的阐释,并形成不断更新的"未来我"。② 如每逢年末,在微信朋友圈中,年终总结类消息是出现频次较高的信息类型,人们会在朋友圈发布短文总结过去一年自己的得失感悟,例如:

> 这一年经历的种种,我也有所感悟。以前坚信,做事要有毅力、要专一,要锁定一口井挖肯定会挖到水;现在我也坚信,运气好时也许会挖到石油,运气差时也许会挖出臭水。总结一下,该坚持的还是要坚持,对于"70后"来说坚持有时是一种美德,但有时又少了一种决绝、一种突破。人生的阅历就是要一点点经历、一点点感悟。③

以上这则微信文本将过去、现在与未来三个时间向度编织在一起,"过去我"做事坚定但思维简单,缺乏变通,"当下我"在对"过去我"的试推过程中,一方面对"过去我"进行了强化认知,认为"过去我"的坚持与坚定仍然是美好的品德;另一方面对"过去我"的错误进行了自反性的思考,同时对文本身份进行意义矫正的解释,在反思的基础上颠覆了"过去我",认为在坚持正确之道的同时,需要为人生创造突破,以此形成"当下我"。因此,基于对"过去我"的试推过程,当下我正采用一种更积极、更具反思性的态度对文本身份进行肯定、否定、再肯定,以超越的方式来形成新的"未来我"。因此在

---

① 文一著,《身份与符号自我:〈黑天鹅〉关于身份的命题》,《西南民族大学学报》(人文社会科学版),2012年第10期,第188~192页。

② 文一著,《身份与符号自我:〈黑天鹅〉关于身份的命题》,《西南民族大学学报》(人文社会科学版),2012年第10期,第188~192页。

③ 以上这类微信朋友圈信息及本书列举所有微信信息(除公共账号信息外)均在征得作者同意后摘录。

微信中的文本身份对微信文本结构的变动具有相当大的影响力，"未来我"永远是悬而未决的，依赖"当下我"与"过去我"的反思性对话进行阐释。而"过去我"如果没有"未来我"作为其解释项，也就不具备任何意义解释的可能。符号自我结构含三个部分：过去—客我—对象、当下—主我—符号、未来—你—解释项，微信中的自我全然按照此结构被呈现出来，通过不断反思过去将自己投射向前，并以此认识自我、培育自我、实现自我。文本身份除了时间向度的位移，还存在纵向的位移。因此，下面将重点探讨微信中的文本身份是如何进行纵向、向上及向下还原的，以及纵向还原对微信中的自我意识的影响。

三、微信中的上下还原

在诺伯特·威利看来，自我充满了社会性、对话性和自反性，是一个充满弹性的符号化阐释过程。① 符号自我位于中心，并朝自我之上和自我之下两个向度还原。文本身份可以促使自我向上进入人际互动、社会组织、社会文化层面，也可以促使自我向下落进物理的、非符号性的层面。② 微信中同样存在文本身份，迫使自我朝上下两个向度还原，并在此过程中不断对微信中的自我意识进行塑造。

（一）低风险的向上还原

向上还原，是以自我为中间位置朝上位移，脱离自我，进入人际、社会组织和社会文化层面，从而使自我丰富化、理想化，充满了社会意义。

在自我的互动还原层面，对应自我的"主我—你—客我"模式，互动层面具有"本我—他我—我们"模式，即在不同自我之间进行交互主体性的互动，在"我"与"他者"的范畴内，一种面对面的人际符号关系。微信作为一款即时通信类应用，主要具有语音聊天和文字聊天功能。据中国互联网信息中心统计，网民使用的微信功能中，语音聊天功能和文字聊天功能分别占88%和83.9%，分列第一位和第二位③。微信为自我互动还原提供了绝佳的载体，为

---

① 参见马文美，《评文一茗〈红楼梦〉叙述中的符号自我》，《符号与传媒》，2011年第1期。
② 参见诺伯特·威利，《符号自我》，文一茗译，成都：四川教育出版社，2011年。
③ 中国互联网信息中心，《2015年中国社交类应用用户行为研究报告》，2016-04，http://www.cnnic.net.cn/hlwfzyj/hlwxzbg/sqbg/201604/P020160722551429454480.pdf.

人们提供了一种虚拟的"面对面"互动平台,为自我在互动还原层面提供了丰富、畅达的通道。

按照格兰诺维特提出的人际关系理论中的人际网络分类,表 6-1 将微信中的人际网络关系分为强关系和弱关系两种。强关系指的是个人的社会网络同质性强[1],即交往人群从事的工作、获取的信息趋同,并且情感联系紧密,如亲人、朋友、同事、同学等。弱关系指的是个人的社会网络异质性较强,交往对象可能来自各行各业,人与人之间没有太多情感联系,如陌生人、网友、明星等。而根据中国互联网中心提供的数据,微信中的强关系联系人出现的比重高于微博和其他社交网站,朋友、同学出现在联系人名单中的比例高达 87%以上,同时亲人比例为 86.3%,而弱关系联系人出现比例均远低于 50%。[2]由此可见,微信中的人际网络正是以强关系为主的人际网络。同时,微信为用户提供群聊功能。与此相似,用户在朋友圈中可以为每一位朋友设置不同的标签。标签作为一种指示符号可以对微信中所添加的人进行分类,以此维持一种人际关系秩序,使微信中双方的强弱关系在从极强至极弱这个范畴内进一步细分。当人们发布一条朋友圈信息时,可以选择发送给贴有某一类标签的人,甚至跳出该范围只发给自己。因此,微信中强关系方占主导地位,同时可以对强关系进行二度强弱关系的划分。这一系列的能指分节操作导致在朋友圈中人们可选择的"他者"身份趋向固定和单一,大都为在生活中具有高度信任感、互相忠诚可信的人。因此,自我与他者所采用的文本身份也趋于简单化,同时二者之间的互动是平等的,人们乐于在微信中聊生活、谈感情、分享心灵感悟等,分享私密信息,朋友们也会通过评价、点赞等方式对这些信息做出反馈。此时每一个他者都是自我的一面镜子、一个平等的对立面,人们经由一个局外人或者他者的视角来获取反思,自己渴望通过这样的"他者"看到别人眼中自己的样子,即"他我",并以此不断更新本我、超越本我。同时,本我与他我存在差异也是为了更好地了解本我。本我对这种差异的进一步反思,引导我们更加接近真正的自我。在微信中自我的互动层面存在文本身份的简单化趋势,

---

[1] Granovetter, M. The Strength of Weak Ties, *American Journal of Sociology*, 1973, pp. 1360-1380.

[2] 中国互联网信息中心,《2015 年中国社交类应用用户行为研究报告》,2016-04, http://www.cnnic.net.cn/hlwfzyj/hlwxzbg/sqbg/201604/P020160722551429454480.pdf.

并且为自我的更新和超越创造了契机。

表6—1 微信人际强弱关系

关系类型	关系方	添加方式	功能
强关系	亲人、朋友、同事、同学等	手机通讯录、QQ好友	文字/语音/视频聊天、红包、转账、发送图片、共享位置、朋友圈、公众平台、扫一扫、摇一摇、搜索引擎、小程序、游戏、购物、钱包等
弱关系	网友、陌生人、明星等	雷达加朋友、扫一扫、摇一摇、漂流瓶、查看附近的人	

在自我的社会组织还原层面，自我的三元模式发生改变，"集体主动者"代替了"我"，相应的，"集体被动者"代替了"你"，"集体性"代替了"客我"。① 自我被集体化，被组织收纳，因此，真正意义上的自我已经不存在了，集体意识成了这个组织中人们集体性的共享意义。在虚拟社群中，社群成员基于归属感和集体认同感归属于不同的虚拟社群。微信朋友圈正是网络虚拟社群的一种形式，并且将群体建构视为理所当然，人们在群体中与他人分享、合作、行动，对基于强关系的群体组织成员之间高度信任，甚至互惠互利。然而，基于微信朋友圈搭建起来的社群又与一般的社会组织如军队、社会团体等不同。社会组织有特定的组织目标，制度化的权力结构，普遍的行动规范，明确的奖惩机制，对组织成员能够进行有效约束和限制，个体在组织中是拥有"集体意识头脑"的人。在以上社会组织中成功地产生了一种关于"我们"的感觉，但森严的等级划分是为了更明确"我们与他们的对比关系"，而非单纯的"我们"的视角。因此，在社会组织层面，本体自我存在被吞噬的可能，个体性面临丧失的风险。然而在以朋友圈为代表的微信虚拟社群中，群体行动规范及权力结构阙如，群体成员的群体意识和归属感较为淡薄。网络论坛有版主，而微博通过"加V"的方式为博主赋予了地位和话语权，并改变传统的"媒体—意见领袖—受众"传播模式，使"加V"博主成为意见领袖并跳过媒体这一环节，令其自己成为信源，粉丝直接从意见领袖的微博中获取信息。② 而微信却难以找到一个明确的集体主动者。作为群体成员之一的"我"，既可

---

① 诺伯特·威利，《符号自我》，文一茗译，成都：四川教育出版社，2011年，第167~176页。
② 刘中望，张梦霞，《微博议程设置路径与用户认知模式的实证研究——基于新浪"热门微博"榜、新闻中心新闻榜的比较》，《湘潭大学学报（哲学社会科学版）》，2013年第5期，第92~96页。

以作为集体被动者，又可以通过每一次发言转变为集体主动者，而不同于一般社会组织中成员与组织通常以无人称的方式彼此相连，在朋友圈中，成员之间均有真实称谓，这就缩短了成员间的情感距离，集体主动者也不再将集体被动者看成"他们"，而是看成真实可知的一个个"你"的集合；同样，被动者收到来自主动者的交流信息时，并不是将主动者视为"他们"，而是"你"。在文本身份被集体化的过程中，虚拟社群的集体意识不可能完全接管成员的个体意识。

在微信中，关注公众号并订阅公众号发出的消息是人们选择加入不同组织的又一种方式。例如作为果壳网的订阅用户是集体被动者，果壳网公众号则成为这个组织的集体主动者，身份相对明确。人们主动订阅果壳网，更多的是对果壳网科学、理性，又年轻、充满活力的隐含主体的认同，因此果壳网作为主动者在发出交流信息时所选择的视角是将被动者视为一个个"你"，而非"他们"，被动者则企图通过这样的方式拉近彼此的距离并获得组织归属感。在此，个体性被组织正视。在社会组织层面，微信搭建虚拟社群及提供参与社群的可能性；对个体而言，其意识不仅没有被集体意识全部吞噬，反而使自我意识有可能在社会组织层面的还原过程中进一步发展。

在自我的社会文化还原层面，个体在社会化的过程中，形成了社会的与文化的人格，拥有了多重社会身份，并按照社会一致性的要求，努力成为社会的一员，个体的独特性也不断被社会共性取代。这样的社会化过程贯穿每个人的一生。中国自1994年开通互联网以来，至2014年，历经整整20年的发展，中国互联网孕育了各种新的文化现象和社会形态，为社会带来了巨大的冲击和发展进步。网络文化呈现出的自由、开放、平等特征对个体意识的塑造产生了不可磨灭的影响。特别是以微信为代表的微时代到来，微公益、微摄影、微传播大行其道，更是将关注个体、关心个体发展视为己任。自我进入文化还原层面，应该服从社会价值的一致性，遵循社会的一致规约，但事实是：在微信中，个体的多样性并未因此被替代，反而得到了更高程度的强化。作为自媒体的微信，其使用者可以依据自己的兴趣爱好，自主订阅不同类型的公众号，同时可以在朋友圈转载感兴趣的内容，包括艺术、财经、媒体、音乐等多种类型，定制属于自己的虚拟文化空间。在微信环境下，在社会化的过程中，个体自我意识在网络文化的助推下逐渐觉醒、更加高涨，自我意识越发鲜明。

自我在向上还原的过程中，过分向上位移也将面临风险，过分上行的自我将变成纯粹理性的自我，从而丧失自我的独立性，而被集体意识、社会意识取代。从微信中自我在以上三个层面的还原看来，文本身份的呈现趋向简单化，变动程度降低，自我在还原地所面临的被吞噬的风险也大大降低。

（二）有下限的向下还原

向下还原，主张以自我为中心向下位移，回到人的本能、身体和直觉中，将自我压缩、退回到远远低于自我的程度。这种运动可以使人摆脱社会的桎梏，恢复人的本性。向下还原可以有诸多形式，如各种生物论、行为主义心理学等。但本书并不打算讨论所有的形式，而将主要讨论向下还原在微信中的具体表现。

生理需求的满足。当自我以向下位移的方式回到人的身体层面时，人以及包括人在内的一切事物统统被还原为物质，人即为肉体存在的人，为物质的人。衣食住行娱等都是人类最基本的生存需求，微信也为满足这些基本需求提供了诸多便利。如微信朋友圈中，关于健康和养生的内容出现频率非常高，如《柠檬水的正确泡法！99%的人都做错了》《食物中的嘌呤含量一览表，转给身边痛风的朋友吧！》等内容阅读量都极高，可见此类信息对受众的强大吸引力。在微信中，人们对生理需要的需求更显著地体现在对娱乐欲望的需求。费孝通指出："欲望是什么？食色，性也，那是深入生物基础的特性"，"欲望—紧张—动作—满足—愉快，那是人类行为的过程。"[①] 在这一层面上，人类有机体被还原为动物，而享乐作为一种生物本能，驱使生物趋向愉悦、避免痛苦。因此，对娱乐欲望的满足，也是对人身体层面本能的迎合。据统计，用户关注公众号类型中，名人明星类占42.29%，位居第一；用户关注公众号的原因中，休闲娱乐占61.29%，排在第一位。[②] 同时，微信游戏也成为吸引用户加入微信、持续使用微信的一个因素。有44.6%的用户是因为微信才学会在手机上玩游戏，46.4%的用户是因为微信才增加了玩游戏的时间。[③] 疯狂手指、

---

① 费孝通，《乡土中国》，北京：北京出版社，2005年，第50页。
② 速途研究院，《2013年微信用户行为分析报告》，2013-12，http://www.sootoo.com/content/426426.shtml.
③ 中国互联网信息中心，《2013年中国社交类应用用户行为研究报告》，http://www.cnnic.net.cn/hlwfzyj/hlwxzbg/sqbg/201312/P020131225358386313453.pdf.

围住神经猫这两种基于微信朋友圈平台开发的游戏,一时间风靡网络。可见,微信在肯定欲望正当性的基础上,以多功能的方式满足了用户的娱乐欲望。

表演欲望的满足。微信中自我的表演行为是将他者放置在自我之下的位置,二者处于不平衡的对视状态:自我俯视他者,他者在表演者眼中仅仅被视作一个信息的被动接受者。人们争先恐后地在微信朋友圈中秀美食、秀自拍、秀旅行、炫富、炫经历等。以秀美食为例,人们在发布多张美食图片的同时往往会配以"忙碌工作的唯一安慰就是有美美的午后甜点可以吃"这类文字,这类型文本呈现出明显的情绪性,文本在表意过程中更侧重于发送者,并且发送者将接受者置于被动接受者位置,自我此时独自表演,不需要与他者展开对话,也不需要通过他者来对自我进行反思甚至超越。此处借鉴戈夫曼(Erving Goffman)的"表演论"①(dramaturgy),微信中的表演行为常体现为以下几类文本:"神秘化表演"类型的文本,其内容曲高和寡、图片文字意义极不匹配,表演者在此与观众刻意保持距离,从而使观众对表演者产生神秘感和敬畏感;"理想化表演"类型的文本,诸如人生格言、名言警句等,如"【一日禅】不争、不辩、不闻""以他人为镜,常反省自我""首富李嘉诚说:我欣赏女人这样活着",表演者力图掩盖与自己的理想形象不一致的事实,以便更集中地展现自己的理想形象;"误解表演"类型的文本,指人们在微信中有意进行的误导性表演,例如发布名牌包、豪车等炫富内容,试图以此达到理想化表演效果。

但是自我在向下还原过程中,如果过分地朝向信号—反应的本能方向位移,会将包括人在内的一切事物都统统还原为有机体和物质,身体仅以物质的方式存在,却抓不住身体的符号特征。在这一层面上,解释项将从三元关系中被摘除,只根据符号—对象二元关系运作,那么这种层面的向下还原会逐渐难以捕捉到自我,而自我也将逐渐失去控制能力,不能够对各种身份活动承担全部责任。人们自打开微信应用的那一刻起,就无法避免地参与进自我、他者、社会的关联之中。微信作为社交媒体的这一基本特性决定了微信中自我的向下还原存在下限。自我想要达到绝对的安然自处、孤独于世的状态几乎是不可

---

① 参见欧文·戈夫曼,《日常生活中的自我呈现》,冯钢译,北京:北京大学出版社,2008年,第201~228页。

能的。

在任何表意活动中,符号的双轴关系必然出现,双轴即聚合轴(paradigmatic)及组合轴(syntagmatic)。雅各布森提出聚合轴又可被称为选择轴,具有比较和选择的功能;组合轴又称结合轴,具有邻接黏合功能。自我这个符号文本的聚合轴和组合轴分别是自我的时间向度的位移和纵向的上下位移。在组合轴方面,以过去我—当下我—未来我的文本构成方式呈现出来,而文本聚合轴上可供选择的身份则从自我纵向位移的维度中选择,但聚合是文本建构的方式,一旦文本形成,就会退居幕后,文本呈现的是聚合操作后的结果。在互联网上,自我的符号文本聚合轴极其宽,开放的可供选择的身份泛滥,以致聚合段被无限加宽而难以掌控,选择项无限增多,反而使人无所适从,因此导致自我危机。而微信中自我符号文本的聚合段显然为窄幅,身份无论是上移还是下行,其选择范围有限,身份的聚合操作因而简单有序,自我在此范围内享有稳定。因此,人们面对由网络提供的过于开放的身份选择而产生的焦虑的结果是形成选择悖论,导致出现开放后自动封闭的可能。微信的出现促使人们愿意交出选择权,放弃大而无当的选择自由,反而重回简单有序的聚合操作中,投身微信去缓解身份—自我危机,从而避免自我的混乱、游离和崩溃。

网络时代,在因身份过于复杂而导致身份危机的背景下,微信成为人们逃离身份危机的一种方式。在微信中,人们获得了对自我的控制感和安全感。至上自我可以还原到与组织、社会一致的层面,从而获得集体归属感、认同感,却又不会因此丧失个体性;至下自我可以回归到本能层面,摆脱社会规则桎梏,重拾个体性,却也不会因此将自我置于"孤岛"之上而沦为本能的机器。因此在微信中,符号自我的窄幅聚合轴使人们的身份聚合操作重归简单有序,而自我也因此在开放后的封闭中重获稳定。然而,这并不意味着微信就此成为一个"理想国",因为微信日后的技术走向、发展趋势是不可预测的。

第四节 虚拟现实技术:新日常生活回归"以身为媒"

2016年被称为虚拟现实(virtual reality,以下简称VR)技术元年。随着Oculus Rift、HTC Vive和索尼的PS VR这"三大VR头戴显示器"的消费版产品全部亮相,VR热潮也迅速蔓延。阿里巴巴已全面启动"Buy+"计划,引领虚拟购物体验。在内容上,阿里巴巴还将协同旗下的阿里影业、阿里音乐、视频网站等推动优质 VR 内容产出。在硬件方面,阿里巴巴将依托电商搭建 VR 商业生态,加速 VR 设备普及。就像当年智能手机引发移动互联网生态"大爆炸",VR 被认为是撬动下一场互联网革命的杠杆。国内外各大互联网巨头以及文娱产业几乎都在 VR 领域频频出击。

VR 技术在引爆当下传播媒介变革的同时,也在重构信息生产与加工机制,如改造新型知识生产模式。数字人文(digital humanities)是近年来在人文学科各领域逐渐兴起的研究趋势,国内外学界都很关注。21 世纪,伴随个人电脑的普及,"数字转向"(digital turn)时代到来,数字人文兴起,强调"面对尚未完成的数字革命中的知识生产方式转型,其面对的是未来的知识体系及方法的建构,其回应的是大数据时代基于学者导向(research oriented)的研究需求与基于资源共享的网络基础设施建设(cyber-infrastructure),其建设的是面向数字出生(born digital)的新生代人类的认知方式系统与路径"①。VR 作为当下数字技术浪潮中最前沿技术参与其中。例如 Joycestick 就是利用 VR 技术重现了詹姆斯·乔伊斯(James Joyce)的经典文学作品《尤利西斯》的情节,帮助读者"穿越"到小说场景中,重新发现阅读小说的乐趣。

可以说,VR 的盛行引发了新语境下传播范式的变革甚至是颠覆。人类的表意方式和表意机制也在以 VR 技术为先导的技术革命下发生了显著变化:人们生活在虚拟和真实两个高度交织的世界中,无论信息接收、信息解释的方式,还是日常交往、娱乐、消费等方式统统出现了革新;它为人们提供了一种全新的认识世界、改造世界的手段。与此同时,伴随虚拟技术改造世界的浪潮,在新日常生活的意义传播活动中,身体作为人类表意符号媒介的地位和作用需要被重新审视。

一、身体、符号与媒介的关系

身体作为最重要的符号媒介,对人们的日常传播行为有着重要影响。然而

---

① 徐立恒、陈静,《我们为什么需要数字人文》,《社会科学报》,2017 年 8 月 24 日,1572 期,第 5 版。

第六章　新日常生活：表意的重塑、突破与回归

从历时角度看，身体作为人类主要表意媒介的重要性是经历了起伏波动的。随着虚拟现实传播时代的到来，身体再度成为主导人们认知的主要媒介。这不仅是对麦克卢汉提出的"媒介是人体的延伸"的再度印证，同时也是对麦克卢汉理论的深化发展，并为探索和考察人类身体的认知机制及其规律提供了新视野。

符号，被认为是携带意义的感知。媒介则是符号的可感知部分，是符号的物质载体，是存储与发送符号的工具。[①] 人类用以表意和感知世界的媒介就是身体。无论在人类传播的哪一个阶段，都很难忽视身体作为传播媒介对人类传播活动的重要作用。麦克卢汉媒介思想的重要观点，同时也是最能体现他的人类认知体认观的重要断言即为"媒介是人体的延伸"。他认为人类历史上有三次技术革新：文字的发明，是视觉的延伸；印刷品的出现，是视觉的强化；电子媒介的出现，是听觉的强化。延森（K. B. Jensen）认为媒介三元维度中的一元就是人的身体，它是面对面交流活动得以实现的物质平台。[②] 与其类似，费斯克（J. Fiske）也将媒介分为展示性媒介、再现性媒介和机械性媒介三种。其中展示性媒介就是指以声音、面容、身体作为媒介，使用口语、表情等自然语言来传播。"他们要求传播者在场，因为他们本身就是媒介"[③]，身体成了人们参与符号过程的天然媒介，架起了人们通向并与他者之身以及环境互动沟通的桥梁。

乌克斯库尔提出了周围世界（umwelt）的概念，周围世界是生命体创造的世界，居住在以符号关系为基础的意义世界里，是生态系统中生命体具有的一整套符号关系。[④] 他认为周围世界是因生命体对环境的感知而形成的世界，其意义是与生命体的感知同时形成的，文化则是通过人类对周围世界的塑造持续创造出来的。乌克斯库尔主要讨论由生物、动物等生命体创造的周围世界，那么如何将周围世界理论运用于人类？乌克斯库尔并没有给出自己的答案。但是周围世界理论仍然具有人类适用性。斯拉特夫（J. Zlatev）认为："意义是

---

① 赵毅衡，《符号学：原理与推演》，南京：南京大学出版社，2011年，第123页。
② 克劳斯·布鲁恩·延森，《媒介融合：网络传播、大众传播和人际传播的三重维度》，刘君译，上海：复旦大学出版社，2012年，第49~50页。
③ 约翰·费斯克：《传播研究导论》，许静译，北京：北京大学出版社，2008年，第15页。
④ 卡莱维·库尔、瑞因·马格纳斯，《环境界的文化根源》，《生命符号学：塔尔图的进路》，彭佳、汤黎等译，成都：四川大学出版社，2014年，第41~42页。

生命体与其物质和文化环境之间的关系，它是由环境之于生命体的价值而决定的。"[1] 人类自己构想出了无数周围世界，通过周围世界与有机体、环境进行互动，从现实世界辨认、建立和反映意义世界。在人类周围世界不断被塑造的过程中，身体作为有机体，同时也是人类最重要的表意媒介，参与到了与其他有机体、环境的符号互动过程中。

梅洛-庞蒂从乌克斯库尔的周围世界理论中受到启发，其身体现象学赋予了身体主体性的地位。梅洛-庞蒂认为身体就是主体，身体既作为感知体，又作为被感知的物，必然具有双重本质。这也就是他提出的双重感觉（double sensation）。也就是说，在符号过程中，身体本身既是符号文本，又可作为符号意义的发送者以及接受者而存在。因此，人类正是通过身体作为主导媒介来展开这一系列符号互动活动的。

那么，紧接着，一个关键问题就是：身体参与到人类认知活动的哪一个环节呢？要回答这个问题，可以从皮尔斯符号学提出的对人类认知过程的三个阶段来思考。在皮尔斯提出的第一性阶段主要是对感觉的认知，感觉先于我们的认知和理解过程，是"一种从心灵内部激起来的二次感觉（secondary feeling），这正如外在感知的品质是被某些外在于我们的、心灵的东西激起来的一样"[2]，因此皮尔斯认为在第一性阶段人们的认知是显性的、短暂的、当下的，是人们对现象认知的第一步。在第一性阶段，人直接通过身体感觉获取认知，苦与甜直接作用于味觉，红、蓝、黄色直接作用于视觉，牙疼、一见钟情直接作用于人体神经反应，身体在这一阶段的直接感知，是获得意义的必要条件。因此，作为人类获义活动的初始阶段，身体是人类意义生成的必要条件。可见，身体参与到人类的符号认知过程在第一性阶段就已经展开了。

此外，梅洛-庞蒂还提出"身体间性"（intercorporeity），即人们通过身体进行感知，同时也会感知到在感知的他者，身体在与其他身体展开对话，理想的表意活动就是在这种身体间性中展开的。在与其他身体展开对话时，身体

---

[1] Zlatev, J. "Cognitive semiotics: An emerging field for the transdisciplinary study of meaning", *Public Journal of Semiotics*, 2012, pp. 169-200.

[2] Peirce, Charles S. *Collected Papers of Charles Sanders Peirce*, Vol. 1, Para. 420, Edited by Hartshorne, C., Wiss, P. *Collected Papers of Charles Sanders Peirce*, Cambridge: Harvard University Press, pp. 1931-1935.

间性的时空关系同时产生，身体作为主体在这样的时空轴线中展开符号活动。乌克斯库尔认为周围世界是生命体的个体世界，因此具有个体性的人类周围世界的时空关系，也正是建立在身体间对话的时空之中。"我"的身体与他者的身体的互动，塑造了个体化的周围世界的时空轴线，也为个体之身在意义世界中找到了定位。

从以上内容我们可以发现，人类依靠身体，与他者之身、环境、社会之间展开各种意义活动，包括肉身所进行的活动，如吃饭、行走、睡觉等日常行为的意义更多是停留在延续生命上，其行为的符号意义在人类的意义生活范畴中几乎隐身。同时，身体也被高度符号化了。作为符号文本，身体承担了一定的表意功能，也作为符号意义的发送者释放着意义，期待解释者的认知和解读。当然，身体更多的还是作为符号传播活动中的符号媒介，特别是作为人类认知活动中初始获义活动的初始媒介而存在。因此，身体显然作为一种物－符号－媒介的三联体而存在，它的身份总是在这三者之间来回滑动，以此参与建构并改造人类的意义世界。

二、身体符号功能的历时性考察

身体作为物－符号－媒介三联体并不维持恒定的状态。随着传播技术的更新，身体曾不同程度参与了人类传播活动，特别是电子媒介时代虚拟现实技术的出现，使身体的符号功能发生了更大的改变。如果从这个角度来历时性地观察整个人类传播史，可以发现身体这一符号文本是如何按照一定规律，在以上三种符号功能之间滑动的。

在前语言阶段，原始人类通过肢体语言、表情、呼吸、吼叫等方式与其他人类展开人际交流。在这一阶段，人类依靠基本的视觉、听觉、嗅觉、味觉、触觉进行感知，身体作为所有感知器官的统筹，是这一时代的唯一传播媒介，也是所有的符号表意活动的载体，成为人与自身、周围环境及世界沟通和交流的载体。而在这一阶段，身体作为肉体之身、物的意义，十分明显，如何生存成为头等大事。此外，在前语言传播的阶段，身体不仅是媒介，而且是符号本身，因此，身体作为物－符号－媒介三联体为人类传播活动发挥着符号功能。但是囿于身体实际表意能力，原始人际交流所蕴藏的符号势能较低，无法满足人类更丰富的表意需求。

在口语传播时代，语言的出现导致符号与其意指对象之间发生分离，丰富的口语语言取代具体而有限的身体语言，大大加快了传播效率。同时，口语作为主导媒介也造成了身体尽管依然在场，却只能退居口语的后位，成为人类表意的辅助媒介。身体的媒介性逐渐下降，逐渐回归为纯粹的符号，因此身体这一物－符号－媒介三联体开始发生断裂。伴随身体媒介性的下降，身体的感知渠道也相应发生变化，听觉压抑了视觉、嗅觉、味觉、触觉，成为人类获取意义的主要渠道。在口语传播时代，身体依然在场，因此不可避免地受到身体表意有限性的影响，导致人类表意能力受限。

在手抄传播时代和印刷传播时代，身体彻底隐退，传播媒介被各种先进的科学技术和机械设备代替，特别是印刷术的发明，使意义的传播可以彻底脱离身体这一物质载体的局限，从而打破固有时空界限，保证人类的文化表意行为被进一步记录、检验和留存后世。在这一传播阶段，身体的媒介性彻底丧失，被文字取代。同时，人类的认知渠道也相应发生了变化。文字作为人类视觉的延伸，压制听觉等其他渠道，成为人类认知的主导渠道。此外，在这一阶段的人类传播，身体与身体之间的直接联系被割裂，身体退场，取而代之的是符号。但是，这并不意味着身体彻底回到仅作为肉身的身体，身体书写对于文字传播仍旧具有意义，只是成了传播过程中边缘化的影响因子。

随着大众传播时代和网络传播时代的到来，传播的时间和空间不断受到挑战，身体的局限性对传播活动已经没有任何阻拦，身体作为传播媒介的作用消失，因此，物－符号－媒介的三联体关系彻底断裂，身体存在的意义徘徊于物－符号之间。特别是在互联网环境下，虚拟化的交流情景中，身体的意义甚至被还原至最基础的位置，即成为一个直接指向网络背后承载生命个体的肉身的指示符号。伴随符号性的下降，身体无限回归物性。

从人类传播的历时性角度看，身体的符号性和媒介性逐步递减，直至在网络时代退出传播过程中的意义建构环节。现代传播割裂了身体与身体、身体与环境之间的社会联系，"身体死亡，符号狂欢"逐渐成为现实。正因为如此，王彬曾认为人类传播模式分为四个阶段：身体逐渐退场与符号不断增殖的过程，最后是符号的狂欢与身体的死亡。[①] 特别是在网络越来越成为日常生活背

---

① 王彬：《身体、符号与媒介》，《中国青年研究》2011年第2期，第45页。

景的今天,身体在场的人际交流更成为不可能的"传播乌托邦"。

随着互联网技术的巨变,人类传播范式也在不断变化。从人与媒介和社会的关系出发,可以发现,社会心态会随着技术革新不断呈现出新的特征。马克·博斯特(M. Poster)提出在经历了 Web 1.0 时代后,互联网已经进入了第二媒介时代,Web 2.0 时代下信息的接收者同时也是信息的发送者,受众不再是被动的。互动成为第二媒介时代的最大特征。

然而李沁认为,进入后 Web 2.0 时代可以发现,人与媒介和社会的关系又发生了新的变化,人类开始进入一个不同于第二媒介时代的全新社会形态。以虚拟现实技术的突破发展为先导的沉浸传播时代到来,媒介形态高度发展,逐渐酝酿出一种全新的人类社会传播形态:"以人为中心、以连接了所有媒介形态的人类大环境为媒介而实现的无时不在、无处不在、无所不能的传播。"① 在沉浸传播时代,媒介最大的特征在于:"人,不仅作为媒介的积极驾驭者,更作为媒介本体,进入到核心舞台。人是终极媒介状态,是真正的超媒介,也是未来生物媒介的主体。"②

沉浸式虚拟现实作为沉浸传播时代最显著的特征之一,沉浸式的虚拟技术为受众制造了一个高度仿真的虚拟世界,目的在于为受众提供一种无限趋近真实的体验和感受。在这种虚拟现实中,人作为传播的绝对核心,一切体验和感知都以身体作为唯一感知渠道,从而展开对虚拟环境的认知活动。随着 VR 技术的不断成熟,虚拟环境在细节捕捉精微度、色彩优化、像素设置、传感器灵敏度等指标方面不断升级,尽管"营造出与真实别无二致的知觉"这一目标目前不可能达到,但是当人们通过穿戴设备连接到 VR 世界中去,VR 环境下已经完全可以调动人们的全部感觉渠道了。

VR 系统作为一个多感知的系统,其技术核心工作主要是处理基于 3D 全景和全息投影等技术生成的视觉信息和手套、遥控器等生成的触觉信息。至于嗅觉、味觉和听觉,事实上并不产生自虚拟技术。由于这三种信息飘忽不定,并不像视觉和触觉那样可以在空间中清楚找到定位,所以,在 VR 环境下这三种感知渠道所产生的信息需要通过调配、启动人类特有的"通感"认知机制,

---

① 李沁、熊澄宇:《沉浸传播与"第三媒介时代"》,《新闻与传播研究》2013 年第 2 期,第 34~43 页。
② 李沁:《沉浸传播的形态特征研究》,《现代传播》2013 年第 2 期,第 116~119 页。

利用想象的沉浸方式去进行跨渠道的交叉认知,以此达到在头脑中形成营造虚拟现实环境的目的。

因此,在沉浸传播时代,身体作为物-符号-媒介的三联体重新连接起来,作为肉身的身体,是人类在这个时代获义的必要物质基础,而肉身的运动和与穿戴设备的互动行为成了这种沉浸体验产生的实践基础。在虚拟环境下,经由穿戴设备对人们肢体活动的细致捕捉,人们可以通过身体语言符号,如一次眨眼、一个微笑、一次挥手或者语言符号以及其他现实生活中可以采用的符号形式,与虚拟环境中的自我、他者和环境展开意义的传播和交流。此刻,身体不仅作为媒介向他者传送意义,更是作为能动的意义发送者和积极的阐释者而存在。

由此可见,身体仿佛重回前语言传播时代,重新承担起物-符号-媒介三联体的符号功能;更重要的是,人们重新回到以身体为主导媒介的传播时代。这不仅是对身体在当下传播过程中重要性的重新确认,更是体现了新的传播时代中以身为媒,传播回归交流的本质的时代特征。

三、VR 延展认知技术与新日常生活

虚拟现实技术与其他网络技术最大的区别在于:它所生成的模拟环境是一种多元信息融合的、交互式的三维动态视景;它所创造的这种仿真环境,其目的在于使用户可以沉浸其中。在虚拟现实技术实现之前的网络社会,是无法达到对现实日常生活世界的高仿真效果的,也无法实现逼真的现实沉浸感。因此,VR 技术正在试图通过计算机仿真系统,建构一个与传统日常生活世界高度相似的虚拟日常生活世界;而随着 VR 技术对日常生活的改造和渗透不断加深,新日常生活正在逐渐形成。

例如,VR 技术所搭建的仿真空间对人们在新日常生活中的工作和学习具有重要意义。在医学院校,学生可在虚拟实验室中解剖"尸体",进行各种手术练习。这项技术由于不受标本、场地等方面的限制,所以培训费用大大降低。一些用于医学培训、实习和研究的虚拟现实系统,仿真程度非常高,其优越性和效果是不可估量和不可比拟的。如导管插入动脉的模拟器,可以使学生

反复实践导管插入动脉时的操作。① 此外，应用虚拟现实技术将三维地面模型、正射影像和城市街道、建筑物及市政设施的三维立体模型融合在一起，再现城市建筑及街区景观。用户可以通过显示屏直观地看到生动逼真的城市街道景观，并进行诸如查询、量测、漫游、飞行浏览等一系列操作，满足数字城市技术由二维GIS向三维虚拟现实的可视化发展需要，为城建规划、社区服务、物业管理、消防安全、旅游交通等提供可视化空间地理信息服务。

除了建构新日常生活世界，虚拟现实技术更重要的一个贡献在于：它没有停留在对传统日常生活世界的仿真阶段，而是对传统日常生活进行改造实践。日益发展的VR技术将新日常生活世界不断推向更宽广的领域，将人的认知能力和潜力开发至更深远的范畴，从此人的认知不仅仅依靠并局限于传统日常生活世界中既有的经验积累，还可以通过VR技术对日常生活进行再认知。

伴随对新日常生活的实践和改造活动，人类对新日常生活的总体认知也在发生全面变化，包括人类在新日常生活语境下的认知技术、认知模式以及认知范畴的全面变化。麦克卢汉在《理解媒介》中有一个经典断言："一切技术都是人体的延伸。"文字和印刷品是人视觉能力的延伸，广播是人听觉能力的延伸，电视是人类视觉、听觉、触觉的综合延伸。科技不断发展，对人体的延伸也在继续，仿生技术通过检测人的脑电波从而触发仿生耳朵进而表达人类的情绪，人类也可以通过连接机械与脑神经回路从而发送脑电波将巧克力送进嘴里。这些技术的出现为人类大脑功能的不断延伸提供了可能性。在以VR技术为先导的沉浸传播时代条件下，人类进一步突破了有限感知渠道的限制，回到了人类身体，具体来看是回到了人类的大脑本身。

长期以来，认知科学认为人类认知过程是限于颅内和神经系统内部的。英国哲学家克拉克（A. Clark）和查尔莫斯（D. Chalmers）提出"延展认知"假设，认为"认知过程并不局限在大脑之中，心灵可以延展到身体之外"②，打破了长期以来横亘在心灵和世界之间的界限，强调了外在环境在驱动认知进程中的重要作用。克拉克和查尔莫斯认为人类的认知延展是一个"耦合系统"：

---

① 参见范立冬、李曙光、张治刚：《虚拟现实技术在医学训练中的应用》，《创伤外科杂志》2008年第6期，第568~570页。

② Clark, A., Chalmers, D. *The Extended Mind*, Oxford: Oxford University Press, 1998. pp. 7-19.

当认知有机体面对某一任务的时候,在认知有机体和外在环境之间总是存在着双向的交互作用,它们共同构建了一个耦合系统,在这个系统中所有部分都发挥着积极的因果作用,外在部分以与认知有机体相同的方式控制着系统行为。①

事实上,在 VR 技术环境下,人类有机体与虚拟世界、外部物理世界、社会环境共同构建了一个动态的耦合系统。在这个系统中,人类有机体和外在环境之间存在着意义交互关系,从而共同塑造着人类意义世界。并且,正如克拉克写道:"如果剔除这些外在部分,其相应的行为,甚至整个系统的行为都将丧失,这就像我们剔除脑的某部分时可能出现的情况。"② 在这种耦合关系中,外在物理技术环境是不可剔除的系统结构,是意义生成的必要条件,也是大脑的延伸形式。

更重要的是,这也是沉浸式传播活动中传播主体的认知机制区别于其他传播形式的关键。在 VR 环境下,虚拟现实世界提供的认知资源,结合大脑中的意义资源共同构成了这个耦合系统。在这个耦合系统中,认知机制是一种漩涡式的交互机制。首先,大脑中的意义资源,正是人们多年来从现实日常生活中积累起的丰富的、可靠的认知资源,它从人们出生那一刻起就一直裹挟着人们的认知活动。其次,一方面,虚拟现实世界提供的认知资源是现实日常生活世界的高度仿真,但虚拟现实世界的场景所能够提供的认知资源始终有限,当人们在虚拟现实世界看到一张桌子,其作为认知主体,只能得到关于这个对象的某些观相。当人们想进一步了解这张桌子的材质、重量时,就无法像在现实世界中那样得到关于这个对象的更多观相,这除了需要身体以外,还需要想象,去"统摄性地完成由记忆中的感知经验和意识作出推断共同建构出来"③。另一方面是虚拟现实世界依赖物理技术现实,基于现实日常生活,从而进行场景的再创造与加工。因此,在这个耦合系统中,两方面的认知资源都高度依赖虚拟现实世界与认知主体的交互活动和解释活动,并且高度依赖物理技术作为大

---

① Clark, A., Chalmers, D. *The Extended Mind*, Oxford: Oxford University Press, 1998. pp. 8—9.

② Clark, A., Chalmers, D. *The Extended Mind*, Oxford: Oxford University Press, 1998. pp. 643—644.

③ 彭佳:《从符号现象学出发论想象》,《符号与传媒》2017 第 2 期,第 42~53 页。

脑的延伸来承担交互媒介，从而两种认知资源旋涡推动着整个认知系统的动态运动。在这个耦合系统中，身体作为物－符号－媒介三联体的符号功能得到了前所未有的重视、开发和利用。

事实上，在新日常生活之中，VR技术仅仅是人类延展认知技术的一种，类似的还有如全息甲板（holodeck）借助VR技术模拟整个场景，达到逼真的视觉效果，同时还可以进行虚拟人际互动。这些技术代表了强调身体与认知技术物理连接的一种延展认知系统。与之相反，近年大热的以深度学习神经网络为代表的人工智能技术成果，如阿尔法狗（AlfaGo）人工智能程序、WordSmith新闻写作机器人、着力模拟真实世界的物体带给人们的物理特性和触感的360度高清视频技术等，它们虽然无须与人类身体发生物理性连接，却是对人类大脑延伸的延展认知，服务于人类认知系统。在人类大脑的延展认知活动中，尽管大脑与延展认知技术之间不存在直接交互活动，但是由于技术本身不具有意向性能力，所以这些延展认知技术依然是人类大脑的物理性延伸，服务于人类的认知活动。这里需要强调的是，克拉克等人提出了"认知不局限在头脑中"和"心灵可延伸至世界"两个论断，对第二个论断，学界已提出质疑，笔者也不认为心灵可延伸至外部物理技术，其主要差异在于物理技术不具有人类认知的意向性。因此，本书强调的是延展认知技术是人类大脑的延伸，服务于人类认知活动，为人类意义世界开拓了无限可能性，而非是对人类心灵的延伸。

据相关数据显示，截至2019年6月，中国手机网民规模达8.47亿[①]，以手机为核心的智能设备成为"万物互联"的基础，车联网提升了日常生活中的出行体验，而智能家居系统促进了居住体验升级。伴随移动终端升级，新日常生活中人们的衣食住行等基本活动的变化都必然会推动人们认知系统和认知结构的整体性改变。作为人类身体特别是大脑的延伸，延展认知技术不断推陈出新，重构了人们对经验世界的认知框架，并将深刻地影响和改变当下人们的生活方式和存在方式。伴随人类延展认知能力的提升，人们将不断为人类日常生活的意义世界赋予新的意义增长点，增加新的意义势能。

---

① 中国互联网信息中心，《第44次中国互联网络发展状况统计报告》，2019-08，http://www.cnnic.net.cn/hlwfzyj/hlwxzbg/hlwtjbg/201908/P020190830356787490958.pdf.

第七章　作为中项的日常生活：形成、特征及表意机制

任何两元对立的文化范畴，都会落在正项、异项、中项三个范畴之间的动力性关系中。① 对立概念中的一项只要争到携带中项的意义权力，就能确立自己的正项地位，这是文化中永不停歇的符号权力斗争。本书第三章已给出关于日常生活的定义。在文化三域之间，文化日常生活在文化中处于中项的地位，它通过对正项——大众文化的认同，从而与之联合起来共同排斥作为异项的被标出文化。本章将主要讨论日常生活作为中项所具有的中项偏边表意机制，为接下来两章探讨整体文化域中的运作规律奠定基础。

那么，日常生活在文化全域中处于什么样的位置？主流文化、高雅文化、亚文化、非日常生活文化又具有什么样的特征？这几者之间如何相互角力，从而形成日常生活文化呢？为解决以上问题，笔者将在这章中对作为中项的日常生活展开详述，从其形成过程、存在方式、特征及核心表意机制方面——展开讨论。

第一节　非日常生活文化的存在方式

日常生活世界作为实践意义世界，自身的意义生成逻辑过程就是人的意识作用于部分自在物世界而生成意义的过程。而这其中就涉及两个关键步骤。首先是对日常生活中物的认知过程。实践意义世界是物被对象化的结果。日常生活中的物从纯粹的物经由符号化的过程，成为符号物。整个日常生活世界中充

---

① 赵毅衡，《符号学：原理与推演》，南京：南京大学出版社，2011年，第286页。

第七章　作为中项的日常生活：形成、特征及表意机制

斥着符号物。其次是对认知的理解和判别的过程，这一阶段是意义由生成到指导实践的中介环节。而理解和判别的过程以及基于理解的取效阶段，也就是日常生活实践行为的发生阶段。在此基础上，人类的日常生活实践活动所建构的日常生活文化是如何进行意义生产和传播的呢？

第三章已从哲学符号学和文化标出性理论出发，讨论过日常生活的定义以及日常生活作为文化中项与正项、异项之间的关系。接下来，笔者将继续对作为文化中项的日常生活文化的表意机制进行深入探讨。

文化项的二元对立是一个普遍存在的现象，如果用文化的标出性理论描述，对立项中被接受和承认的一方为"非标出项"，没有被中项认可并排斥的另一方为"标出项"。影响这一对立关系变化的因素是文化中常常隐而不现的认同项——文化的中项。文化之所以会形成意义上的二元对立，其决定性因素就是中项会做出对其中一项的价值认同；如果没有这种价值认同，二元的概念只是意义上的不同项，并不会形成对立的态势，就如纯生理意义上的"男/女""老/少"一般，表达的只是不同范畴或者意义划分。文化的对立意义并不是非此即彼的，在如"美/丑""好/坏"等对立关系中，存在一个宽广的、自身意义并不明确的中间地带。中项的特点是它无法自我界定，必须靠非标出项来表达自身。因此在"正项-中项-异项"这三者的动力性关系中，中项的偏边对文化表意起到了决定性的作用；中项靠自己无法表意，正项和异项都要对其进行争夺，因此它受到来自两方的压力。

可以说，非标出项所承载的价值观和风格被认为是正常的，而正项文化由于被作为中项的日常生活文化接受和认可，或者说正项由于对中项施加压力并争夺拉拢中项，因此正项文化被日常生活文化认定为非标出的、正常的，与日常生活文化共同构成了社会主流文化。

洛特曼在考察文化符号域关系时指出：文化都需要用自己的努力来建立一个"他者"①。在文化对等的情况下，对"他者"的建立过程，可以成为文化认识自身的基础；"不同"往往是一面认识自我"共同性"和"相似性"的镜子。与社会主流文化相对应的"他者"文化便是作为异项的"标出文化"。无

---

① 孙大川，《夹缝中的族群建构》，台北：联合文学出版有限公司，2000年，第41页。

论是在风格还是意义上,标出文化都往往与正项背离。[①] 总之,标出文化被正项和中项组成的社会主流文化共同排斥,从而被标出为文化中的异项。

一、正项文化的存在方式及对日常生活文化的压力

如前所述,两相对立中,导致不平衡的是第三项——中项。中项无法自我界定,必须靠非标出项也就是正项来表达自身。因此,如何确定正项,关键在于中项如何偏倚。因此,正项文化通过对日常生活文化的拉拢,以及日常生活对中项的偏倚,使正项文化具有正常的、合理的特征。

正项对日常生活存在主动施压及刻意拉拢的情况。中项无法自我表达,甚至意义不独立,只能被二元对立范畴之一裹挟,即只能靠向正项才能获得文化意义。不少符号学家认为,风格就是"对正常的偏离"(deviation from the norm),绝对无标出性的风格即"零度风格",也就是风格被程式化后,人们对此习以为常。日常生活作为文化的中项,最大的特征就是其"零度风格"。它坚守着、秉承着"最正常"这把度量尺,这是它较之其他两项最大的诱惑力,也是其存在的最大意义。也正因如此,无论是正项还是异项都在争夺这把度量尺,从而获得携带中项的意义权力,获得使用"正常"度量尺、裁定何为"正常"的权力。

因此,为了获取这种符号意义权力,正项最常见也是最普遍的动作即主动对日常生活施加压力,主动拉拢日常生活、施以诱惑,从而引导日常生活对正项文化产生认同感。

首先,正项会对日常生活文化施加强制性认同压力。例如,通过制定法律、法规、典章、制度等强制性手段来要求中项认同。政治变化影响着每个人的日常生活,这正是中项"熟悉政治"成为日常必需的主要原因之一。对政治信息有需求,并不必然等同于人要参与政治活动,而是正项希望中项通过了解当下政治特征,从而了解"将要发生什么""如何能避免自己的错误被人发现",或者"如何才能赚得更多"。因此,正项通过制定各种法律法规等强制性手段来将统治阶级的意识形态神圣化,将其统治地位合法化,从而对中项施加强制性压力,进而认同正项。

[①] 赵毅衡,《文化符号学中的"标出性"》,《文艺理论研究》,2008年第3期,第2~12页。

其次，正项会通过对日常生活文化施以诱惑，达到成功拉拢中项的目的。正如戈夫曼所说："大部分社会都会存在分层系统，人们普遍对高阶层抱有期待。个体希望得到有声望的社会地位，或期望接近社会价值神圣的中心地位。为了实现这种社会普遍向上流动的需求，人们需要努力维持自己的表演前台，以达到向上流动或避免向下流动。"① 而正项正是通过各种方式来对日常生活文化施以诱惑，从而满足中项对于接近高阶层的期待。在古代社会，贵族生活的繁文缛节、神职人员日常生活的仪式化、官方艺术作品对现有文化和制度的表现都属于这一范畴。这些方式所具备的仪式感非常重要，它可以激起社会成员的敬畏、尊崇、感动等正面感情，从而令其自觉地遵守现有的文化规范。正项通过对日常生活树立各种高阶层典范，从而给予中项一种可以效仿学习的对象，使中项自觉地产生对正项的认同感。这种典范可以是礼仪典范、道德模范、工作先进者等，这些人来自各行各业的高阶层，为人们树立一个在日常生活中可以模仿、学习的对象。

再次，正项通过营造异项文化被标出后所产生的被孤立的"意见环境"（opinion climate），取得中项的被动认同。诺依曼（Elisabeth Noelle-Neumann）提出"沉默的螺旋"（the spiral of silence）假说时认为，舆论并不是在18世纪才被人们认识的，而是已经在人类社会中存在了数千年，并且不断创造和保持着社会运作必需的和谐与一致。舆论的力量除了源于我们社会的本质，源于社会对被禁止的观点和行为实施的严刑峻法，还源于个人对孤立的恐惧。恐惧使个人在社会允许的情况下以"准统计的方式"不断变化，在社会中赞成的呼声升高时表达赞成的观点，在赞成的呼声下降时保持沉默，沉默进一步使原有的观点失去了民心。② 诺伊曼通过"沉默的螺旋"假说，重新揭示了一种"强有力"的大众传播观。她提出舆论的形成是大众传播、人际传播和人们对"意见环境"的认知心理三者相互作用的结果。经大众传媒强调提示的意见由于具有公开性和传播广泛性，容易被当作"多数"或"优势"意见为人们所认知；这种环境就是正项企图营造的意见环境，中项对这种环境认知产生压力感，也可能产生孤独、焦虑或恐惧，从而被动认同正项。最终的结果是引

---

① 转引自马丁·布伯，《我与你》，陈维纲译，北京：生活·读书·新知三联书店，2002年。
② 郭庆光，《传播学教程》，北京：中国人民大学出版社，1999年，第220页。

起人际接触中的"劣势意见沉默"和"优势意见大声疾呼"的螺旋式扩展过程,并导致社会生活中占压倒优势的"多数意见"——舆论诞生。[①] 这种多数意见对正项营造的"意见环境"倾斜认同体现了中项对正项的被动认同过程,最终,强势的声音成为正项并占据了中项的代言权,成为社会舆论的掌控者。

二、异项的存在方式

中项具有非常关键的作用,它决定了文化中标出项与非标出项的关系。这种关系意味着文化结构中对待异类的具体方式。赵毅衡对此提出了文化的"三个必须":"必须划出少数异类,必须边缘化异类,必须容忍异类。"[②] 不难发现,"三个必须"是文化常态下的理想结果,而非变化中文化的恒在效果。在变动不居的文化环境中,对待标出项的方式往往并不会完全依照这一法则行事。

首先,异类的存在方式有三种情况,它不必然是异项被标出,也可能是异项的自我主动标出或者自我异化。

第一,异项被标出。正项通过对日常生活文化的拉拢从而共同主动排拒异项文化,造成其标出。人们在日常生活中通常面临的不是道德概念而是道德判断。赵毅衡认为:"中项倾向的善与恶并非一个伦理道德问题,而是一个文化符号的解释意义的问题。"[③] 中项的立场才能决定道德的尺度。所以,不存在恒定的道德概念,而道德只有在具体的语境下才可以得出一个文化解释结果。也就是说,在日常生活中,人们并非学习何为"善",而是习得 X 和 Y 是善良的,因为他们帮助人;人们并非学习何为"恶",而是习得 X_1 和 Y_1 是邪恶的。正如赫勒所说:"我们并非接受'现成的'道德概念,我们所拥有的,可为我们所用的,是道德概念的特殊读本,是特定阶级、阶层或共同体的规范结构的特有读本。"[④] 因此,既然没有绝对的善恶尺度,那么人们对善进行判断,从而排拒恶的过程,就是正项群体文化拉拢中项,从而主动、蓄意排拒另一个异项群体的符号过程。

[①] 郭庆光,《传播学教程》,北京:中国人民大学出版社,1999 年,第 223 页。
[②] 赵毅衡,《符号学:原理与推演》,南京:南京大学出版社,2011 年,第 294 页。
[③] 赵毅衡,《符号学:原理与推演》,南京:南京大学出版社,2011 年,第 292 页。
[④] 阿格妮丝·赫勒,《日常生活》,衣俊卿译,重庆:重庆出版社,2010 年,第 82 页。

第七章　作为中项的日常生活：形成、特征及表意机制

第二，异项的自我主动标出。由于文化自身的排他性结构，主流文化为了形成不对称的文化局面，会主动边缘化异项，使自己成为稳固的正项。然而在此过程中被标出的各项文化除了会积极向正项靠拢并向文化域中心流动，也存在反方向寻求各种表达方式不断推进"自我标出"的情况，其目的在于长久保持自身的标出特征，为自己争取生存空间。各种亚文化受到主流文化压制的同时，为了不被主流化，会不断推进自己的标出之路。例如艺术，它本身就是不断追求"标出性"的存在，艺术作品和风格以不断突破和创造为目的，这也是艺术在长久的人类历史中被永久标出的一个原因。同样，时尚作为标出项，与正项文化中的潮流是有所区别的，时尚总是不断变化和发展。以一年两度的国际时装周为例，时尚以半年为周期推进，也总以标出的风格争夺着人们的注意力。但是作为正项的潮流，相比时尚却保持着一定的稳定性和恒定性。比如黑白色被认定为永恒的潮流，而某一季度的时尚色彩却总是不停变换。这也是当下色彩不仅仅是一种颜色符号，更是一种消费文化符号的原因。

第三，自我异化。例如异项自我缺失、异项自我取消、异项自我毁灭等状态。相比前两种异项的积极存在状态，这种异项的存在状态则相对消极。首先，异项可能存在自我缺失状态，这主要是针对丧失社会行为能力的异项群体而言的，他们无法主动认知和解释，无法正常参与社会文化意义的建构活动。这类群体作为异项中的异项，一般处于被极度标出的状态，如被监禁、被放逐、被隔离等。其次，异项可能自我取消其异项身份，不认同自身的异项身份，出于对自我身份的茫然和迷失，从而对异项功能不作为，不参与到文化中三域的动态建构关系之中。最后，异项可能采取自我毁灭这种极端的方式，以死亡作为终结存在的方式，从而主动终止来自正项的压制和中项的长期排拒。

其次，异项、正项、中项之关系存在两个特征。

其一，正项与中项必须对异项容忍和包容。道德对于日常生活来说有着至关重要的作用。赫勒认为："道德是个人的态度和决策与价值和规范期望之间的时间关系，由于这一关系是每一社会领域的特征，道德可以出现于所有种类的人际关系之中。"[①] 而同时她认为所有行为内涵取决于几个有内在关联的要素。首要要素就是道德具有废弃排他主义的动机。从根本上来说，道德是根据

---

① 阿格妮丝·赫勒，《日常生活》，衣俊卿译，重庆：重庆出版社，2010年，第75页。

社会的规范期望而对排他主义需要、愿望和渴望的克服。道德对排他主义并不是简单地压制，而是要对排他主义的渴望进行引导。个人可以使自身同其特性保持距离，建立一种允许他根据所选定的价值体系，表达自己的排他主义动机和才能的关系——压抑其中某些动机和才能，而为其他动机和才能提供更大的活动空间。因此，道德在对排他主义进行压制和克服的过程中，仍然必须容忍异类，对异项文化的标出予以肯定和包容。而异项文化的自我主动标出也受到了社会主流文化的认可和包容。

其二，异项相对于正项和中项而言，并不必然属于少数。赵毅衡提出的"三个必须"中第一条为"必须划出少数异类"，事实上可以被解释为必须划出异类，且异类必须存在。正项与异项的划分并不是一个数量和规模的问题，问题在于中项的认同状况。同时，异类不仅不必然是少数，胡易容认为"异项与正项的关系也不一定是刚好处在'被容忍'的位置"[①]，事实上，正项对待异项持有不包容、不提倡、不容忍的态度。接下来本章第二节将详细讨论这一点。

第二节 作为中项：日常生活文化的存在方式及特征

从前面的论述可以发现，中项是各种文化标出关系中最紧要的问题。上一节对正项文化和异项文化的存在方式已经进行了清楚的论述，这一节将对日常生活文化作为文化中项的生成过程、存在方式及其特征展开讨论。

一、日常生活文化作为文化中项的存在特点

首先，日常生活文化作为文化中项，不仅是"非此非彼，亦此亦彼"的表意关系[②]，它更多的是正项和异项之间的一个意义缓冲带，时刻等待被正项或异项中的某一项来争夺从而获取意义，并在某种程度上决定了文化中对立各项的关系。正项和异项都需要争取中项的认同，很重要的一点在于：中项很多时候是被视为"全体"的。因此，只有获取了"全体"的认同，正项才能够理所

---

① 胡易容，《论文化标出性翻转的成因与机制——对赵毅衡一个观点的扩展》，《江苏社会科学》，2011年第5期，第138~142页。
② 赵毅衡，《符号学：原理与推演》，南京：南京大学出版社，2011年，第279页。

当然、名正言顺地为"全体"代言。日常生活文化作为文化的中项,代表的正是绝大多数人的日常生活所形成的文化,是指向大多数的一般人,也就是生活中最平凡、庸常、默默无闻的各行各业的小人物,而不是指社会名人、权贵阶层或不法分子。因此,日常生活文化作为文化中项,所代表的"全体"从数量和规模上来看,实则是社会文化中数量最广泛、规模最庞大的普通人。

那么,正项文化应当如何展示它已经获得了中项的认可,从而获得了代表"全体"的文化身份呢?大众媒介天然具有代表受众的权利,因此成为正项文化展示其携带中项意义权力的最佳载体。在广告行业,适当的广告平台和载体对于提高广告效果有至关重要的作用。2016年年末,一个名为"王府燕窝"的广告登上了纽约时代广场的电子屏幕,品牌方配以"近日,王府燕窝登上了美国纽约时代广场大屏幕,引起了欧美主流媒体的广泛关注,不失为美国本土对于王府燕窝品牌的认同以及质量功效的赞美"的宣传词。然而,用纽约时代广场的屏幕广告来代表美国"主流"媒体甚至全美受众,这一点是非常不妥当的,无法证明全美民众已经完全认同该产品。

其次,日常生活文化作为文化中项并不"居中",而是始终存在向正项或异项某一边偏倚的状态。在文化常态中,中项会处于一种"中项偏边"的状态,即中项被正项裹挟一同排拒标出项。然而由于中项的站位并非一蹴而就,因此存在中项偏边后产生"中项易边"现象。在大多数情况下,文化的内在结构与语言的结构相似,也是不对称的。正因为这种不对称性,才导致其中一些文化单元"被标出"。标出项是"中项与正项联合排拒"的结果。中项并不处于中间,"中项偏边"是文化符号中判断标出性的关键。从文化的历时性角度来看,日常生活文化非常显著地体现出它对正项文化的认同,以及在漫长的文化常态下,正项文化长期性地主导、宰制着日常生活文化。

在17世纪末的英国,蔗糖是一种珍贵罕见的食物,富人和权贵从蔗糖中获取了极大的快感,他们购买、展示、消费蔗糖,以及通过各种形式浪费来展现他们对糖的独有权。同时,蔗糖为英国皇室贵族和资本家累积了数量庞大的财富,因此,蔗糖也被赋予了十分美妙的意义,如健康、快乐、带动气氛甚至经常与权力相关联。历史学家拉加茨(Lowell Ragatz)曾讲述了这样一个故事:乔治三世在访问威茅斯的一个种植园时,发现种植园陈设奢华,和自己的庄园不相上下,骑马侍卫和男仆配置也很完备时被激怒了,国王大喊:"糖、糖，嗯？都是糖！税都去哪里了？"① 但随着制糖技术的普及，蔗糖逐渐变得普通而寻常，成了一种日常生活必需品，蔗糖不再是权力的象征，更多的是回到了蔗糖甜蜜口感给人带来幸福、甜美感受的异项，且蔗糖的意象被大量运用于语言、诗歌和音乐中，在现代英语中，甜（sweet）、糖果（candy）仍旧可以表达甜言蜜语等意义。正项文化主导并宰制着中项日常生活的文化取向，随着正项文化的意义变迁，日常生活也在相应发生变化。

再者，日常生活文化作为中项可能会"缺位"。在文化常态下，日常生活文化的作用和地位非常重要。然而当文化处于急剧变动时期或者正项文化处于集权时期，就可能会出现中项文化缺位的情况。

第一，当文化处于急剧变动时期，正项文化缺场和文化过度多元化将导致中项作用处于缺位状态，无法标出异项时，就会出现日常生活文化缺位的情况。在这个特殊时期，文化中孱弱的正项与异项处于激烈的对抗状态，正项不足以争夺到中项的认同，而异项也不能在这场争斗中脱颖而出。因此，中项的符号功能被动缺场。比如，中国古代春秋战国时期，王权衰落、诸侯争霸，为了壮大自己的实力，各国开放政权以延揽人才，打破了本来的贵族政治体制，使得原本几乎没有资格参与政治的庶民可以发表自己的政见并参与政治决策，各种学说、思想纷纷出现，中国进入诸子百家争鸣时代。其中儒、法、道、墨、名、阴阳、纵横等学术流派涌现，各派特点鲜明。在这一阶段，很难明辨哪一家是正项文化思想，而哪一家是被排拒的异项思想。形成这种百家争鸣繁荣局面的主要因素正项与异项势均力敌。几经周折，以孔孟为代表的儒家思想才最终成为主流正项文化。因此，当正项文化强势，并且对中项形成稳定吸引力时，异项也自然会被清晰地标出。

第二，集权文化处于鼎盛时期，正项过于强势，导致中项的调节功能失效，对异类缺乏适当容忍。文化对立项进入非此即彼的刚性对抗中，导致社会文化危机。可见，中项除了能够代言全体，同时还能调和正项与异项之间的关系。一个没有中项的文化体是张力巨大而危险的。正项与异项非此即彼的对立几乎是所有文化极端时期的社会共同特征。

---

① 西敏司，《甜与权力：糖在近代历史上的地位》，朱健刚、王超译，北京：商务印书馆，2010年，第155页。

二、日常生活作为文化中项的特征

作为文化中项的日常生活，其文本具有典型的高度重复性与无风格性。这一点可参见本书第三章。作为文化中项的日常生活文化范畴，所具有的两个最显著的特征就是稳定性和动态性。这两种特性合力维持日常生活文化范畴的稳定和不断更迭。

第一，稳定性是日常生活作为文化中项的内在要求。在正项文化和异项文化两元对立的范畴中，稳定的中项才是保证正项、异项、中项三者动力性关系长久持续的关键，也是一种文化发展的内在要求。中项的站位决定意义，从富与穷二元对立关系来看，富裕与贫穷的界定永远是相对的，极富与极穷都是少数的，而在两极之间存在着大片不穷不富的中项。这种大规模的中项保持稳定，对于一个国家的经济发展是至关重要的。一个社会合理的结构为富裕阶层、中等阶层和贫困阶层三者呈橄榄形分布状态，中等阶层应成为社会良性发展的稳定主体，其收入应占据最大比重。① 不仅是社会经济，政治也同样需要稳定的中项作为其权利的坚实拥护者，所谓"团结大多数，孤立一小撮"的策略应该是一个合格政治家的本能。

那么，常被认为能够代表"全体"的中项，其稳定性从何而来？这就需要从日常生活文化本身讲起。日常生活文本能够作为文化中项，其自身具有强烈的日常性、庸常性，也就是处于绝对的"零度风格"之中。日常生活的意义建构是通过高度重复的日常生活实践进行意义的反复累积来完成的。正如第一章第三节中讲到的，日常生活的基本特征之一就是重复性，重复本身就是人们建构日常生活意义世界的最基本方式。日常生活中，人们的衣食住行等符号行为在不断地重复发生，将一次次生活实践经验变成习惯，从而延续人们日常生活记忆以及文化记忆。

第二，日常生活作为动态的中项，始终处于自身内部变动不居的状态。

首先，日常生活作为文化中项，本身就是一个动态发展的世界。在第一章，本书已经讨论过日常生活世界的特征，它是一个基于人类日常生活实践活动的，通过对物世界进行一系列认知、取效和改造形成的人类意义世界，本质

---

① 李强，《关于中产阶级和中间阶层》，《中国人民大学学报》，2001年第2期，第17~20页。

上它是一个意义不断建构和再建构的世界。因此，对于日常生活世界而言，动态性是其本质特征之一。

在日常生活世界与自在物世界的互动之中，人类的日常生活实践活动作用于自然，从而形成自己的周围世界。人在作用于自然的时候，被改造的自然也在反向作用于人类的周围世界。由于感知和行为是相互依靠的，所以人们感知自然的方式也会影响和产生环境问题。① 这里以人类对周围世界生命体的辨认和控制为例，辨认以及作为其结果的分类（范畴化）往往会控制被辨认出的对象。在生命体的周围世界中，所有被辨认出的对象都会被使用或者利用，接下来则是被控制。这就意味着生命体会自动地、不可避免地、必然地改变自然。

从历时性的角度来看，人类随着对周围世界的辨认和控制力度的加强，会不断地、不可避免地、持续地改变自然，从而不断拓展人类日常生活空间。人类最早的居住空间就是简单的遮风避雨的掩体，或者是利用自然界的岩洞、山崖作为居所，这与自然界动物寻巢、筑巢没有什么差异。随着文明的进步，掩体逐渐演化为住所的形态，直到建筑材料作为商品广泛流通开来，住宅都是利用当地材料建造的。由于各个地区的气候条件、自然条件不同，自然的建筑材料也各有不同，除了石头、土、草、木材、动物皮毛等，还有人造物，如纸、布料、砖瓦等，几乎身边所有的东西都可以拿来做建筑材料。建筑材料不同，住宅的结构方式也不同。同时，即便是在气候相同、建材相同的条件下，居住的形态和方式也各不相同。比如，同样处于温带地区，仅仅是木结构的住宅，就有梁柱式、半露明式、垒砌式等方式。为什么会有这样的差别？究其原因在于：人类的日常生活实践行为在建构自己的周围世界、改造自然的同时，周围世界和被改造的自然也在反作用于人类日常生活世界的建构过程。因此，这是一个动态循环的意义流动机制，也进一步说明了日常生活文化作为文化中项是一个动态的、发展的文化样态。

其次，在文化三域的动力性关系中，文化中项持久地被正项和异项争夺，不断受到来自两方的压力。这样的压力不仅会制造他者——正项文化和异项文化，而且也在进行自我建构。中项由于无法自我表意，只能通过非标出项来表

---

① 卡莱维·库尔，《符号生态学：符号域中的不同自然》，彭佳译，《鄱阳湖学刊》，2014年第3期，第44～56页。

达自身，必须认同其他项才能获得意义，中项的认同取向行为也正是自我建构的符号过程。

中项在遭受正项文化和异项文化的双重压力时，其文本内部不同层面的压力又分布不一，因此文化中项的各层次文化结构改造程度也各不相同。俄国文化符号学家尤里·洛特曼认为，符号域本身呈现出多层次的圈状结构："1. 单个的文化文本（具体文化事物）的具体意义；2. 第二模式化系统中形成的综合文化观念，如文学、哲学等学科内部的抽象概念、范畴、观念理论，它不与具体文化事物直接联系。……3. 一个民族文化的核心思想。"[①] 文化文本的具体意义主要表现为它所传递的美感、情感等心理意义和政治意义。而"第二模式化系统中形成的综合文化观念"，即文化元语言，虽然是隐性的，却决定着具体文本意义的发展和动态变化，并为文本的具体意义提供解释。"民族文化的核心思想"是文化符号域的中心层，即该文化的意识形态，是"文化元语言"的元语言，它为文化提供了评价的标准。彭佳提出将文化符号域的层级划分运用于中项层次的划分，"正项/中项/异项"的动力性关系至少可以分为以下两个层面：显性层面（美感层面、情感层面和政治意义层面）和隐性层面（元语言层面）。[②]

基于以上对文化中项内部层级的划分方式，本书对日常生活文化作为文化中项进行内部层次划分，具体如图7—1所示：

[①] 转引自郑文东，《文化符号域理论研究》，武汉：武汉大学出版社，2007年，第107~108页。
[②] 彭佳，《论文化"标出性"诸问题》，《符号与传媒》，2011年第2期，第66~76页。

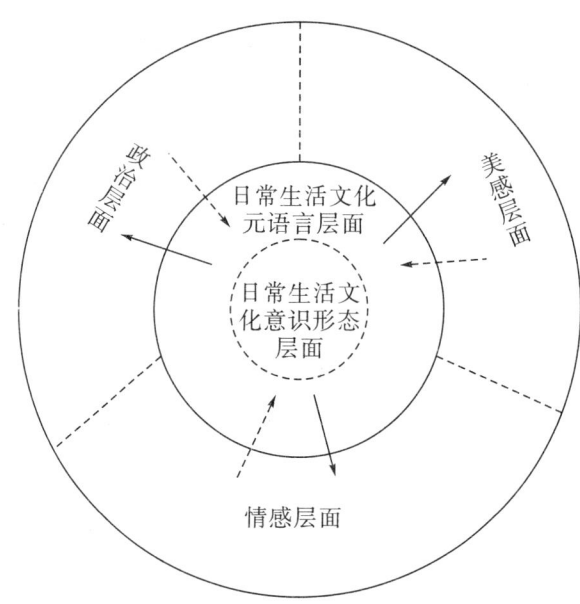

图 7-1　日常生活文化作为文化中项的层次划分①

图 7-1 中的美感、情感和政治层面部分之间用虚线区分，是因为它们之间不一定具有明确的界限，而是处于相互作用的流动状态之中；它们处于文化符号域的第一个层面，表现了单个文化文本的具体意义。而文化的元语言层则包括文化符号域的第二个和第三个层面，即包括文化元语言层面和意识形态层面（文化元语言的元语言）。第二和第三层面属于隐性层面，对显性层面具有决定性的影响，因此隐性层面对第一层面的三个部分的作用是用实线箭头表示的；虚线箭头则表示显性层面的变化对隐性层面也具有缓慢的渗透作用。这两个层面之间的影响并不是完全单向进行的。因此，从图中可以发现，正项与异项在争夺中项认同时，是一个分别作用于中项不同层面并且意义及影响逐层渗透的过程。中项并不是处于故步自封的状态，而是处于向正项文化和异项文化开放的互动状态。从显性层面上看，中项在政治层面、审美层面和情感层面对正项/异项展开认同活动，进而在隐性层面上的双重元语言机制上共同指导中项的认同活动。中项在制造正项、划出异项的同时，事实上也经历了从显性层面到隐性层面的自我身份建构过程。

---

① 此图是基于彭佳提出的文化符号域的层级划分图修改而成的，详见彭佳，《论文化"标出性"诸问题》，《符号与传媒》，2011年第2期，第66~76页。

第三节　中项偏边：日常生活的意义生成机制

在本章前两节，笔者主要讨论了正项、异项和中项的存在方式及其各自的特征，接下来就要讨论在正项、异项、中项三个范畴之间具体存在的动力性关系。文化中项既然是决定正项与异项位置的关键，那么中项在进行认同时是如何发生偏倚行为的？又是根据什么诱发了内在的偏倚导向？这将是探究日常生活文化作为中项进行偏倚认同的关键问题。

一、日常生活作为文化中项的认同层次

日常生活作为文化中项，最重要的作用就是可以确立正项和异项的文化身份，有权携带中项的就是正项文化，而被正项和中项共同排拒的就是异项。因此，中项必然偏向一边。然而中项并不稳定，还存在易边的可能性。在文化三个范畴的动力性关系中，由于中项的认同取向发生易边，从正项转到异项，异项发生标出性翻转成为正项。因此，日常生活作为中项，由于自身无法表意，因此需要在正项、异项之间选择偏倚、认同某一边，这也成为日常生活文化最基本的表意机制。

然而，日常生活在选择偏倚的一边时，是如何最终达成对其中一边的认同的？特别是在文化常态之下，为何总是会与正项保持一致的认同，即"集体认同"？这种"集体认同"又具有什么样的特点？这里将引用上一节提到的图7-1中对日常生活作为文化中项进行的层次划分，以考察中项进行认同偏倚时，在不同层次的不同特征，从而挖掘中项认同机制背后的决定性因素。

在图7-1中，可以看出在日常生活作为文化中项的显性层面，包括情感、政治与美感层面，是文化文本所体现的具体意义。中项的隐性层面分别是第二层日常生活文化元语言层面和第三层日常生活文化意识形态层面，也就是日常生活文化元语言的元语言层面。

从日常生活中饮食文化的"雅"与"俗"这种对立的两项来看，"雅"所具有的正项地位是建立在日常生活文化对它在美感层面、情感层面和政治层面认同的基础上。从美感层面来看，中国传统饮食文化对美感向来极为重视，甚至"美"这个字都是来源于饮食的。《说文解字·羊部》提道："美，甘也。从

羊从大。羊在六畜主给膳也。"同时古代"美""羊""甘""膳""羞"等字词常常互证。中国人的日常饮食讲求色香味俱佳，事实上除了"色香味"，还包括"形意养"等饮食文化符号形式的多个方面。在日常饮食文化中，人类对符号文本美感层面的追求向来是孜孜不倦的。并且，人们对日常饮食美感层面的认同是一种"由上至下"逐渐建立起来的审美认知。这里以食器之美为例，食器最早来源于礼器，古代皇家将其用于祭祀礼仪等仪式，而后食器逐渐风行于皇室贵族和达官显贵家庭。现代人对食器之美的认同也大多是跟随社会名人、专家、流行风潮等。

从政治层面来看，在任何时代、任何社会、任何阶层中，食物都是一种最重要、最基本的资源，因此利用社会权利对食物进行控制是非常常见的行为。日常饮食中人们对"雅"在政治层面上的认同主要体现在：如何分配得当，如何吃得"正确"等。论及事物的正确分配，食物除了用于果腹以外，还可以作为一种政治意义上的区隔符号。例如在印度种姓制度等级森严的社会中，对于不同种姓阶层吃什么食物有严格规范："有关食物的规矩极端重要，这些规矩显示出在社会维系上的界限和差异。不同种姓的清洁程度不同，这一点也反映在了食物上，有些食物可以与别的种姓分享，有些却不能，例如生的食物可以在所有种姓之间流通，熟食不可以，因为熟食可能会影响到种姓的纯净状态。"[①] 显然，人们对日常饮食在政治层面正确性的认同感主要源于食物的文化身份与人的文化身份一致。在等级森严的社会中，食物具有严格的等级意义。在一般的社会文化领域中，食物也通常与其他符号身份相关，如职业身份、政治身份、教育身份、宗教身份等。

从情感层面来看，日常饮食文化在情感层面对"雅"的追求和认同是显而易见的。日常饮食向来是情感交流、人际沟通的绝佳媒介。中国人最讲究吃，其中一个主要目的就在于"吃出感情"。中国人"共食"的这种日常饮食符号的长期存在最能体现人们想要吃出感情的美好愿望。通过坚持"共食"的符号形式，中国人形成了向往饮食共同体的饮食文化。人们通过吃，可以吃出个体身份认同、亲缘认同、群体认同、地域认同等，从而实现自己符号身份的多样化。

---

① 菲利普·费尔南多-阿梅斯托，《文明的口味：人类食物的历史》，韩良忆译，北京：新世纪出版社，2013年，第22页。

综上，可以发现，日常生活会在美感层面、政治层面与情感层面对正项文化予以认同，或者说，正项文化以表现在这三个层面上的文化特征来吸引拉拢中项文化。然而，全部认同三个层面只是一个理想的情况，并非所有的中项都会在三个层面对正项产生一致性认同。例如人们在日常饮食中，雅俗共赏也是常有之事，各种地方小吃尽管在美感层面与政治层面并不认同正项，在情感层面却与正项十分贴近，因为地方小吃往往凝聚着一个地区的社会文化、风土人情。

二、正项对日常生活文化的宰制与中项的层控认同机制

那么当日常生活作为文化中项与正项文化在三个显性层面上发生认同冲突时，它应当如何与正项达到一致的"集体认同"？这就需要隐性层面的"元语言层面"来为中项认同做出最终决策。

在日常生活文化元语言层面，元语言是理解任何符号文本都必不可少的，只要是传播意义的符号文本，如礼仪、宗教、民俗等都必须有相应的元语言来提供解释的符码。元语言是文本完成意义表达的关键，社会文化元语言表明了文本与社会的诸种关系，引出文化对信息的处理方式，为解释者提供了一种解释语境。当日常生活文化与正项文化在显性层面发生认同冲突时，能最终促使中项下定偏倚决策的是日常生活文化元语言与正项文化元语言二者之间的相互认同。正如在日常饮食中，地方小吃盛行，尽管它在美感与政治层面并不认同正项文化，但正项尚"雅"的饮食文化是中国传统文化体系的一面镜子，因此，无论是正项饮食文化还是日常饮食文化，在二者的元语言层面上，都是注重家族、宗族、地域的。饮食象征着一个通过想象建构出来的共同体，而地方小吃恰好代表了一个地区长久的风俗传统与饮食习惯。

进入中项的最核心层面，即日常生活文化的意识形态层面或者说日常生活文化的元元语言层面，人们可以发现，正项的意识形态对中项的意识形态层面施加了一种"文化宰制性"的压力。这种正项文化对日常生活的文化宰制权，也就是葛兰西提出的"文化霸权"（或译为文化领导权，cultural hegemony）之意。这是葛兰西政治思想的核心概念，他是在对教条式机械决定论的反驳中，在其革命实践中以及继承前人思想的基础上阐明文化霸权理论的。他认为，上层建筑可以分成两大领域：政治社会和市民社会。政治社会主要指马克

思主义哲学意义上的政治上层建筑,市民社会则指民间社会组织的集合体。市民社会还有实施领导权的领域,因为阶级斗争和人民大众的斗争主要在这些领域中发生。政治社会对市民社会在意识形态上的统治,是在市民社会同意的基础上,国家政权机关通过制定与传播统治阶级的意识形态,从而对市民社会进行"精神和道德的领导",构筑起统治阶级对从属阶级的领导权。葛兰西的文化霸权理论转换了经济决定论关于经济决定一切的视角,他对哲学、道德、大众心理、市民社会组织的分析都对经典马克思主义学说做出了贡献。而在本书中,此处将正项文化在意识形态层面对日常生活文化意识形态的操控和领导视为葛兰西意义上的"文化霸权",是正项文化对中项文化的一种文化宰制行为。

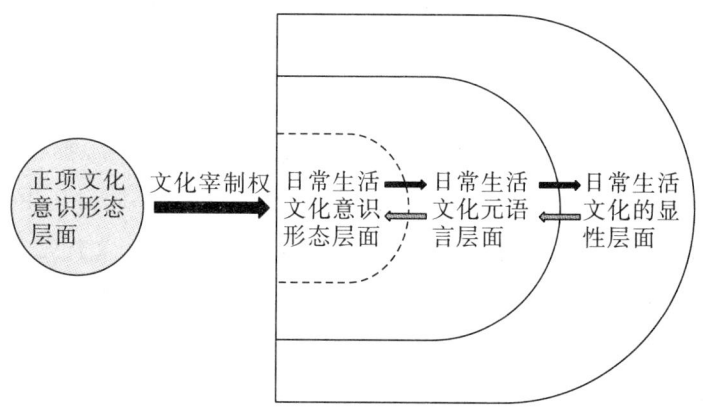

图7-2 日常生活文化对正项文化的层控认同机制

由图7-2可以发现,日常生活文化作为文化中项的偏倚认同机制是一个在正项文化的文化宰制权操控下,对文化中项最核心的意识形态层面施以认同和靠拢正项文化的压力,进一步将这种操控压力和认同压力通过文化中项的层级向外层层扩散,从而使日常生活文化最终站在正项文化一方。

第八章　超越日常：日常生活的中项异向化

由对立文化范畴之间的不对称带来的标出性会随着文化发展而变化，文化的发展过程实际上就是标出性变化的历史。因此，本章将继续讨论文化正项、中项与异项三者之间的动态变化过程。这主要表现在以下两种文化运动趋势中：一种是作为中项的日常生活如何历经中项异项化过程后走向、成为标出性文化，这也将是本章的要点所在。另一种是前一个趋势的反向翻转，即作为异项的标出性文化如何历经异项中项化过程转型为日常生活中项文化。第九章将主要论述这一点。

文化中标出项的变化异常活跃，历史上，标出性翻转的例子十分普遍。正如在男女性别对立的文化中，标出性是不断变化的。在前文明社会中，男性是标出的，雄性动物与男性会用胡须、羽毛、毛发、文身等装点身体从而吸引异性的注意。而女性在这一阶段是正项，无须标出，这样的安排有利于达到种族繁衍这一最重要的生存目的。而人类文明高级阶段最显著的特征就是女性开始采用各种妆发来给自己的身体添加装饰，从而吸引男性的注意力。两性对立中的标出项在这一阶段变成了女性，而男性成了社会正项，种植、畜养、打斗、掠夺等主要由男性从事的活动代替了以采集为主的女性活动，成为日常生产的主要生活实践，从而使女性在两性对立中更加边缘化。进入现代，女性更加成为标出项，其风格更加鲜明，男性作为"社会中心"的正项地位更加巩固。

在新的社会形态下，日常生活作为文化的中项也在不断改变，笔者在第五章、第六章中已经论述过日常生活转向，即传统日常生活向新日常生活（neo-everyday-life）转型。关于这一点，本书已经在第五章中进行了详细论述。另外，由于日常生活与非日常生活的边界逐渐模糊，传统日常生活发生内在转型，逐渐向非日常化发展；日常生活作为文化中项受到来自正项文化与异项文化两方面的认同压力,同时异项从未停止过对中项的争夺。因此在标出性翻转的过程中,日常生活作为文化中项也出现了一系列新的变化,具体表现为两个方面:一方面是作为文化中项的日常生活的异项化,另一方面是异项的中项化,即异项文化带有鲜明的日常性,主要是指日常生活文化中的泛艺术化现象。而本章与第九章会主要围绕日常生活作为文化中项的两种转型趋势分别展开讨论。

第一节 中项异项化下文化三域的存在状态

从人类文化的演变来看,异项文化从未停止过对中项文化的争夺,以此获得正项文化的地位。这种例子非常普遍,在欧洲历史上,女性长期被要求穿裙装,裙装一直是女性日常穿衣的正项,只有男人才能穿裤装。直到两次世界大战来临,女性大量参与到日常劳动中,裤装简洁精干适宜劳动,就此渐渐在女性中风靡。到现在裤装早已完全脱离女性日常穿衣的异项,成为日常生活中女性最普遍的穿衣款式。与女性恰好相反,古罗马时代服装最大的风格就是男女同型,均可穿裙装。然而现在,在男性的服装中,裙装已经被完全标出,成为男性日常服装中绝对的异项。

每个文化主流必有的结构性排他要求就是有意地将异项标出,然而异项并不会甘于长期处于被标出、被宰制的地位,因此日常生活文化长期受到来自异项的压力与影响,正项文化也长期受到来自异项的挑战,最终异项成功翻转,夺取正项位置。由此,日常生活作为文化中项出现的异项化趋势,正是异项的标出性翻转造成的必然结果之一。由于正项、异项、中项这三个文化范畴处在一个紧密的动力性关系之中,每一项的移动都会对其他两项起作用,因此,本书接下来会逐一讨论在异项翻转的过程中,这三个文化范畴分别出现的转变及为推动翻转所做出的贡献。

一、正项与日常生活在中项异项化中的存在状态

正如上一章所说,正项文化通过操纵手中文化宰制权,对中项文化中最核心的意识形态层面施加向正项文化认同和靠拢的压力,进一步将这种操控压力和认同压力通过文化中项的层级向外层层扩散,从而达到日常生活文化最终站

在正项文化一方的目的。因此，人们可以发现，正项操控中项的认同是一种层控关系，当文化出现标出性翻转的现象时，也就意味着：正项的文化领导权失去了对中项在最核心的意识形态层面上的控制权和操纵权，从而丧失中项的认同，使其转而认同异项，从而造成标出性翻转的局面。

若日常生活不再认同正项，那么造成正项对日常生活的文化领导权失效的可能性有以下几种。

在文化全域当中，正项所操纵的文化领导权过于强势，以至于正项对日常生活文化所施加的强制性认同压力过大，从而导致中项出现反抗和抵制行为。在人类文化史上，正项文化过于强势会导致极权社会（totalitarianism）出现，最终往往也会引起社会剧烈动荡和权力分崩离析。最典型的莫过于第二次世界大战期间以墨索里尼为中心的意大利法西斯政权与以希特勒为中心的纳粹德国政权的最终垮台。

正项还会通过各种方式来对日常生活文化施以诱惑，从而满足中项对于接近高阶层的期待。然而，当正项文化领导权缺场时，中项的高阶层期待就会落空，从而造成中项认同的消失。每当文化处于权力冲突时，正项往往无法正常发挥其领导权，那么它对于中项文化的领导权也将缺场。法国大革命时期，统治法国几个世纪的波旁王朝在三年内土崩瓦解，法国在这段时期经历了一种史诗般的转变，其间尽管吉伦特派、雅各宾派、热月党人纷纷轮流主政，但是都未能彻底推翻法国封建专制制度，实现巩固革命成果的目标。

此外，正项还会通过营造异项文化被标出后所产生的被孤立的"意见环境"，从而取得中项的被动认同。但是当"意见环境"发生改变，而整体环境并不能给中项带来被孤立的焦虑感和恐惧感时，中项将不会再害怕被孤立，而正项的文化领导权也将大大削弱。在文化包容度更高的社会中，正项文化对异项的包容度就相对较高，关于异项的"意见环境"更加包容理性，对中项的强制认同压力也大大减弱，从而给予了中项一种较为宽松的认同环境。这与前两种情况不同，正项给予了中项一种恰当的认同压力，并对异项予以一定程度的包容和认可，从而给异项提供一种缓慢翻转的可能性。正如同性恋文化作为一种亚文化，曾经长期受到社会主流文化的压制和抗拒，然而随着人类文明进程的推进，社会包容度逐渐提高，社会整体对同性恋的意见环境开始发生改变，尽管从宏观来看同性恋文化仍然处于被标出的状态，但是在一些国家，如美国、英国等，部分地区的同性恋人群已经获得了和异性恋人群同等的合法婚姻权利。

二、异项在中项异项化中的存在状态

异项总是存在不断争取日常生活文化的意图，其对日常生活施加压力的不同程度，将会引发日常生活对其态度产生不同程度的变化，也会令正项产生不同的宰制态度。

首先，为了得到日常生活更多的认可和吸引力，异项会不断增加对日常生活的压力。但因为与正项文化领导权的权利差值过大，为了不使正项感到异项对其地位造成了实质性威胁，异项会采取一些变异的手段来隐藏其翻转的意图。对此，彭佳、王万宏提出："异项会不得不采取变形的方式'潜伏'在正项或中项之中，而在一定条件下，它可以复活。[1] 刘文明指出，欧洲中世纪中晚期的圣母崇拜中保留着对丰产女神的崇拜。[2] 这种'丰产女神与圣母的合一'实际上是'女神崇拜'这一异项的变形，异项通过改头换面进入了正项，并赢得了中项的认同。"[3] 这是异项争取地位翻转所采用的一种缓慢的、不激烈的方式之一。

其次，当异项对日常生活的压力小于正项给出的认同压力，或者与之持平时，异项想要在这场正项地位之争中获得胜利，则需要按照中项认同的层控机制来对其施加不同的压力。异项对中项的影响应从显性也就是中项最容易受到异项影响的层面入手，为自己争取一定的生存空间。中项的显性层面包括政治层面、情感层面和美感层面。在具体的媒介环境中，异项最常见的方式是操纵中项对异项的"意见环境"，从而使中项在显性层面的三点对异项进行认同。笔者从日常生活文化对正项文化的层控认同机制出发，将异项文化加入三者的动力性关系之中，由此正项与异项对日常生活文化的压力影响则如图 8－1 所示：

---

[1] 彭佳、王万宏，《"中项"与文化"标出性"的改变》，《江苏社会科学》，2011 年第 5 期，第 143～146 页。

[2] 参见刘文明，《上帝与女性—传统基督教文化视野中的西方女性》，武汉：武汉大学出版社，2003 年。

[3] 彭佳、王万宏，《"中项"与文化"标出性"的改变》，《江苏社会科学》，2011 年第 5 期，第 143～146 页。

第八章 超越日常：日常生活的中项异向化

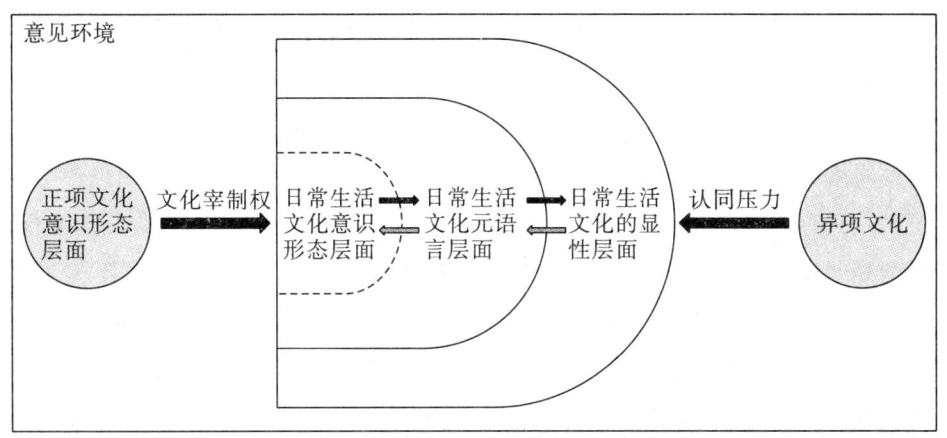

图 8-1　正项文化与异项文化分别对日常生活文化中项的压力

　　意见环境在整个文化全域中呈弥散状态，由文化三项互动关系共同塑造，并在正项文化的文化宰制下形成舆论环境。因此，基于中项的认同层控机制，异项最恰当的方式是从中项最容易动摇的显性层面入手，通过操纵中项对异项的"意见环境"，从而使中项在显性层面的三点对异项进行认同。

　　在政治层面，例如在战争中，最常见的就是打舆论战，通过争取中项在政治层面的认同促使一场战争胜利。在战争环境下，中项的意见环境也往往成了战争劣势一方夺取胜利的一大利器。自 20 世纪二三十年代起，天线广播、有声电影、摄影术等新兴媒介成为打好舆论战的有利助推。进入社交媒体时代，网络舆情发酵迅速，信息传播加速，因此如何引导社会媒体的网络舆情导向也成了新语境下政治层面主体间角力的重要议题。

　　在美感层面，异项由于其标出的特性而天然具有强烈风格，这是异项被标出、被排拒的根本原因。风格是对正项的一种反抗，异项借此确认自己的符号身份，向世界宣称"我就是我"。同时，风格也是异项的独特优势，标新立异的事物总能成为媒体和大众关注的焦点。正如中餐在西方国家能够普及，受到广泛的欢迎，是因为它征服了西方人的味蕾，获得了大众的味觉在美感上的认同，为自己在西方日常餐饮界争取到了相对较大的生存空间。然而西方社会无论是在政治层面还是在情感层面对中餐的认同感都相对较低，这也就解释了为何中餐目前在西方日常餐饮界的地位并不高，在多份世界权威美食排行榜上为何中国餐厅上榜寥寥。

在情感层面，赵毅衡认为："社会中项，对跟随正项来排斥异项，有一种愧疚感，这表现在一系列社会行为上，例如礼仪上的'女士优先'。"休谟在《人性论》中讨论情感，也就是他的道德心理学时，首次提出了同情原则。在休谟看来，同情不是怜悯、慈善等某种特殊的情感，而是这些情感由以产生的机制，只有在同情机制的作用下，人们之间观念和情感的传导才有可能进行。同情是非反思的心理学机制，它普遍存在于人性中。但同情并不是不偏不倚的，它会受因果关系、类似关系和接近关系的影响。[①] 笔者认为，由于异项被长期标出，中项因此对异项产生愧疚与同情，并且由此产生了怜悯、仁慈、同情等复杂的情感因素，这些情感因素始终来自中项认为自己地位高于异项的优越感，一旦中项与异项二者地位统一，异项翻转为正项，那么这种优越感将不复存在。

当异项对中项的认同压力超过正项对中项文化的领导力时，异项文化对中项的压力已经超越中项的显性层面，进入且作用于其元语言及元元语言层面。当中项这两个隐性层面的认同取向发生变化，也就意味着中项将整体转变认同取向，隐性层面的翻转才是异项真正翻转的决定性因素。当异项通过隐性层面认同发生改变，导致中项认同翻转，也就是直接取消并夺走了正项的地位。异项会通过各种方式强行取消正项的地位，诸如强行取消正项的象征符，例如历史上的政变夺权、刺杀领导人等事件。然而这种强行的异项翻转也容易为异项带来危机，这并不能真正取消正项的领导权，因此，激进地取消正项面临着非常大的失败风险。

当然，异项还存在一种特殊情况。有一类异项并不追求一定要与正项争夺意义地位，实现翻转。相反，它们总是不断追求标出，希望自己可以长久保持标出地位和文化异项身份。例如艺术，它总是以不断追求标出性为己任，越是怪异、险峻、荒诞、诡异、新奇，就越受推崇。意大利艺术家卢西奥·封塔纳（Lucio Fontana）的作品"刀痕画"系列，整幅单色的画布上只有一处或几处刀痕，此外没有多余的艺术创作痕迹。然而封塔纳这种激进、先锋的美学观却受到了艺术界的一致赞扬和认同，他所提出的"空间主义"也激发了众多新一代艺术家的艺术想象力。

[①] 程妍，《休谟"同情"理论思想研究》，长春：吉林大学博士论文，2013年。

在正项、中项、异项所构成的动力性关系中，三者共同作用于标出性的翻转过程，共同促成对立的正项与异项的角色互换。因此，在面对具体语境时，在讨论标出性翻转的过程中，正项与异项的存在状态需要同时被讨论。

第二节 日常生活中项异项化的文本策略

一、作为叙述文本的日常生活

日常生活作为中项的异项化机制已经在上文中讨论清楚，那么媒介在具体的再现过程中，是如何在叙述中展开日常生活的异向化变异的，又采用了什么样的叙述策略？其间日常生活文本具有什么样的叙述特征？笔者将主要针对这两个问题展开论述。

在讨论日常生活的媒介叙述策略之前，首先需要解决一个基础性问题，即日常生活文本是否是叙述文本，它是否具有叙述性？

事实上，关于这个问题，伯格（Arthur A. Berger）在《通俗文化、媒介和日常生活中的叙事》一书中已经对此有过分析，他认为："叙事即故事，而故事讲述的是人、动物、宇宙空间的异类生命、昆虫等身上曾经发生或正在发生的事情。也就是说，故事中包括一系列按时间顺序发生的事件，即叙述在一段时间之内，或者更确切地说在一段时间期间发生的事件。"[1] 在书中，他将叙述拉回我们的日常生活之中，使我们看到叙述是人类的重要存在方式。同时伯格强调叙述的时间段，叙事是向过去时间段和现在时间段的日常生活开放，因此他认为单幅漫画不是叙事，而连环画是叙事，同时尽管他已经在书中谈到了读者，但是他仍然不认为接收者是叙事成立的必要条件。因此，根据伯格的叙事理论，他在书中详细论述了叙事与日常生活的八大区别，认为尽管日常生活中存在叙事因素，如顺序性与有线性，但是"这和说他们（日常生活）是叙事不是一回事儿"[2]，不过一般来说会有相应的解决办法，例如增加日常生活

---

[1] 伯格，《通俗文化、媒介和日常生活中的叙事》，姚媛译，南京：南京大学出版社，2000年，第4~5页。

[2] 伯格，《通俗文化、媒介和日常生活中的叙事》，姚媛译，南京：南京大学出版社，2000年，第179页。

的戏剧性。伯格将日常生活与叙述区别开来，然而他指出的日常生活与叙事的八大区别也是经不起推敲的。

笔者在前文中已经论证过，日常生活是符号文本，它包含诸多符号化因素。那么日常生活是否如伯格所说并非叙述文本呢？根据赵毅衡在《符号学：原理与推演》一书中对"叙述文本"给出的一个底线定义，一个叙述文本包含由特定主体推进的两个叙述化过程：

1. 某个主题将有人物参与的事件组织进一个符号文本中。
2. 此文本可以被接收者理解为具有时间和意义向度。

此定义看起来与"符号文本"定义有相似之处，并且从这个定义可以发现，赵毅衡明确地将接收者视为叙述文本建构的主体之一，并且接收者能够理解文本的时间向度和意义向度。因此，在这里叙述文本的时间指向的不仅是过去与现在，而且包括未来；同时，他强调叙述讲的是有人物参与的变化，人物与变化缺一不可，两者皆有的符号文本才是叙述。因此这个定义虽短，但是实际上牵涉多个因素：某个叙述主体把人物参与的事件理解成有内在时间和意义向度的文本。

从以上定义出发，日常生活符号文本就是一个叙述文本，其他叙述文本的必要要素日常生活也都满足。

日常生活文本存在叙述主体，包括叙述发送者和接收者。首先，每个人都是日常生活的叙述主体或者是潜在的叙述主体。其次，日常生活符号文本卷入了人物。所谓"人物"，就是一种"角色"情节元素。而日常生活符号系统正是由现实中一个个真实而平凡的人物所进行的一系列以人为符号主体所展开的符号活动所构成的，叙述是人类最基本的生存方式。因此，每一个日常生活叙述文本中，人物要素都是必然存在的，而日常生活符号系统作为一个意义系统，时时刻刻运转着，并且进行着意义的建构。所以，日常生活叙述文本时刻充满变化。

二、日常生活中项异项化的媒介叙述策略

由此可见，日常生活符号文本就是一个叙述文本。正如前面所讨论的，日常生活作为文化中项，朝着异项化变异，具体到媒介的再现过程中，中项的异

项化变异过程是要日常生活文本通过一系列媒介叙述活动才能实现的。因此，日常生活文本要采用一系列特定的叙述策略才能达到其中项异项化的变异目的。

首先，日常生活文本作为叙述文本，具有弱可述性和弱情节性的特征，这也正是它作为文化中项的必然结果。情节（plot）是叙述性的来源，是任何叙述之所以为叙述的原因。任何对叙述的学理性思考，首先要处理的就是情节问题。① 事件具有可述性（narratability），就能进入情节。可述性是解释社群可能有兴趣知道的事件的必要元素。一个文本可述性的程度，就是其偏离中项的程度。② 因此，日常生活文本的异项化，也就是日常生活叙述文本增加情节性、增强可述性的过程。具体来讲，如何增加情节性与可述性？或者正如费斯克所思考的如何"在日常生活中找乐"③？

本·海默尔认为陌生化是可以拯救平淡无奇的日常生活的一种方式。④ 他认为柯南·道尔笔下的福尔摩斯正是一个被索然寡味的日常生活压得不堪重负之人，才通过服食可卡因作为陌生化日常生活的方式，来为生活增加惊世骇俗、标新立异的元素。⑤

而德塞托努力要做的是让日常生活产生诗意，这样一种诗意（它是在日常生活实践中形成的，并且允许那些实践可以让人耳闻目睹）必须标示出它和传统的社会政治参考框架保持一定的距离。在德塞尔托的理论视野下，日常实践中的生活并不单一，因为日常生活存在具有支配性的绝对权力，也存在对这种绝对权力的"抵制"，因此他将日常生活作为一个抵制的领域，并且归纳了一系列"抵制"战略战术，并希望人们可以通过"散步于城市"（walking in the city）这种审美体验来将生活的意义与城市空间紧密联系在一起。

然而，各位学者对如何从日常生活中找出"乐趣"这一点，可谓众说纷纭。赵毅衡认为，"叙述是否能引发兴趣，是由三个方面因素共同决定的：一

---

① 赵毅衡，《广义叙述学》，成都：四川大学出版社，2013年，第165页。
② 赵毅衡，《广义叙述学》，成都：四川大学出版社，2013年，第167~169页。
③ 菲斯克，《解读大众文化》，杨全强译，南京：南京大学出版社，2006年，第142页。
④ 参见本·海默尔，《日常生活与文化理论导论》，王志宏译，北京：商务印书馆，2008年，第23~31页。
⑤ 参见本·海默尔，《日常生活与文化理论导论》，王志宏译，北京：商务印书馆，2008年，第4~7页。

是所叙述的事件本身是否异常；二是如何说，即叙述的方式造成文本叙述性；三是阐释社群的理解方式与认知满足。这三个环节是相对的、机动的，只有配合起来形成一个符号表意环链，才会起作用"①。因此，接下来笔者将日常生活叙述文本放入一个具体的符号表意环链中，来看如何才能使日常生活叙述文本引发人们的兴趣。

日常生活的异项化过程，具体来说，就是作为中项的日常生活符号文本在符号表意过程中向接受者展示出的一系列标出性意义的集合。这里本书将具体回到在第四章已经详述过的雅各布森六因素理论。雅各布森认为符指过程中包含六种因素，即一个符号文本同时包含发送者、对象、文本、媒介、符码和接收者这六个因素。同时，符号文本不是中性的、平衡的，当文本让其中一个因素成为主导时，就会导向某种特殊意义解释。当符号文本导向六因素中的某一因素，该文本将会呈现不同的文本特征，并促使该文本发挥相应的符号功能。因此，日常生活在媒介再现的过程中，每一个因素的标出化叙述都会造成该符号文本最终呈现出标出化的符号表意倾向。以下笔者将结合雅各布森六因素理论来具体讨论日常生活文本六种异项化的媒介叙述策略，也就是讨论如何为日常生活叙述文本增强可述性，使得叙述文本更有乐趣。

第一，在表意过程中蓄意标出发送者的符号身份。这里的符号发送者身份，在叙述行为中实际上是指向每一个叙述行为中叙述文本的隐含作者。在任何文本中，各种意义与价值都能够集合而成一个"拟主体"。只要表意文本卷入身份问题，而文本身份需要一个拟主体集合时，就必须构筑出一个作为价值集合的"隐含发出者拟主体"，即"隐含作者"②。作者可以为不同叙述文本创造不同的隐含作者，这也是一种重新认识自己的过程，因为隐含作者是作者理想化选择的结果。③ 因此，作者在进行叙述行为时，通过刻意将隐含作者的符号身份予以标出，使该文本所叙述的事件更能吸引接受者的注意力，从而具有较高的可述性。在日常生活中，最典型的标出隐含作者身份的叙述文本，莫过于名流、明星做出非标出行为，也能成为轰动一时的新闻。例如，电影明星章

---

① 赵毅衡，《广义叙述学》，成都：四川大学出版社，2013 年，第 169~170 页。
② 赵毅衡，《"全文本"与普遍隐含作者》，《甘肃社会科学》，2012 年第 6 期，第 151~155 页。
③ 赵毅衡，《新闻不可能是"不可靠叙述"：一个符号修辞分析》，《福建师范大学学报（哲学社会科学版）》，2013 年第 1 期，第 55~62，69 页。

第八章 超越日常：日常生活的中项异向化

子怡在微博晒女儿照片，伦敦市长鲍里斯·约翰逊每天坚持骑自行车上下班等新闻时常见诸报端，并且轰动一时。这些叙述文本中的事件本身是很日常的，然而由于隐含作者身份的标出，也就造成了叙述文本的整体标出。

此外，在日常饮食活动中，烹饪长期以来被认为是女性的天职。厨房不仅是制造美食的地方，也是符号权力建构的场所。符号权力就是强调符号是一种构建现实的权力，它往往能够建立社会和世界的秩序。厨房中的权力也在建立一种日常生活的社会秩序。然而现在厨房中的权力在日常家庭生活语境下与公共语境下出现了权力关系的逆转，造成这种逆转的原因就在于叙述文本的隐含作者身份被显著地标出。在日常生活中，厨房由女性掌控，但是只要在社会公众场合，与烹饪、食物有关的事务大多由男性控制，在法国男性厨师一度强烈地想禁止女性戴厨师帽。再以烹饪书籍为例，女性作者的烹饪书籍，其封面通常都是一个简单的女性名字并冠以一个称呼头衔，例如图书《妈妈的烹饪书》[1]《章鱼妈妈的早餐》[2] 期刊《贝太厨房》[3] 等，目的是让人回忆起家庭中女性烹饪的滋味，同时书中也会谈及作者的一些家庭生活细节等。因此，在当代文化中，与男性相比，女性的日常生活烹饪活动并不具有太高的商业价值，出版商认为与其希望读者从女性烹饪书籍中获得利益或成功，不如让读者获得更多的情感价值。

相反，男性的烹饪书或烹饪节目一般都会采用全名，作者通过这种方式肯定自己的能力、创造力和对烹饪财富的所有权。如图书《尼克·马尔吉瑞的面包》(Nick Malgieri's Bread)[4]，BBC 知名的烹饪纪录片《保罗教你做面包》(Paul Hollywood's Bread)[5] 都遵循此道。男性烹饪书或节目介绍的大多是重大节日和大厨级别的烹饪食谱，菜品通常精细复杂、价格不菲、不同寻常。他们描写的菜品与公共生活，与金钱流动、利益、成功、权力有关。对于男性厨师来说，烹饪中不仅有名声、利益，还有梦想。

---

[1] 姝岑，《妈妈的烹饪书》，北京：电子工业出版社，2012 年。
[2] 章鱼妈妈，《章鱼妈妈的早餐》，北京：北京联合出版公司，2016 年。
[3] 《贝太厨房》是一本家族厨艺美食及时尚生活月刊，由安琪集团主办。
[4] Malgieri, N. *Nick Malgieri's Bread*: *Plus Sweet & Savory Recipes Made from Bread*. London: Kyle Cathie, 2012.
[5] BBC, *Paul Hollywood's Bread*, 2013-04-22, http://www.bbc.co.uk/food/programmes/b01rhdgt./

第二，在表意过程中蓄意标出接收者身份。这里的接收者身份主要指向叙述行为中的隐含读者身份。与第一点类似，接收者身份的标出，可以为叙述文本增强可述性。那么事实上，在叙述行为中存在以下两种情况，都可以为叙述文本增强可述性。其一，当叙述文本的隐含读者与隐含作者之间的符号身份出现巨大差距时，即具有标出性的叙述行为。例如普通人每年都有竞拍一次与巴菲特共享午餐的机会。[①] 此前美国小学生写的一封"致总统书"也引起了社会的广泛关注。[②] 其二，隐含读者与隐含作者的符号身份均是标出的，这也是一种标出性的叙述行为，如国家首脑的会晤，娱乐明星间的情感八卦新闻等。除此之外，如果隐含读者与隐含作者的符号身份都流于平凡的话，那么只能停留在日常生活之中，不具有任何标出潜力。

第三，在表意过程中蓄意标出信息/文本。在日常生活叙述行为中，信息指向所叙述的事件。为了使叙述文本能够尽可能标出，文本所叙述的事件就需要追求新、奇、特、险等极端的标出特征。吉尼斯世界纪录可以被看作一部标出事件大全，它被公认为世界纪录的权威，其中所记载的各种事件都是人们在各个领域对前人纪录的挑战，只有最标出的事件才有资格被列入其中。当然，例如，尽管是普通人，如果完成了意义非常不普通的事件，仍然会获得大众广泛关注。例如"80美金穷游全球"之类。

第四，在表意过程中蓄意标出文本语境。通常的做法是在大事件中嵌入日常生活，例如小说《战争与和平》，在极端残酷的战争背景下，安德烈和娜塔莎的爱情才尤为珍贵，而其悲剧结局也更令人惋惜。陶渊明"采菊东篱下，悠然见南山"表现的一种闲适、通达的人生观和自然观之所以如此打动人，也正是因为这首诗独特的创作环境和创作时机。作者当时刚从官场中退隐，深知为了功名利禄，人们如何钻营取巧、装腔作势；因此，他才归隐田园，回归人类真性情。

第五，在表意过程蓄意标出符号媒介。符号媒介的选择将会直接影响符号文本的意义解读。符号表意要想达到理想效果，应当与适当的媒介配合。请示

[①] "与巴菲特共进午餐"的慈善拍卖活动自2000年开始，芭菲特每年拍卖一次与他本人共进午餐的机会，从2.5万美金开拍。成功人士对此趋之若鹜，拍卖价屡超千万元人民币。

[②] 环球网，《美国小学生致信特朗普：你太粗鲁，不适合当总统》，2016-03-11，https://world.huanqiu.com/article/9CaKrnJUsEs。

最好手写,情歌最好曲调柔软,都是这个道理。而在符号表意过程中特意将符号媒介标出,整个符号文本的意义也将发生变化。仪式作为人类所特有的一种符号活动和一种演示性叙述,本身就具有叙述性和表演性。而日常生活出现仪式化倾向,日常生活文本也从一个弱可述性文本变成了一个强可述性和强叙述性的文本。造成这种转变的原因正是其符号媒介发生了变化。这一点在日常饮食方面体现得尤为明显。

中国传统饮食与礼仪素来互注互动,《礼记·礼运》中有这样的说法:"夫礼之初,始诸饮食。"这说明"礼"原本产生于人们的饮食之中。日常饮食的仪式化,最典型的例证就是礼仪中的"仪食"。饮食作为仪式中的某个程序、某种献祭、某种牺牲、某些器物、某些隐喻而存在,食物成为一场仪式的重要媒介。早在周代就已经有一种被称为"食馂"的仪式了,周人认为特定的食物祭品既可以消弭灾祸,又可以与神灵发生精神交流,从而保佑人们"多福无疆"。因此,在祭祀活动即将结束的时候,主祭者要举行隆重的食馂礼。食馂礼叙述文本的受述者为"鬼"与"神"。何为"馂"?《礼记·祭统》孙希旦注:"食余曰馂",即祭祀中鬼神享用过的祭品。食馂礼要严格按照先尊后卑、由少及多的原则接受神之福祉,享受这次"圣餐"。尽管在食馂礼中使用的仍然是日常饮食中常见的食材,如猪肉、牛血等,但这种演示性叙述为日常生活中的食材提供了一个"演示框架",以此将食物与日常生活语境彻底隔断。这些食材根据不同仪式的要求加以烹饪,烹饪的手法与日常烹饪差异很大,由此食物成为"仪食"。在食馂礼中,特殊的祭祀场地和主祭巫师正是这种"演示框架"。

第六,在表意过程中蓄意在文本元语言方面进行标出,如文本体裁、文本风格、副文本等。赵毅衡认为按照邦威尼特斯的三语式论,可以将时间向度分为三种:过去、现在、未来,它们进一步将所有的叙述分为纪录、演示、意动三个基本类型。一个文本被生产出来,就必须按照它所属的体裁规定的方式得到解释,这就是所谓的体裁期待。对于不同的体裁,读者带有不同的阅读期待。同样是关于禁烟的一段故事,写入小说里与用广告呈现产生的效果差别很大。小说是陈述式叙述文本,言说本身就是目的。而意动型叙述文本以语言宣传为代表,为了促使听者实施某种行动而叙述。广告则是最典型的意动型叙述文本,其终极目标是引导消费者购买商品。这也就是为什么公益广告常常能够比写在书本上的口号更加深入人心。

第九章　朝向日常：异项中项化下的日常生活泛艺术化

作为文化中项的日常生活受到来自正项文化与异项文化两方面的认同压力，同时异项从未停止过对中项的争夺，因此在标出性翻转机制中，日常生活作为文化中项也出现了一系列新的变化，具体表现为两个方面：一是作为文化中项的日常生活异项化变异趋势；二是朝向日常生活变异的异项中项化趋势，也就是说异项文化趋向携带显著的日常性元素，诸如日常生活文化中出现的泛艺术化现象。上一章已对中项异项化机制及其媒介叙述策略进行了详细论述。

在标出性翻转机制中，中项异项化过程与异项中项化过程是一种共生关系。在日常生活文化朝异项变异的过程中，部分异项文化也会呈现出中项特征，而这种转变受到了日常生活的极大欢迎。可以发现，在当下的日常生活之中，越来越多的异项化风格出现在日常领域，并且人们对于这种日常出现的"惊喜"欣然接受。越来越多的艺术风格走进了普通家庭的装修设计，巴洛克（baroque）是17世纪风行于欧洲的艺术风格，它追求不规则的形式，风格热烈、强调运动，具有浓郁的浪漫主义色彩。但是巴洛克风格自产生起就多用于皇家宫廷中，如皇室家具、服饰、餐具、器皿和音乐等，或见于天主教堂。因此巴洛克风格向来极为标出。然而，进入21世纪，巴洛克风格已强势入驻人们的日常生活领域，并且受到人们的热烈欢迎。巴洛克风格在服饰上的最大特征，繁复的嵌花、刺绣以及天鹅绒和丝绸材质，逐渐出现在人们的日常服饰中。不止于此，当下日常生活的方方面面似乎都出现了异项化倾向，因此，日常生活泛艺术化已经成为一个不得不讨论的问题。本章将主要讨论异项翻转过程中出现的中项化倾向以及在此变异中的具体叙述策略。

第一节 异项的两种运动方向

如前所言,日常生活作为中项文化的异项化过程与作为异项文化的中项化过程是相生相伴的。第八章已详细论述过异项标出机制,以及正项、中项、异项在标出性反转过程中各自的存在方式和各自分别对异项翻转的贡献。异项在翻转的过程中,逐渐受到中项的认同,从而逐渐出现中项化特征,那么异项在此过程中的变异又有何特征?这里,可以从异项的两个运动方向入手展开分析。

一、异项中项化的运动方向

异项在标出性翻转机制中,主要有两种运动方向。一种运动方向是遵循异项文化在文化三范畴动力性关系中的"天职",不断朝中项运动,不断挑战正项的文化领导权,不断给中项认同压力,以此达成标出性翻转目的。异项的中项化过程即中项对异项文化从显性层面逐层认同,直到元语言层面。而另外一种运动方向为:在异项文化的翻转过程中,异项朝更加远离中项的方向运动,从而加深其标出性。在标出性翻转机制下,异项的两种运动方向使异项文化呈现迥然不同的特征。

异项文化朝向日常文化中项翻转的过程中,异项文化尚未完全取代正项地位,中项的认知取向尚未完全翻转时,异项文化对中项的认知压力仍旧停留在中项的显性层面。在这个阶段,异项文化开始展现出一定程度的日常性。事实上,由于异项总是处于与正项的对抗和竞争状态,所以异项文化时常处于这种过程性变动状态之中。在这种状态中,异项文化呈现出半标出、半日常的文化特征。这种状态中的异项文化在日常生活世界与非日常生活世界的界线上来回徘徊。

这种"跨界文化",既具有标出性的风格,又享有日常性的庸常感,因此较之日常生活文化,更能得到受众的认同和青睐。现实生活中存在大量案例,通过跨越"日常"与"非日常"两界产生独特的文化美感,从而创造经济价值。当前文化创意产业蓬勃发展,它主要是对广播影视、动漫、音像、传媒、视觉艺术、表演艺术、工艺与设计、雕塑、环境艺术、广告装潢、服装设计等

第九章　朝向日常：异项中项化下的日常生活泛艺术化

领域进行创造性再生产，以满足人们的文化需求为目的，实现文化产业化发展，创造产业经营效益。从文化创意产业的意义生产过程来看，该产业所售卖的"文化"正是本书所讲的跨界文化产品。它利用这种文化产品天然带有的独特美感，既能满足受众的实用需求，又能满足其审美渴望。由此发现，这类跨界文化的独特美感，正是正项的生活美感与异项美感的有机结合。以北京故宫博物院和台北故宫博物院的文创产业创新为例，图9-1中分别是台北故宫博物院曾推出的风行一时的"朕知道了"胶带，北京故宫博物院的朝珠耳机和皇上瓷杯。它们在近两年通过对博物馆文化进行创意性再开发，成功引领了国内文创产业潮流。

图9-1　台北故宫博物院及北京故宫文创产品①

从以上的文创产品中，我们可以发现，这些产品成功地诉诸中项显性层面的情感与美感认同，从而造成中项普遍认同，使人产生消费购买行为。在消费社会中，最能体现中项显性层面认同取向的指标莫过于大众消费者的购买行为。消费时代来临，普通工薪阶层的生活方式和消费观念发生了根本性改变。人们的好奇心被不断激发，激情不断被煽动，欲望不断被满足而日益膨胀。因此，消费行为成为最能体现人们意见的代表性行为。然而，笔者需要指出：基于跨界文化所产生的消费认同，仍旧是处于中项显性层面的认同，是不稳定的、易变动的。这仅仅是异项处于翻转过程中的一个指示符，并不意味着异项已经彻底翻转。因为中项认同具有随机性，如在非典时期，人们听信谣言疯狂购买板蓝根等药品，认为这些药品可以抵抗病毒。但非典特殊时期结束，这种

---

①　第一张图为台北故宫博物院文创产品，参见《南方都市报》，《台北故宫再卖萌 继"朕知道了"新推"朕又来了"》，2014-09-3；第二张与第三张图分别为北京故宫博物院文创产品耳机和茶杯，参见故宫淘宝，https://gugong1925.taobao.com/.

集中消费认同就会即刻终止。

二、异项彻底翻转的关键：中项意识形态层面的认同翻转

在异项翻转的过程中，当中项的隐性层面发生认同翻转时，意味着正项对中项的文化领导权彻底丧失，中项开始在意识形态层面对异项予以认同。这也就意味着异项的彻底翻转，正项的意义地位被取代。因此，意识形态层面的翻转，才是策动中项认同彻底改变并促发异项彻底翻转的根本因素。

从人类社会的历时性发展来看，文化的历史就是意识形态元语言不断标出、翻转、再标出、再翻转的循环过程。意识形态作为文化的元语言，是文化活动的评价体系。从历史维度上看，文化评价的主体一般是集团。在现代化的发展过程中，一个主要的问题就是如何处理意识形态冲突。中世纪社会努力维持的统一评价体系，在面对现代社会时，就会被标出，从而不得不面对评价体系冲突这个事实。比如，各种社会集团，如中产阶级与无产阶级、妇女与少数集团，他们的自我意识形态不断增强，评价体系也往往对立。当他们组成了一个社会、一个族群、一个集团时，评价冲突也就此产生了，成了影响社会标出性翻转的重大力量。

不但人类文化是不断发展的，事实上，人类进化、动物进化也都是一个标出项不断尝试翻转的过程，部分标出项经历了彻底翻转从而加入正项的动态过程。从人类生产人造物品的过程来看，人类把物体当作锤子来使用的方法发生了很大的进化。这些工具被反复地修改以满足人类各种需求，从简单的石器和木棒组合成的工具，再到各种类型的现代金属锤乃至机械锤，还有一些目前甚至具有拔钉功能。文化的演化也正是通过这种多方面"试错"的方式前进。皮尔斯认为，"试推"是唯一一种可以开启新观念的论证类型，因而它是一种"原初性"的论证（CP 2.96）。他认为，一切科学推理都始于试推，它"存在于可以发现某种奇特情况之时；这种奇特情况使可以通过假定其属于某种一般规则的个案，然后进行解释，并由此采纳这一假设"（CP 2.624）。文化中的标出项正是在这种不断"试错"的过程中追求翻转，尽管并非所有的异项最终都会完成历史性的翻转，但是异项不断"试错"的过程促成了文化的内在积累和进化。在文化习俗和仪式方面也是如此，它们随着时间的推移越来越复杂，因此被不断改进以顺应新型交流和社会需要。

综上，我们可以发现导致整个文化环境发生变化的正是文化内在主导因素的变迁。那么，如何对文化主导因素进行明确的界定，进而总结其变化规律呢？在此，笔者认为陆正兰、赵毅衡从雅各布森的符号六因素理论出发提出的文化主导因素变异从而引发文化变迁的思考，对以上问题给出了详细的说明和论述。他们认为雅各布森的符号文本六因素可以分成此消彼长的三组对立导向关系：

指称性（重所指对象）vs 诗性（重文本形式）

元语言性（重解释引导）vs 接触性（重占领媒介）

表现性（重发送者意图）vs 意动性（重在接受者身上的效果）[①]

当某一因素上升为主导时，不可避免地以与其对立的另一因素的重要性下降为代价。在一个文本中，这些对立关系如果出现主导偏向，会造成文本意义导向朝特殊的方面倾斜。这三组相互对立的导向关系，事实上就是处于互相对立标出的两个极端，如果其中一端被标出，从而占据弱势的意义地位，那么另一端就会成为正项并占据意义的主导地位。小至一个文本，大到一种文化都具有这种特点。当符号主导因素地位发生翻转时，就会引发文化的历史性变化。赵毅衡以现代性肇始的17世纪直到后现代思潮兴起的20世纪70年代为例，总结出一个清晰的符号因素主导性演变规律：在上述时期内，指称性、表现性、元语言性都在下降。与此相对，20世纪下半期以来，诗性、意动性、接触性不断增高。文化的演变，都在随着符号六因素的主导性变化而变化。

三、异项的异项化运动方向

异项在标出性翻转中的第一种运动方向即不断向中项运动。异项的第二种运动方向，即朝向异项方向运动，也即不断朝向异端移动。（见图9-2）部分异项文化还存在一种特殊情况，它们并不一定追求与正项争夺意义地位，实现地位翻转；相反，它们总是不断追求标出，从而希望可以长久保持其标出地位和文化异项的身份。

[①] 陆正兰、赵毅衡，《"超接触性"时代的到来：文本主导更替与文化变迁》，《文艺研究》，2017年第5期，第20～27页。

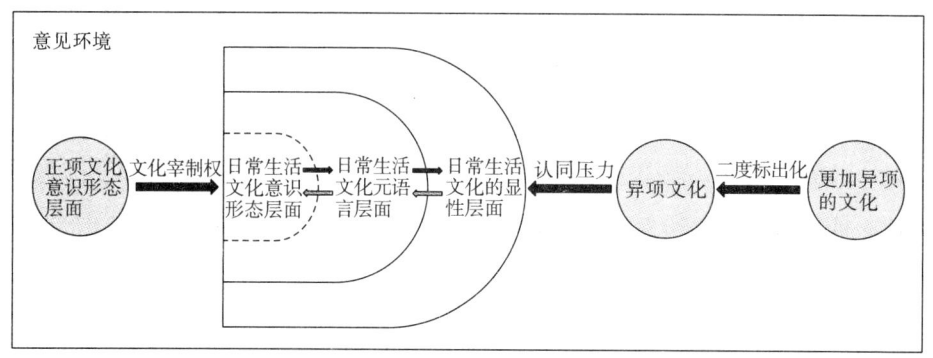

图 9-2　文化三域的动力性关系

在异项经历彻底翻转后,原本的正项文化会成为新的异项。那么在这个新的异项——这里可以称之为"二度异项"的符号域中,事实上,还存在经过二度标出后的一部分更加标出的异项文化。例如艺术就是自我不断再度标出的产物。特别是在当下艺术泛化的语境下,艺术如果自身要成为标出项,则需要更多的标出风格,自身要更加标出,当然这样也会对艺术造成困境和压力,使艺术存在一种为了标出而更加标出,为了标出而不得不标出的情况,促使艺术不断剑走偏锋,一味追求奇、险、峻,反而会导致艺术的消亡。

第二节　异项中项化特征:日常生活的泛艺术化

异项文化在朝中项运动的过程中,会逐渐显现日常性与标出性共存的风格。而当异项文化彻底翻转为正项时,其作为异项的风格将消失。在具体的文化语境下,可以发现,在异项中项化的文化变异过程中,文化所表现的最显著表征就体现在艺术范畴,即艺术的中项化变异上。从 20 世纪末起,一个重大的文化演变特征就是社会生活出现艺术化。文化的正常情况是非艺术的:20 世纪初什克罗夫斯基提出了艺术的"陌生化原理",陌生化以"常态化"(familiarization) 为必要背景。艺术的非正常性,是与正常秩序成正比的。有文化主流的"正常表意"作为背景,艺术才能作为一种特殊表意方式出现,这是艺术符号"标出性倾斜"的先决条件。[①] 显然,后现代社会中的艺术出现了

---

① 赵毅衡,《都是"审美"惹的祸:说"泛艺术化"》,《文艺争鸣》,2011 年第 13 期,第 15~18 页。

"正常性",而日常生活受到艺术的侵袭,出现了"非正常"特征。

一、日常生活泛艺术化的文化表征

日常生活的泛艺术化导致艺术开始普遍渗透进日常生活和文化生活中。首先,艺术家的目光开始投射至日常生活中。艺术逐渐脱离传统束缚,从学院、画室、博物馆走入人们的日常生活之中。艺术家开始将艺术的对象扩展至日常生活,比如,超现实主义艺术千方百计地把大家熟悉的日常事物变得陌生,仿佛日常生活中一支笔、一把梳子甚至一张废报纸都可以成为艺术品。马塞尔·杜尚(Marcel Duchamp)甚至在1915年把小便池直接送进展览馆当作艺术品展示。而到了后现代时期,艺术甚至已经泛化到无物不艺术的程度。仿佛"缝纫机和一把伞在一张解剖桌上的邂逅"[1] 也成了绝佳的艺术品。也正因为如此,西美尔在《时尚哲学》里用审美的眼光研究了感觉、交际、饮食、空间、时尚等范畴。韦尔施在《重构美学》里说:"毫无疑问,当前我们正经历着一场美学的勃兴。它从个人风格、都市规划和经济一直延伸到理论。现实中,越来越多的要素正在披上美学的外衣,现实作为一个整体,也愈益被我们视为一种美学的建构。"[2]

与此同时,艺术深度渗透日常生活,成为日常生活中一种受到人们普遍欢迎和赞赏的生活方式。正如列斐伏尔所倡导的那样,艺术家开始把审美当成一种生活风格。人们在日常生活中精心装饰自己的身体、居室、言行举止、交通工具等几乎一切生活中的大小细节。人们所说的"小资情结""小清新"等就是对这种生活方式最好的诠释。以城市空间为例,无论是公共空间还是私人空间,几乎都在追求装修格调独特、时髦新颖。人们在日常生活中对生活情调的极致追求,都是伴随着各种消费活动展开的。人们希望通过消费获取无尽的愉悦感、自由感和幸福感。"人,诗意地栖居"是德国19世纪浪漫派诗人荷尔德林的一句诗,后经海德格尔哲学被阐发为"诗意地栖居在大地上",从而成为很多人的共同向往。而"诗意的栖居"后来逐渐成为房地产商为购房者所构筑

---

[1] 本·海默尔,《日常生活与文化理论导论》,王志宏译,北京:商务印书馆,2008年,第78~79页。

[2] 沃尔夫冈·韦尔施,《重构美学》,陆扬,张岩冰译,上海:上海译文出版社,2002年,第4页。

的一个居住神话，成了一个经典的房地产广告语，也成了当下室内居住和装修设计界极度推崇的设计理念。由此，私人居住空间的符号功能由最初的实用居住功能，逐渐发展为与艺术表意功能相结合。甚至如何将房产通过广告营造得更梦幻美好，反而比房子本身更能够吸引消费者的目光。

不仅仅是日常领域中的衣食住行方面，艺术甚至渗透进了经济、政治、科学、游戏等非日常生活领域，几乎将所有的表意都变成了艺术符号。最醒目的莫过于政治的艺术化，欧美国家每到大选季节，各国政治家不仅要做好一名政客，更要做好一个合格的明星。竞选活动作秀，完全不亚于明星炒作花边新闻。2016年美国大选特朗普获胜，作为房产大亨的他为人高调，向来绯闻缠身，天生一张"大嘴"，可谓口无遮拦。但恰恰是他这些"反政客"的人格特色，使他在大选过程中得到了许多民众的支持。大家看腻了政客的尔虞我诈，特朗普的形象强烈标出于政坛，受到了全球媒体和受众的关注。他的成功无异于是政客明星化的一个最佳佐证。

此外，经济的艺术化现象也非常明显，之前笔者曾提及文化创意产业在全球范围内呈蓬勃发展之势。据统计，2015年全国文化及相关产业增加值为27235亿元，其中文化创意产业实现增加值4953亿元，相比2014年增长13.5%，发展势头良好。经济的艺术化发展之路为更有效地将艺术与日常相结合，并对日常生活进行艺术化、创造性加工，从而满足人们的社会生活需求提供了一条可行之路。当下旅游业的发展也遵循了这种路径，自然风光、历史古迹、城市风景，似乎都离不开人们的二度艺术加工，人造景观大量出现在风景区，甚至被商家当作景点推销给游客。

游戏领域的艺术化更是明显。游戏研究的先驱者赫伊津哈（Johan Huizinga）在他的名著《游戏的人》中指出，游戏有"'不同于日常生活'的意识"[①]，意思是说，游戏中的"日常经验"只是一种比拟，不能当真。两个孩子玩"过家家"，做出的事情再不合情理，也不能用"日常生活的意识"来判断。然而，游戏的泛艺术化，硬件、软件技术的发展导致游戏的视觉呈现足以"拟真"。在当前技术条件下，虚拟现实技术、7D模拟技术等基础的出现，使人们很难通过视觉将游戏世界与日常世界区分开来。因为人们逐渐将日常经

---

① 约翰·赫伊津哈，《游戏的人》，多人译，杭州：中国美术学院出版社，1996年，第5页。

验运用于游戏世界之中，游戏成功入侵了人们的日常生活。现在，人们在网络游戏中不仅可以选择游戏身份，还可以像在现实世界中一样结婚、组建家庭；网友对于网络配偶的态度不同于一般人，有些人甚至将这种虚拟恋爱关系发展到线下。

二、日常生活泛艺术化浪潮下艺术的符号功能演变

我们发现，异项在向中项移动的过程中，逐渐呈现出日常性，并同时伴有异项风格。当异项彻底完成翻转时，异项取代正项，从而获取中项的认同。因此，可以说，日常生活的泛艺术化是这样一个过程：异项朝向中项运动，但尚未进入彻底翻转的阶段。那么在此阶段的艺术符号，同时具有作为艺术符号的符号功能和作为"物－符号"的符号功能。因此，日常生活泛艺术化过程中的符号功能演变规律将对该符号表意产生重要的影响。

艺术符号与一般符号的差别在于：其符号功能是一个"物－实用表意符号－艺术表意符号"三联体。赵毅衡对物、实用符号和艺术符号的符号功能进行了以下对比：

Ⅰ. 物＝使用性（＋实用表意功能＋艺术表意功能）

Ⅱ. 实用符号＝（使用性＋）实用表意功能（＋艺术表意功能）

Ⅲ. 艺术符号＝（使用性＋实用表意功能＋）艺术表意功能[①]

在这个三联体中，"符号的使用意义"与"符号的表意功能"两者是其潜在符号功能，处于暂时被悬置的状态。这意味着并非所有的艺术符号都具有物质实体，同时，艺术符号也并不一定具有实用表意价值。艺术可以"跳过对象"直接到达解释项，正是艺术这种独特的表意机制才为艺术开放了无限的自由意义空间。作为艺术符号，这三个符号功能是反比例增长的，其艺术表意功能越强，前面两者的作用就相应越弱，甚至完全消失。

而当艺术符号开始向正项翻转时，原本悬置的"符号的使用意义"与"符号的表意功能"开始发挥作用，这时艺术符号必须指向具体的对象，原本"跳过对象"的表意机制失效。因此，该符号的意义逐渐变得清晰、稳定。同时，

---

① 赵毅衡，《符号学：原理与推演》，南京：南京大学出版社，2011年，第300页。

原本按照反比例增长的"物－符号－艺术符号"三联体中的三种符号功能失去原有的运动机制，伴随标出性翻转过程，其使用功能和实用表意功能不断增长；与此同时，其艺术表意功能却没有降低，该艺术符号所携带的艺术意义值反而保持稳定状态。直到该艺术符号彻底完成翻转，其携带的艺术意义才会消失。

因此，在翻转中艺术符号的三种符号功能"共存共增"的状态下，日常生活会出现泛艺术化现象，日常生活中的一切活动都开始带有艺术意义。日常生活符号是作为"物－符号"而存在的，仅具有使用功能和实用表意功能。由于日常生活泛艺术化，因此日常生活符号文本增加了第三项艺术表意功能。这也就使得一切日常生活符号都与艺术符号结构相同，并且都带有艺术意义。这种艺术功能同时保留独特的异项风格。

在解释者进行解释的过程中，这种异项风格将会首先占据人们的认知渠道，首先被感知体验到，这将会对解释者关于日常生活符号的解释产生重要的影响。最显著的一点就在于：一切日常生活活动都将被解释出艺术意义，这会造成许多意想不到的后果。其中一个影响是针对日常生活本身的。日常生活泛艺术化，从一方面来看，将日常生活本身的庸常性消解，生活变得丰富多彩，人们沉浸在日常生活的种种"景观"盛宴中，获得了极大的愉悦感和幸福感。从另一方面来看，日常生活泛艺术化导致日常生活本身被消解，正因为如此，才有许多学者呼吁回归日常。

日常生活"泛艺术化"产生的另外一个重要影响是对艺术而言的。艺术是否需要被公众理解？符号的意义永远是来自解释的。艺术尽管自由且意义丰富，但它更需要依赖解释。特别是当代艺术，它比过去任何一个时代的艺术都需要被公众理解。然而日常生活的泛艺术化导致了整个社会出现"泛艺术化"，从而使得传统艺术的标出性被翻转成日常活动，而艺术本身又有一部分处于标出性的翻转状态。这就造成了艺术一方面不断面临融入社会的压力，另一方面又为了防止被中项溶解而不断追求标出。艺术家总是追求花样翻新、出奇制胜，反而导致艺术沦为耸人听闻的表演。更重要的一点是，当日常生活符号从"物－符号"二联体被泛艺术化为"物－实用符号－艺术符号"三联体时，这与已标出的艺术符号本身没有任何差别。艺术从此将失去定义自身的"他者"，继而将无法定义自我的符号身份。这时可以说什么都将是艺术，什么又都不是艺术，艺术因此陷入身份危机，最终走向消亡。

第十章　文化三域符号系统间对话、变异及动力性翻转

日常生活中的文化中项、正项文化、异项文化三种文化域共同构成了一个动力性符号系统。第八章与第九章论述了文化三域在标出性机制中存在的两种翻转可能,即作为文化中项的异项化翻转趋势及作为异项文化的中项化翻转趋势。如果将这两种文化运动趋势共同放置在文化三域所建构的文化整体符号系统中,可以看出事实上存在一个核心动力结构。在中项的异项化运动方向下,日常生活符号通过以上提及的多种异项化策略被符码化,由日常生活符号文本转向异项符号文本,从而彻底异项化,而日常生活文本的符码化过程,实际上就是日常生活文本的神话化过程。在异项文化向中项运动的过程中,艺术文本经过符码化加工,从艺术符号变成一个"物-实用符号-艺术符号"三联体的日常生活泛艺术化文本。这个过程实则正是异项文本神话的解构过程。以下,本章将分别论述这两种机制,并最终提出文化三域间对话、变异与翻转的核心动力。

第一节　日常生活的中项异项化神话机制

首先,日常生活文化作为中项走向异项的过程,正是日常生活文本的异项神话化加工过程。

在第八章,笔者提及了日常生活异项化的六项策略。总体来看,这些异项化策略将作为中项的日常生活自身的低可述性彻底改变,颠覆过去的庸常感,使异项化的日常生活文化被赋予较大的传播性和较高的传播价值,从而进入异项文化域。事实上,从这六种异项化媒介叙述策略中,我们可以发现,它们背

后存在一条基本的日常生活异项化规律，即日常生活异项化过程正是日常生活文化的异项神话化进程。

巴尔特应用符号学研究消费文化，提出了影响重大的神话理论。他认为神话是由两个系统转换生成的，第一层符号系统为外延（denotation），即索绪尔所说的能指与所指共同构成的符号系统，表示符号的常识性意义。第二层系统为内涵（connotation），巴尔特称之为"神话"。他认为"神话是个奇特的系统，因为它是根据在它之前就已经存在的符号学链而建立的：它是个次生的符号学系统"。"神话言说方式的材料（狭义的语言、照片、绘画、广告、仪式、物品等），它们一开始不管多么千差万别，一旦被神话利用了，都归结为纯粹的意指功能：神话在它们身上只看到了同样的原材料，它们的同一性在于它们都简化为单一的语言状态……只是一个完整性的符号，它是初生符号学链的最后一项。"①

巴尔特也将这两级递进的意义结构理论用于对日常生活中神话的分析，他认为法国餐桌上最常见的葡萄酒就具有神话性质："葡萄酒是社会的一部分，因为它不仅为道德提供了基础，也为环境提供基础；它是法国日常生活中最轻微的仪式行为装饰，从零食（葡萄酒和松软干酪）到盛宴，从地方餐厅的闲谈到晚宴的正式演讲。它提升了所有的地位，任何一种天气：在寒天里，它和所有由寒转暖的神话相关。在盛夏时，又和阴影相关，和所有凉爽和冒气泡的东西相关……"②除此以外，巴尔特还发现了葡萄酒神话在另一个层面上的意义："葡萄酒的神话，事实上帮助我们了解日常生活中常见的暧昧不清。因为真相是，葡萄酒的确是既纯良又精致，但同样真实的是，它的生产与法国资本主义密切相关……因此，我们也同时面对了一种非常吸引人的神话，它却并非无邪的。我们现在的孤立特性，精确地说，是因为葡萄酒不能带来真正的幸福，除非我们在错误中遗忘了，它也是侵占土地后的结果。"③

巴尔特所讨论的日常生活，事实上就囊括了本书所划分的正项文化与日常

---

① 罗兰·巴特，《神话修辞术批评与真实》，屠友祥、温晋仪译，上海：上海人民出版社，2009年，第174～175页。
② 罗兰·巴特，《神话——大众文化诠释》，许蔷蔷，许绮玲译，上海：上海人民出版社，1999年，第69页。
③ 罗兰·巴特，《神话——大众文化诠释》，许蔷蔷，许绮玲译，上海：上海人民出版社，1999年，第70～71页。

生活作为中项的两者，即本书所谓的"社会主流文化"。巴尔特希望日常能与神话达成和谐，事实上，他所认为的日常生活中的神话，已经超越日常生活文化边界，是异项化的日常生活文化。因此，巴尔特虽然一直抱有这样的希望，然而这种希望的达成，正是通过日常生活的异项化符号过程来实现的。

日常生活传播文本中的意识形态需要通过非常隐秘的方式表达出来，其目的在于制造使历史自然化的现代神话。因此，日常生活作为文化中项的异项化过程也就是日常生活的媒介神话术。

大众传媒在制造现代神话的过程中扮演着重要角色。通过传播文本的符号修辞与叙事，一个个媒介神话得以建构，它们具有强烈的意识形态色彩，服务于不同的话语体系，传播文本意义的深层结构对应于意识形态生成机制。媒介神话是一种意义构建方式，其中意识形态具有某种虚幻性，媒介神话具有塑造主体的功能，试图使叙事对象在社会文化结构中占有某种独特地位，显得自然。只有认识到媒介这种制造现代神话的功能，受众在阅读传播文本的过程中才不会完全被传播文本的意识形态压制，从而形成独立的判断和认知。

例如，日常服饰文化作为服装文化的中项与服装神话即时尚，两者之间存在什么样的具体关系？整体的服装符号系统，实则正是由日常服装符号系统与非日常服装符号系统交叉构成的，二者覆盖了服装系统全域。其中日常服装系统占据着中项位置。事实上，非日常服装最主要的特征就是反日常性，具体就表现在对日常服装的庸常性的反抗，因此可以认为非日常服装系统中时装体系占领的正是异项地位。要讨论服装，就必须厘清服装时尚、潮流和日常服装系统三者之间的关系。

西美尔（Georg Simmel）认为时尚的功能之一在于阶级区分，将下层阶级与精英阶层之间的差异通过不同的时尚符号呈现出来[1]。布鲁默却在《时尚：从阶级区分到集体选择》这篇文章中对西美尔进行了反击，他认为，时尚恰恰是集体选择。[2] 时尚的本质不是阶级区分，而是集体选择。但这显然不适应当下多样化、现代化，特别是网络时代下的社会形态。时尚是对未来发展趋势的一种集体选择，是属于同一个阐释社群成员对时尚符号的一种共同选择。

---

[1] 参见齐奥尔特·西美尔，《时尚的哲学》，费勇等译，北京：文化艺术出版社，2001年。
[2] 赫伯特·布鲁默，《时尚：从阶级区分到集体选择》，刘晓琴、马婷婷译，《艺术设计研究》，2010年第3期，第5~12页。

而在这个社群中，社群成员拥有不对等的权力，在这里等级划分并非按照传统的社会阶级划分，而是由不同成员所享有的符号权力大小来决定。

时尚领域主要指向社会既定的时尚传统，长久沿袭的时尚规则。在很多生活领域之中，传统时常让位于个人权威或者专业原则，但是从社会整体发展来看，在时尚领域，传统权威仍然具有一定的符号权力，正所谓"潮流易逝，风格永存"，不随时间消逝的时尚成为传统的权威规则，确立了一种快速、权威的判断时尚的最佳标准。风格（style），其功能在于不断地对符号活动参与者的社会关系进行指涉和调节。风格可以分为个人风格、社会风格和生活风格（生活方式）。生活风格作为个人风格和社会风格的集合，不仅是个人风格的体现，也带有社会和群体风格的明显特征。社会风格遵循的是传统规则或书写规则。个人风格基于个体化差异而难以捕捉。但生活风格，诸如服饰风格、广告风格、建筑风格、对话风格等是鲜明可感的。风格成为时尚的一个传统权威规则，主要体现在：在主体开启符号活动伊始，就在意图意义中形成了对日常生活中如服装系统固定意义的有意抵抗，赋予这类服装一种新的"主题"意义，从而使主体遵循相应的风格符码进行编码，目的在于：相对于日常生活之日常性形成主动标出。

潮流与时尚实际上就是服装系统中正项与异项之间的演变关系，而这个演变关系正是日常服装向服装时尚的神话化历程。神话是一种符号系统，一种意指作用的方式，一种言谈[①]，它是在第一符号系统，如语言，基础之上建构而成的第二符号系统，即第一个符号系统中的一个或一系列的符号（也就是能指与所指结合的整体）在第二个符号系统中变成了一个新的能指2。第二符号系统中的能指2，其所指称为所指2，其符号称为符号2。神话的能指既是符号1，又是能指2。第一符号系统中，能指2的意指作用已经建立，它指向一种知识、一段历史以及一个事实或一个理念、一个意象作为符号1的身份，具有内容，且非常充实，作为能指2的身份，它抛弃了自己内里的知识、历史、事实和意象，除了可见的外观外，它又变成了一个空洞的、需要填充内容的躯

[①] 罗兰·巴特，《神话——大众文化诠释》，许薔薔，许绮玲译，上海：上海人民出版社，1999年，167页。

第十章　文化三域符号系统间对话、变异及动力性翻转

壳。神话的能指 2"就从这里吸取它的养分"。① 当神话的能指 2 意指所指 2 时，它又获得了一种历史、一种知识以及一个理念、一个意象。由此可见，从日常服装到正项服饰潮流神话再到异项服装时尚神话，服装神话化进程随着符号神话系统的层级式推演逐渐展开。

既然日常生活文化的异项化背后是符号神话化机制在进行深层意义操控，那么在媒介传播过程中，这种日常神话系统衍义想要进一步持续维持下去还需要一系列文本策略。

首先，提升文本接触性，拓宽传播媒介，"全媒体承接"式的元叙述方式②成为新媒体时代下日常生活神话化机制的新趋势。在全媒体环境下，一个叙述文本会被许多媒体承接衍生出多种体裁。毫无疑问，当下信息传播已经进入全媒体时代。针对受众的个性化信息需求，全媒体传播会综合运用多种媒介和终端，选择合适的媒体形式和渠道，以文字、图片、声音、影像等元素全天候、全方位、立体化地互动展示传播内容。特别是新媒体技术和虚拟媒介的飞速发展，使得现在的信息传播真正实现"全媒体"环境。当前"全媒体承接"为日常生活文本的神话机制提供了极其丰富的媒介渠道。

人们可以明显察觉到，当今时代的传媒文化中，一个叙述文本可以通过"全媒体"衍生至整个文化中，一个英雄人物、一个符号神话都可以通过电影、电视、动漫、电子游戏、玩偶手办、小说等多种媒介不断呈现。每一个由日常生活文本所衍生的神话通过"全媒体"方式将此神话意义不断向整体文化多方向衍化，从而不断延伸日常神话机制。这种符号衍义从理论上讲会无限发展下去。

提升日常生活文本的诗性，可以进而提升文本可述性，以此来增强文本的艺术形式，促进文本泛艺术化转向。当文本的"诗性"成为主导时，文本则变成艺术性存在，一双精美的筷子可以具有诗性，甚至成为艺术品。文本中不断重复某一要素，也可以使该文本具有诗性，比如日常生活中最常见的蜡烛，其造型在一些特殊的语境下通过不断重复而具有诗性。图 10-1 中，法国人民为悼念在《查理周刊》(*Charlie Hebdo*)恐袭事件中遇难的无辜者，摆放了许多

---

①　罗兰·巴特，《神话——大众文化诠释》，许蔷蔷、许绮玲译，上海：上海人民出版社，1999年，177 页。

②　赵毅衡，《广义叙述学》，成都：四川大学出版社，2013 年，第 300~307 页。

蜡烛，从而将纪念的仪式感凸显出来。

图10-1 法国人民纪念《查理周刊》恐袭事件

要提升文本诗性，也可通过符号修辞为文本创造更多样的艺术形式。在文化整体视觉转向的宏观语境下，视觉修辞可谓是创造日常生活神话的一条捷径。随着手机拍摄技术的发展，人们愈加热衷于在新日常生活中不断对身体进行神话化建构。不同于那些直接"进犯"身体的整容手术，刘涛认为："美图秀秀无疑谱写了我们时代中人类的'新身体叙事'，也就是通过对身体的重新塑造和打磨，最终将个体包装成一个巨大的符号奇观。"[①] 显然，在美图秀秀软件中，日常生活的美学特质被人们发现了，原本琐碎的、无关紧要的、被历史有意漠视的生活世界呈现出前所未有的和谐状态和审美潜力。这一神奇的视觉神话和符号工程，美图秀秀可以轻易完成。它的工作思路非常简单，那就是沿着"微调"这一修辞方法来重构个体的认同体系。原始的手机照片只具有最简单的再现功能，也就是对事物的真实呈现。美图秀秀则试图在美学语境下重新诠释照片的意义内涵，使得原始的照片被二度符号化。从再现到表现，从纪实语境到美学语境，美图秀秀完成的是一个微妙而神奇的符号工程。

实现中项异项化，还可以提升文本意动性，嵌套意动体裁。从中项的日常，到正项的潮流，再到异项的时尚，文本跨越三个范畴最便捷的途径，便是通过提升文本的意动性向接收者指明，拥有此文本，便拥有直通异项身份的"快速票"，身份与自我的归属在瞬间即可达成。Supreme是以美国纽约曼哈顿街头风格为灵感的潮牌，是当下最具话题性的品牌之一，常年与各大品牌推出

---

① 刘涛，《美图秀秀：我们时代的"新身体叙事"》，《创作与评论》，2015年第12期，第92～94页。

联名产品。该品牌还热衷于改造日常生活，将生活中最常见的用品通过最简单的方式——增加一个 Supreme 的标识（logo），即可让这些物品摇身一变成为当下最时尚的文化产品。（见图 10-2）品牌的跨界合作，潮牌的贴标联名，实际上就是一个纯粹的符号学问题。通过给日常生活文本贴上当下最火热的潮牌标识，可以迅速提升文本的意动性，以此直白地向接收者表明："你只要买下贴着这个标识的碗筷，你就会拥有渴望已久的时尚身份，成为最潮的人。"

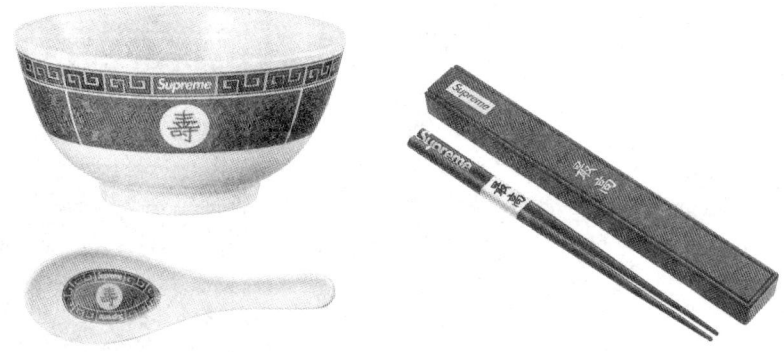

图 10-2　Supreme 出品的碗筷①

Supreme 这种"logo 联名"的合作方式，不只在时尚界引发了热潮，更是启发了大众文化，甚至形成了一种意动体裁。2018 年，在抖音视频平台，"万物皆可 Supreme"成为一个值得关注的现象，人们将日常生活中最常见的生活场景"P"上一个 Supreme 的标识，似乎一切都变得生动、时尚且高级，这种拼贴方式一时蔚然成风。图 10-3 中时尚品牌 Supreme 和 Balenciaga 的标识分别被网友贴在一个日常生活文本之中，公园里老大爷斗舞和小猫瞬间都变得潮流且生动。借此机会，各种"P 图"软件也开始推出时尚品牌的标识贴纸，方便网友们"改造日常"。这种意动体裁的形成，实则是形成了一套控制文本接收方式的规则，引导观者如何解释，直接指示观者按照此体裁"约定"的方式去理解该文本。

---

① 参见 https：//www．supremenewyork．com

图10−3　网友将时尚品牌标识与日常生活文本进行拼贴

第二节　异项文化中项化的神话解构机制

与日常生活的异项化神话机制相反，异项文化的中项化则是一种解构异项神话的意义运作机制。在日常生活泛艺术化浪潮下，我们明显地感受到无处不艺术、事事皆艺术，却又无处是艺术。泛艺术化现象泛滥，艺术符号大量从非日常生活世界之中跳脱出来跨界表意，这对人类原本的生活秩序来说无疑是一种以艺术为名的符号暴力。这种符号暴力的最大特征在于：它将传统日常生活世界的符号秩序彻底打乱，再建构一套新的符码机制，从而将异项神话不断推向解构，拉下神坛，重新具有大众性甚至日常性。那么在具体的媒介传播过程中，泛艺术化是如何通过符号文本层面解构异项神话，其间又有何种文本策略？笔者认为在文本操作层面存在以下诸种解构异项神话的策略。

首先，提升文本表现性，发送者意图朝向中项化转变。在异项文化中项化的过程中，艺术品从呼唤少数的艺术爱好者的审美活动转变为呼唤商品的消费

第十章　文化三域符号系统间对话、变异及动力性翻转

者的消费行为，文本的发送者将其文本意图从艺术品转变为商品。在此期间，其异项神话解构的典型策略就是将艺术品商品化，使艺术文本经过商品化加工及大众消费，开始向日常生活文本转变，其艺术表意功能也随之降低，增加和凸显其物性和使用性。波德里亚指出，在消费社会中，艺术被符码化。但它的符码化路径与日常用品的符码化有所差异。日常生活中的物品，是从现实变成超现实，从真实走向幻象；但艺术是从幻象走向幻象。在走向另一种幻象的过程中，艺术经历了质的变迁，转变成虚假幻象。① 从这些思考出发，波德里亚引出了自己对当代艺术的判断，这些判断直接构成了他的艺术终结思想。生活与艺术混淆，彼此的边界消失了，而消费将二者成功地编织在一起。在消费社会运行逻辑的规定下，艺术品经过消费符码化过程，其本质发生了变化。以戏剧为例，市场的利益引诱、赛场的博弈论竞争使戏剧的目标一部分或大部分偏离了艺术终极目标的正常轨道，自觉或不自觉地朝政治化、商品化方向偏移。戏剧影视的产业化发展加速了戏剧艺术走向异项中项化翻转与艺术神话解构之路。与此同时，传统经典的戏剧艺术美学为适应当代的审美现实，自身也进行了转型和重构。以京剧方式演唱的知名歌曲《卡路里》瞬间在网络走红②，10余天内微博该话题下产生了7600万次阅读量，4.5万次讨论的超高数据。异项中项化为传统艺术，如戏剧艺术在新媒体时代拥有了生存空间，为艺术摆脱"曲高和寡"和"自娱自乐"的困境提供了一条出路。

其次，提升文本指称性，增加其指称对象的透明度。艺术需要跳过对象，观众也习惯在解释艺术时保持"意指距离"。增加指称性，使艺术品无法再跳过对象，而是需要走进对象，不断增强符号所指涉的对象的透明度，从而增加其实用表意功能。最典型的指称性提升策略体现为当下博物馆争相推出的各类创意非凡的文创产品。以故宫博物院为例，清朝传统点翠首饰元素被应用于笔记本、冰箱贴、杯垫、胶带等产品中，一经推出，就受到消费者热烈追捧。若在淘宝网搜索"凡·高"和"星空"两个关键词，就会发现，其中有很大一部分采用凡·高名画《星空》图案的挂画当作遮盖家用电表箱的装饰品，《星空》

---

① 张冰，《艺术与生活的双螺旋逆转——鲍德里亚日常生活审美化思想探究》，《学术研究》，2015年第2期，第150~156页。

② 央视新闻，2018-11-19，http://n.miaopai.com/media/zqWvDXxTpkdeN7Rfp1DEIJ~dPh3Go6lR.

的图案还可用于浴室墙砖、壁纸、抱枕、丝巾等日常用品。在这些符号之中，在其表意过程中起主导作用的符号功能并非点翠技艺或《星空》作为艺术品的艺术表意功能，而应该是：点翠样式的冰箱贴和《星空》样式的电表箱画，二者作为冰箱贴和电表箱遮盖物的日常用品使用功能以及二者作为携带传统点翠样式和《星空》样式的符号的日常用品所具有的符号表意功能。它们体现购买者的日用品格调和生活品位。

再次，提升文本元语言透明度，增强解释的引导力。高度重复性是日常生活文化的一个主要特征，也决定着人们在日常生活中的认知方式和行为模式的形成，成为大众养成一定认知习惯的直接原因。通过将异项文化重复展示，人们形成了对异项文化模式化的接受与认知习惯，并形成经验记忆，从而促使元语言解释机制的形成与稳固。诸如类型电影的出现，将电影这种原本脱胎于艺术范畴的文化类型彻底推上了中项化发展之路，同时也使艺术电影这一电影类型更加标出。弗兰克·毕佛认为类型电影"是指表现相似风格、相似主题和相似结构关系的任何一组电影的术语，其基本要素有三：一是公式化的情节，二是定型化的人物，三是图解式的视觉形象"[①]。因此，言情片、动作片、喜剧片、战争片、灾难片、科幻片成为大众最喜欢的类型片。这些电影的票房就可以印证它们的火爆程度。2016年中国电影总票房达到457.12亿元，其中票房前十位的电影均由言情片、动作片、喜剧片占据。[②]

第三节　文化三域动力性翻转机制：双神话化螺旋机制

以上笔者对文化中的正项、中项、异项三域之间的动力性关系进行了详细的论述，经总结可以发现，在文化三域符号系统中存在一种双向神话螺旋演化机制（见图10-4）。

[①] 弗兰克·毕佛，《电影术语词典》，童锦荣、黄庆译，北京：解放军文艺出版社，1993年，第30页、109页。

[②] 新传智库，《2016年中国电影市场大数据报告》，2017－01－7，http://mt.sohu.com/20170107/n478025371.shtml。

第十章　文化三域符号系统间对话、变异及动力性翻转

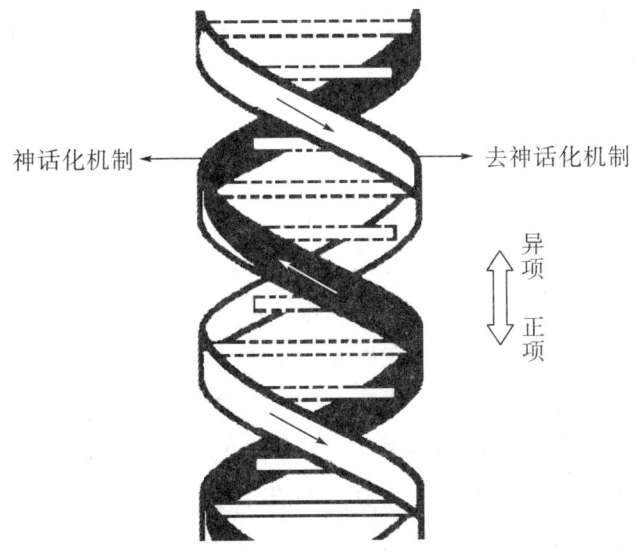

图 10-4　文化三域动力性翻转机制：双神话化螺旋机制

这种文化演化机制说明文化的演化并非是非此即彼的，而是一条辩证发展和不断否定－肯定－再否定的道路。文化的正项和异项分别处于演化机制的两端，日常生活作为文化中项起到了居间调节作用，从而促使文化体中博弈的对立双方地位不断向对立面转化，形成双向螺旋式演化机制。需要注意的是，这两个双向的神话化机制，并非互不相关，而是相互影响、相互作用的。从图10-4 中可以发现，两条螺旋之间是以虚线连接的。文化中的对立两项中，不论哪一项出现异动，都会对其对立方产生影响，因此，在文化三域的动力性关系中，这种螺旋演化机制中的两种运动规律是时刻保持高度相关性的。

本书从文化范畴划分入手，认为文化可以分为三域，分别为日常生活文化中项，由精英文化所引导的文化正项，以及二者构成社会主流文化共同排拒的文化项。在这样的文化三元划分方式下，笔者分别对每一项文化的存在方式和表意方式进行了论述。同时，本书重点讨论了日常生活作为文化中项的存在方式。正项与异项争夺中项认同是一个分别作用于中项的不同层面，并且意义及影响逐层渗透的过程。中项并不是处于故步自封的状态，而是向正项文化和异项文化开放。从显性层面上看，中项在政治层面、美感层面、情感层面对正项、异项展开认同活动，在隐性层面上双重的元语言机制共同指导中项的认同活动。中项在制造正项、划出异项的同时，事实上也在从显性层面到隐性层面

进行自我身份建构。基于此，本书之所以进一步讨论日常生活文化表意机制的关键问题，即中项发生偏倚认同，正是因为其受到文化正项对中项的文化宰制权操控。

日常生活文化三域共同构成了一个动力性符号系统。文化中标出项的变化异常活跃，在历史中标出性翻转的例子十分普遍。对立文化范畴之间不对称带来的标出性，会随着文化发展变化而变化。可以说文化的发展历程，就是标出性变化的历史。而标出项的翻转，同时也意味着文化正项的标出。因此，我们可以发现，文化三域的关系是处于不断变动的状态中的，三者的边界是不断被打破、重塑的。通过分析我们发现，文化三域符号系统中存在着一种双向神话螺旋演化机制，文化的正项和异项分别处于演化机制的两端，日常生活作为文化中项起到了居中调节作用，从而促使文化中博弈的对立双方地位不断向对立面转化，形成双向螺旋式演化机制。

参考文献

巴特. 神话修辞术［M］. 屠友祥，译. 上海：上海人民出版社，2009.

巴特. 神话——大众文化诠释. 许蔷蔷，许绮玲，译. 上海：上海人民出版社，1999.

鲍德里亚. 消费社会［M］. 刘成富，全志钢，译. 南京：南京大学出版社，2000.

比格内尔. 传媒符号学［M］. 白冰，黄立，译. 成都：四川教育出版社，2012.

布希亚. 物体系［M］. 林志明，译. 上海：上海人民出版社，2001.

布伯. 我与你［M］. 陈维纲，译. 北京：生活·读书·新知三联书店，1986.

波伏瓦. 第二性［M］. 郑克鲁，译. 上海：上海译文出版社，2015.

波伦. 植物的欲望：植物眼中的世界［M］. 王毅，译. 上海：上海人民出版社，2005.

伯恩斯坦. 阶级符码与控制：教育传递理论之建构［M］. 王瑞贤，译. 台北：联经出版事业股份有限公司，2007.

伯格. 通俗文化、媒介和日常生活中的叙事［M］. 姚媛，译. 南京：南京大学出版社，2000.

布鲁默. 时尚：从阶级区分到集体选择［J］. 刘晓琴，马婷婷，译. 艺术设计研究，2010（3）.

达内西. 香烟、高跟鞋及其他有趣的东西：符号学导论［M］. 肖慧荣，邹文华，译. 成都：四川教育出版社，2012.

迪克. 网络社会：新媒体的社会层面［M］. 蔡静，译. 北京：清华大学出版社，2014.

丁依宁. 受众的表演与想象：弹幕使用族群研究 [J]. 新闻春秋, 2015 (4).

杜比宁, 等. 生物界的辩证法 [M]. 尹希成, 等译. 北京：北京大学出版社, 1989.

郭庆光. 传播学教程 [M]. 北京：中国人民大学出版社, 1999.

海德格尔. 存在与时间 [M]. 陈嘉映, 王庆节, 译. 北京：生活·读书·新知三联书店, 1987.

海默尔. 日常生活与文化理论导论 [M]. 王志宏, 译. 北京：商务印书馆, 2008.

郝娟, 利民. 半坡与史前文明 [M]. 西安：三秦出版社, 2004.

赫勒. 日常生活 [M]. 衣俊卿, 译. 重庆：重庆出版社, 1990.

赫勒. 现代性能够幸存吗？[M]. 王秀敏, 译. 哈尔滨：黑龙江大学出版社, 2012.

胡敏中. 论日常生活和日常认识 [J]. 求是学刊, 2000 (5).

胡易容. 论文化标出性翻转的成因与机制——对赵毅衡一个观点的扩展 [J]. 江苏社会科学, 2011 (5).

胡易容. 图像符号学：传媒景观世界的图式把握 [M]. 成都：四川大学出版社, 2014.

胡翼青. 大众传播的批判性解读：以日常交流为参照 [J]. 中国地质大学学报（社会科学版）, 2012 (4)：104-109.

胡翼青. 论文化向度与社会向度的传播研究 [J]. 新闻与传播研究, 2012 (3)：4-11.

霍奇；冈瑟. 社会符号学 [M]. 周劲松, 张碧, 译. 成都：四川教育出版社, 2012.

范立冬, 李曙光, 张治刚. 虚拟现实技术在医学训练中的应用 [J]. 创伤外科杂志, 2008 (6).

费瑟斯通. 消费文化与后现代主义 [M]. 刘精明, 译. 南京：译林出版社, 2000.

费斯克. 解读大众文化 [M]. 杨全强, 译. 南京：南京大学出版社, 2006.

费斯克. 传播研究导论 [M]. 许静, 译. 北京：北京大学出版社, 2008.

费孝通. 乡土中国 [M]. 北京：北京出版社, 2005.

伏飞雄. 日常生活"泛艺术化"实践的符号学反思［J］. 当代文坛, 2010 (3).

凯尔纳. 后现代理论［M］. 张志斌, 译. 北京：中央编译出版社, 2002.

加维. 游戏［M］. 王蓓华, 译. 成都：四川教育出版社, 1996.

李彬. 传播符号论［M］, 北京：清华大学出版社, 2012.

利波维茨基, 胡. 永恒的奢侈——从圣物岁月到品牌时代［M］. 谢强, 译. 北京：中国人民大学出版社, 2007.

李淑静. 幂姆：文化的守望者——幂姆的认知研究［J］. 华文教学与研究, 2006 (1).

李强. 关于中产阶级和中间阶层［J］. 中国人民大学学报, 2001 (2).

李沁, 熊澄宇. 沉浸传播与第三媒介时代［J］. 新闻与传播研究, 2013 (2).

李沁. 沉浸传播的形态特征研究［J］. 现代传播, 2013 (2).

刘怀玉. 现代性的平庸与神奇——列斐伏尔日常生活批判哲学的文本学解读［M］. 北京：中央编译出版社, 2006.

刘文明. 上帝与女性——传统基督教文化视野中的西方女性［M］. 武汉：武汉大学出版社, 2003.

卢卡奇. 审美特性：第1卷［M］. 徐恒醇, 译. 北京：中国社会科学出版社, 1986.

马文美. 在现实与虚构之间：历史、身份、自我——以符号学为工具考察薛忆沩三篇历史题材小说［J］. 符号与传媒, 2013 (1).

卢卡奇. 关于社会存在的本体论：上［M］. 白锡堃, 译. 重庆：重庆出版社, 1993.

科西克. 具体的辩证法［M］. 傅小平, 译, 北京：社会科学文献出版社, 1989.

库尔, 马格纳斯, 瑞因, 等. 生命符号学：塔尔图的研究进路［M］. 彭佳, 汤黎, 等译. 成都：四川大学出版社, 2014.

库尔. 符号生态学：符号域中的不同自然［J］. 彭佳, 译. 鄱阳湖学刊, 2014 (3).

雒有仓. 关于中国社会生活史的体系问题［J］. 淮北煤炭师范学院学报（哲学社会科学版）, 2003 (3).

舒茨. 社会实在问题 [M]. 霍桂恒，索昕，译. 北京：华夏出版社，2001.

斯考伯，伊斯雷尔. 即将到来的场景时代 [M]. 赵乾坤，周宝曜，译. 北京：北京联合出版公司，2014.

陶东风. 当代文艺学学科反思——日常生活的审美化与文艺社会学的重建 [J]. 文艺研究，2004 (1).

涂尔干，莫斯. 原始分类 [M]. 汲喆，译. 上海：上海人民出版社，2000.

帕克，麦肯齐. 城市社会学：芝加哥学派城市研究 [M]. 宋俊岭，等译. 北京：商务印书馆，2012.

潘忠党，於红梅. 阈限性与城市空间的潜能——一个重新想象传播的维度 [J]. 开放时代，2015 (3).

彭佳. 论文化"标出性"诸问题 [J]. 符号与传媒，2011 (2).

彭佳，王万宏. "中项"与文化"标出性"的改变 [J]. 江苏社会科学，2011 (5).

彭佳. 文化对自然的模塑：一个生态符号学模式的提出 [J]. 哲学与文化，2015.

彭佳. 对话主义本体：皮尔斯和洛特曼符号学视域中的文化标出性理论 [J]. 符号与传媒，2015 (2).

彭兰. 场景：移动时代媒体的新要素 [J]. 新闻记者，2015 (3).

吴亮，高云. 日常中国：50 年代老百姓的日常生活 [M]. 南京：江苏美术出版社，1999.

吴亮，高云. 日常中国：70 年代老百姓的日常生活 [M]. 南京：江苏美术出版社，1999.

吴亮，高云. 日常中国：90 年代老百姓的日常生活 [M]. 南京：江苏美术出版社，1999.

王彬. 身体、符号与媒介 [J]. 中国青年研究，2011 (2).

王寅. 认知语言学 [M]. 上海：上海外语教育出版社，2007.

王小英. 传媒景观世界的符号认知形式：评胡易容《图像符号学：传媒景观世界的图式把握》[J]. 符号与传媒，2015 (1).

维特根斯坦. 哲学研究 [M]. 陈嘉映，译. 上海：上海人民出版社，2001.

韦伯. 宗教与世界 [M] // 韦伯. 韦伯作品集. 康乐，简惠美，译. 桂林：广西师范大学出版社，2004.

威利，诺伯特. 符号自我［M］. 文一茗，译，成都：四川大学出版社，2011.

文一茗. 身份与符号自我——《黑天鹅》关于身份的命题［J］. 西南民族大学学报，2012（10）.

文一茗. 论主体性与符号示意的关联［J］. 社会科学，2015（10）.

韦尔施. 重构美学［M］. 陆扬，张岩冰，译. 上海：上海译文出版社，2002.

西美尔. 时尚的哲学［M］. 费勇，译. 北京：文化艺术出版社，2001.

休谟. 人性论［M］. 关文远，译. 北京：商务印书馆，2002.

雅柯布森. 语言学与诗学［M］//赵毅衡，编. 符号学文学论文集. 天津：百花文艺出版社，2004.

雅斯贝斯. 时代的精神状况［M］. 王德峰，译. 上海：上海译文出版社，2005.

延森，布鲁恩. 媒介融合：网络传播、大众传播和人际传播的三重维度［M］. 刘君，译. 上海：复旦大学出版社，2012.

杨国荣. 成己与成物——意义世界的生成［J］. 学术界，2008（5）.

衣俊卿. 日常生活批判与社会科学范式转换［J］. 光明日报，2006-02-14.

喻国明，欧亚，张佰明，等. 微博：一种新传播形态的考察——影响力模型和社会性应用［M］. 北京：人民日报出版社，2011.

张亮采. 中国风俗史［M］. 北京：商务印书馆，1915.

赵毅衡. 符号学：原理与推演［M］. 南京：南京大学出版社，2011.

赵毅衡. 都是"审美"惹的祸：说"泛艺术化"［J］. 文艺争鸣，2011（13）.

赵毅衡. 广义叙述学［M］. 成都：四川大学出版社，2013.

赵毅衡. 哲学符号学：意义世界的形成［M］. 成都：四川大学出版社，2017.

赵勇. 谁的"日常生活审美化"？怎样做"文化研究"？［J］. 河北学刊，2004（5）.

詹姆斯. 心理学原理［M］. 田平，译. 北京：中国城市出版社，2010.

张永清. 生活世界与审美对象意义世界的本源［J］. 学习与探索，2001（5）.

郑震. 论日常生活［J］. 社会学研究，2013（1）.

BARTHES R. Systeme de la mode［M］. Avril：Editions du Seuil，1967.

BARTHES R. Toward a psychosociology of contemporary food consumption

[M]//Forster R, Ranum O (Eds.), Food and Drink in History: Selections from the Annals: Economics, Societies, Civilisations, Baltimore, MD: Johns Hopkins University Press, 1979. (Original work published 1961)

BERGER A A. Signs in Contemporary Culture: An Introduction to Semiotics [M]. Sheffield: Sheffield Pub Co, 1998.

BOGATYREV P. The Functions of Folk Costume in Moravian Slovakia [J]. Crum R G. trans. Lhomme, 1972, 7 (3) (Original work published 1937).

BRODIE R. Virus of the Mind: The New Science of the Meme [M]. Seattle, WA: Integral Press, 1996.

DE CERTEAU M. The Practice of Everyday Life [M]. Berkeley: Berkeley University of California Press, 1984.

DOUGLAS M. Deciphering a Meal [J]. Myth, Symbol, and Culture, 1971, 101 (1).

ENGVICHT D. Street Reclaiming, Creating Livable Streets and Vibrant Communities [M]. Columbia: New Society Publishers, 1999.

FISKE J. Introduction to Communication Studies (2nd Edition) [M]. London & New York: Routledge, 1990.

FISKE J. Understanding Popular Culture [M]. London & New York: Routledge, 2010.

GARDINER E M. Critiques of Everyday Life [J]. Library Journal, 2000, 133 (8).

GASTON B. The Poetics of Space [M]. New York: Beacon Press, 1994.

GENNEP V A, Vizedon M B, Caffee G L. The Rites of Passage [J]. American Catholic Sociological Review, 1961, 21 (4).

GIDDENS A. The Constitution of Society: Outline of the Theory of Structuration [M]. Cambridge: Polity Press, 1984.

GOFFMAN E. The Neglected Situation [J]. American Anthropologist, 1964 (66).

HONGLADAROM S. The Web of Time and the Dilemma of Globalization [J]. Information Society, 2002, 18 (4).

JACKOBSON R, Halle M. Fundamentals of Language [M]. The Hague: Mouton, 1956.

JENSENK B. The Social Semiotics of Mass Communication [M]. London: Sage, 1995.

KRESS G. Multimodality: A Social Semiotic Approach to Contemporary Communication [M]. London and New York: Routledge, 2010.

LEFEBVRE H. Everyday Life in the Modern World [M]. Rabinovitch S. trans. London: The Penguin Press, 1971.

LEEDS-HURWITZ W. Semiotics and Communication: Signs, Codes, Cultures [M]. New Jersey: Lawrence Erlbaum Associates Publishers, 1993.

LEEUWENT V. Introducing Social Semiotics [M]. London and New York: Routledge, 2004.

MAUSS M. The Gift: Forms and Functions of Exchange in Archaic Societies [M]. Halls W D. trans. New York: W. W. Norton, 1990.

MCCRACKEN G. Culture and Consumption: New Approaches to The Symbolic Character of Consumer Goods and Activities [M]. Bloomington: Indiana University Press, 1990.

MESSER E. Anthropological Perspectives on Diet [J]. Anthropology, 1984 (13).

PEIRCE C S. Collected Papers of Charles Sanders Peirce, Vols. 1–6 [M] //Hartshorne C, Wiss P. Vols. 7–8, Burks A W. Collected Papers of Charles Sanders Peirce. Cambridge: Harvard University Press, 1958.

PRANG C. The Creative Power of Semiotics: Umberto Eco's The Name of the Rose [J]. Comparative Literature, 2014 (66).

SEBEOK T A. An Introduction to Semiotics [M]. Toronto: University of Toronto Press, 1999.

SILVERMAN D. TORODE B. The Material World: Some Theories of Language and Its Limits [M]. London and New York: Routledge, 1980.

SCOLLON R, SCOLLON S W. Discourses in Place: Language in The Material World [M], London and New York: Routledge, 2003.

SCHUTZ A. The Problem of Social Reality [M]. The Hague: Martinus Nijhof, 1973.

SHUTZ A. LUCKMANN T. The Structure of the Life-world [M]. Evanston: Northwestern University press, and London: Heinemann, 1983.

THOMAS J. System vs. code: A semiologist's etymology [M] //S. Ungar & McGraw B R. Signs in Culture: Roland Barthes Today. Iowa City: University of Iowa Press. 1989.

THOMPSON J B. Shifting Boundaries of Public and Private Life [J]. Theory, Culture & Society, 2011, 28 (4).

TURNER W V. Betwixt and Between: The Liminal Period in Rites de Passage [M] //Lessa W A, Vogt E Z. Reader in Comparative Religion: An Anthropological Approach (4th ed.), New York: Harper & Row, 1964/1979.

TURNER W V. Liminality and Communitas [M] //Lambek M. A Reader in Anthropology of Religion、London: Blackwell, 1969/2008.

WATZKE H. The Brain in Your Gut [J/OL]. TEDGlobal 2010 [2010-07]. http://www.ted.com/talks/heribert_watzke_the_brain_in_your_gut.

ZLATEV J. Cognitive semiotics: An emerging field for the transdisciplinary study of meaning [J]. Public Journal of Semiotics, 2012.